PADRE RICO
PADRE POBRE

PADRE RICO
PADRE POBRE

ROBERT T. KIYOSAKI

EDICIÓN ACTUALIZADA PARA EL MUNDO DE HOY
CON SESIONES DE ESTUDIO EN CADA CAPÍTULO

El papel utilizado para la impresión de este libro ha sido fabricado a partir de madera procedente de bosques y plantaciones gestionadas con los más altos estándares ambientales, garantizando una explotación de los recursos sostenible con el medio ambiente y beneficiosa para las personas.

Padre Rico, Padre Pobre

Qué le enseñan los ricos a sus hijos acerca del dinero, ¡que los pobres y la clase media no!

Título original: *Rich Dad Poor Dad: What The Rich Teach Their Kids About Money That the Poor and Middle Class Do Not!*

Primera edición: 1997
Edición del 20 aniversario: septiembre de 2017
Novena reimpresión: enero de 2021

Copyright © 1997, 2011, 2017 by Robert T. Kiyosaki

This edition published by arrangement with Rich Dad Operating Company, LLC.
Esta edición es publicada en acuerdo con Rich Dad Operating Company, LLC.

D. R. © 2021, derechos de edición mundiales en lengua castellana:
Penguin Random House Grupo Editorial, S. A. de C. V.
Blvd. Miguel de Cervantes Saavedra núm. 301, 1er piso,
colonia Granada, alcaldía Miguel Hidalgo, C. P. 11520,
Ciudad de México

penguinlibros.com

D. R. © Alejandra Ramos, por la traducción
La cubierta es adaptación de la edición original

ISBN: 978-607-315-673-8

Impreso en México – *Printed in Mexico*

"*Padre Rico, Padre Pobre* es un punto de inicio para cualquier persona que desee tener el control de su futuro financiero."

—*USA TODAY*

Incrementa tu IQ financiero
Sé más listo con tu dinero

La conspiración de los ricos
Las 8 nuevas reglas del dinero

La ventaja del ganador
El poder de la educación financiera

Despierta el genio financiero de tus hijos
¿Por qué los estudiantes de 10 trabajan para estudiantes
de 6 y los estudiantes de 8 trabajan para el gobierno?

Segunda oportunidad
Para tu dinero, tu vida y nuestro mundo

8 lecciones de liderazgo militar para emprendedores

COAUTORÍA CON DONALD TRUMP
Queremos que seas rico
Dos hombres. Un mensaje.

El toque de Midas
Por qué algunos empresarios se hacen ricos, pero la mayoría no

Dedicatoria

*Para los padres de todo el mundo: los primeros y los
más importantes maestros de un niño; y para todos aquellos
que educan, influyen y predican con el ejemplo.*

Agradecimientos

¿Cómo agradecer cuando hay tantas personas a las que se les debe algo? Obviamente este libro es una muestra de agradecimiento a mis dos padres, quienes fueron influyentes modelos a seguir, y a mi madre, quien me enseñó sobre el amor y la gentileza.

A Kim, mi esposa —compañera en el matrimonio, los negocios y la vida—, es la persona que más se involucró para que este libro se volviera una realidad. Ella hace que mi vida esté completa.

Índice

HOY, HACE VEINTE AÑOS…

Los Beatles lanzaron el álbum *Sgt. Pepper's Lonely Hearts Club Band* el 1 de junio de 1967. El disco se convirtió en un éxito inmediato entre los críticos y los medios comerciales. Pasó veintisiete semanas en la cima de la lista de álbumes en el Reino Unido, y quince semanas como número uno en Estados Unidos. La revista *Time* declaró que *Sgt. Pepper's* marcaba "una divergencia histórica en el progreso de la música". El álbum ganó cuatro premios Grammy en 1968, y obtuvo el título de Álbum del Año: fue el primer disco en recibir tal honor.

Padre Rico, Padre Pobre fue publicado hace veinte años, el 8 de abril de 1997, precisamente el día de mi cumpleaños número cincuenta. A diferencia de lo que sucedió en la historia de los Beatles que acabo de narrar, mi libro no tuvo éxito. De hecho, la lluvia de críticas que recibió tras su publicación lo colocó exactamente en el lugar opuesto.

Originalmente publiqué *Padre Rico, Padre Pobre* por mí mismo, porque todos los editores a los que me acerqué lo rechazaron. En algunas de las notas que me enviaron había comentarios como: "Usted no sabe de lo que está hablando". Entonces descubrí que la mayor parte de los editores se parecía más a mi padre pobre —un hombre con un nivel de educación alto— que a mi padre rico. De hecho, al igual que el primero, casi todos estaban en desacuerdo con las lecciones que me había impartido mi padre rico sobre el dinero…

Hoy, hace veinte años

Padre Rico, Padre Pobre se publicó en 1997 como una advertencia, como un libro con lecciones sobre el futuro.

Veinte años después, millones de personas en todo el mundo están conscientes y enteradas de las advertencias de mi padre rico para el futuro. Ahora que las ven en una retrospectiva 20/20, muchos dicen que sus lecciones fueron proféticas... que sus predicciones se volvieron realidad. Éstas son algunas de ellas:

Lección #1: "Los ricos no trabajan por dinero"

Hace veinte años algunos editores rechazaron mi libro porque no estaban de acuerdo con la lección número uno de mi padre rico.

Actualmente la gente está más consciente de la creciente brecha entre los ricos y todos los demás. Entre 1993 y 2010, más de 50 por ciento del incremento en el ingreso nacional en Estados Unidos quedó en manos del uno por ciento de la gente más adinerada. Las cosas sólo han empeorado desde entonces. Algunos economistas de la Universidad de California descubrieron que 95 por ciento de las ganancias por ingreso entre 2009 y 2012, también terminaron en manos del uno por ciento más afluente.

La lección: Los incrementos en los ingresos son para los empresarios y los inversionistas, no para los empleados... ni para la gente que trabaja por dinero.

La lección de Padre Rico: "Los ahorradores son perdedores"

Hace veinte años la mayoría de los editores estuvo en vehemente desacuerdo con esta lección de padre rico. Para la gente pobre y de la clase media, "ahorrar dinero" es como dogma divino; creen que eso los salvará de la pobreza y los protegerá de la crueldad del mundo. Por esta razón, muchos creen que llamarles "perdedores" a los ahorradores es como jurar el nombre de Dios en vano.

La lección: Una imagen vale más que mil palabras. Observa la gráfica de 120 años del Promedio Industrial Dow Jones, y verás cómo los ahorradores se convirtieron en perdedores.

La gráfica muestra que en los primeros diez años de este nuevo siglo, el mercado de valores ya tuvo tres caídas monumentales. En la imagen se muestran esos tres colapsos.

120 años del Dow

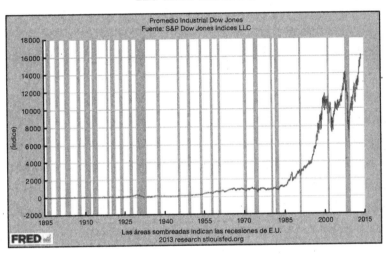

Periodo de 1895 a 2015

La primera fue la caída *dotcom*, que tuvo lugar aproximadamente en el año 2000. La segunda y la tercera fueron las caídas del mercado inmobiliario en 2007, seguidas por la caída del sistema bancario en 2008.

La caída gigante de 1929

Al comparar las primeras tres caídas del siglo XXI con el gran colapso financiero de 1929, podemos darnos cuenta de qué tan "grandes" han sido los tres primeros descalabros de este siglo.

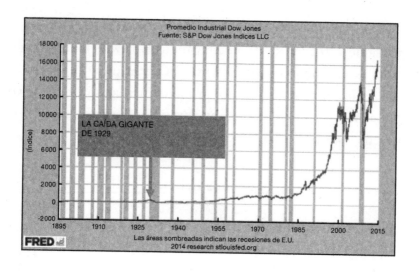

Alguien imprime dinero

La gráfica que se presenta a continuación muestra que el gobierno de E.U. y el Banco de la Reserva Federal empezaron a "imprimir dinero" después de cada caída.

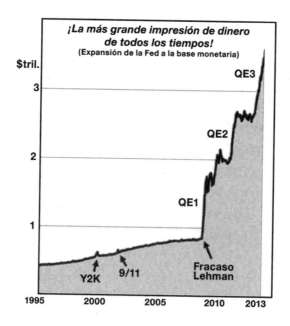

Salvemos a los ricos

Entre 2000 y 2016, con el pretexto de salvar a la economía, los bancos del mundo continuaron cortando las tasas de interés e imprimiendo dinero. Nuestros líderes quieren que creamos que estaban salvando al mundo, pero en realidad los ricos se estaban salvando a sí mismos mientras dejaban que a los pobres y a la clase media las atropellara un autobús.

Actualmente las tasas de interés están por debajo de cero en muchos países, y por eso los ahorradores son perdedores. Quienes más pierden hoy en día son los pobres y la clase media, es decir, la gente que trabaja para conseguir dinero y ahorrarlo.

La lección de Padre Rico: "Tu casa no es un activo"

Hace veinte años, en 1997, todos los editores que me enviaron una nota de rechazo criticaron esta lección de padre rico: "tu casa no es un activo."

Diez años después, en 2007, cuando los prestatarios *subprime* dejaron de cumplir con sus pagos hipotecarios, la burbuja mundial de bienes raíces estalló, y millones de propietarios de casas descubrieron de muy mala manera la verdad de esta lección: que su casa no era "un activo."

El verdadero problema

La mayoría de la gente no sabe que el colapso del mercado de los bienes raíces en realidad no fue un colapso como lo entendemos.

La gente pobre no causó el problema, lo hicieron los ricos. Ellos crearon productos diseñados financieramente, conocidos como derivados. Warren Buffett llamó a estos productos "armas de destrucción financiera masiva". Cuando estas armas empezaron a explotar, el mercado de bienes raíces colapsó... y la gente culpó a los desprotegidos prestatarios *subprime*.

Se estima que en 2007 había 700 billones de dólares en derivados financieros.

Hoy en día, el cálculo es de 1.2 cuatrillones (es decir, 1.2 mil billones). Dicho de otra forma, la situación no mejoró, y el verdadero problema sólo ha ido creciendo.

La lección de Padre Rico: "Por qué los ricos pagan menos impuestos"

Hace veinte años, algunos editores criticaron a *Padre Rico, Padre Pobre* por revelar por qué y de qué manera los ricos pagaban menos impuestos. De hecho, uno de ellos afirmó que esa lección era ilegal.

Diez años después, en 2007, el presidente Barack Obama fue candidato a la reelección y su contrincante fue el otrora gobernador Mitt Romney. Cuando se reveló que el presidente Obama pagaba aproximadamente 30% de sus ingresos en impuestos, y que el gobernador Romney pagaba menos de 13%, comenzó la caída cuesta abajo que le costaría la elección a este último. Los impuestos se convirtieron nuevamente en un punto fundamental de interés durante la elección presidencial de los Estados Unidos en 2016.

Sin embargo, en lugar de averiguar qué hacen ciertas personas, como Mitt Romney o Donald Trump para pagar menos impuestos de manera *legal*, la gente pobre y de clase media se concentra en otros aspectos.

Aunque Donald Trump ha prometido reducir los impuestos que pagan los pobres y la clase media, la realidad es que, debido a los esquemas fiscales, los ricos siempre tendrán más beneficios. Esta situación nos lleva de vuelta a la lección número uno de padre rico: "Los ricos no trabajan por dinero". Quienes se sigan empeñando en generar dinero, continuarán pagando impuestos.

Incluso cuando la candidata presidencial Hillary Clinton prometió aumentar la carga fiscal de la gente rica, en realidad estaba proponiendo elevar los impuestos de quienes tuvieran ingresos altos —doctores, actores y abogados, por ejemplo—, pero no de los verdaderos ricos.

Hace veinte años

A pesar de que *Padre Rico, Padre Pobre* no fue un éxito inmediato como el álbum *Sgt. Pepper's* de los Beatles, para el año 2000 llegó a la lista de bestsellers de *The New York Times*, y permaneció en ella casi siete. Ese mismo año también recibí una invitación de Oprah Winfrey y aparecí en su programa, *Oprah!*, una hora completa. Como dicen por ahí, "el resto es historia".

Padre Rico, Padre Pobre se ha convertido en el libro número uno de finanzas personales de todos los tiempos, y las ventas a nivel mundial de la serie de libros Rich Dad ascienden a cuarenta millones de copias aproximadamente.

¿Realmente existió Padre Rico?

Millones de personas se han preguntado: "¿Realmente existió un padre rico?" Bien, para conocer la respuesta a esa pregunta, escucha la intervención de Mike, su hijo, cuando fue invitado al programa de radio *Rich Dad*. Puedes acceder a la emisión a través de Richdadradio.com.

La Universidad Padre Rico

Padre Rico, Padre Pobre fue escrito de la manera más sencilla posible para que prácticamente todos pudieran entender las lecciones de mi padre rico. Pero para quienes desean aprender más, escribí *Por qué los ricos se vuelven más ricos —¿Qué es realmente la educación financiera?*, como parte de la celebración del vigésimo aniversario.

Por qué los ricos se vuelven más ricos es un libro que explica de una manera mucho más específica lo que padre rico realmente nos enseñó a su hijo y a mí respecto al dinero y las inversiones.

Digamos que *Por qué los ricos se vuelven más ricos* es el *Padre Rico, Padre Pobre* de los estudiantes universitarios. Es como la universidad para quienes estudian la filosofía de Padre Rico.

Una advertencia... y una invitación

Aunque me esforcé en que *Por qué los ricos se vuelven más ricos* fuera una lectura sumamente sencilla, debo aclarar que lo que hacen los ricos no es ni sencillo, ni fácil de explicar. Lo que ellos hacen exige educación financiera real, es decir, el tipo de educación que no se enseña en las escuelas.

Te sugiero que primero leas *Padre Rico, Padre Pobre*. Si quieres seguir aprendiendo, a continuación lee *Por qué los ricos se vuelven más ricos*.

Gracias... por 20 maravillosos años

A todos nuestros lectores del pasado, el presente y el futuro...
el equipo completo de The Rich Dad Company les dice:
"Gracias... por 20 maravillosos años".

Nuestra misión es *mejorar el bienestar financiero de la humanidad*...
Y eso comienza con una vida y una persona a la vez.

PADRE RICO, PADRE POBRE

Gracias a que tuve dos padres, gocé de la oportunidad de confrontar dos puntos de vista: el de un hombre rico con el de un hombre pobre.

Tuve dos padres: uno rico y uno pobre. Uno de ellos tenía una sólida preparación académica y era inteligente. Contaba con un doctorado, y cuando estudió la licenciatura cubrió el equivalente a cuatro años de trabajo en sólo dos. Luego ingresó a las universidades de Stanford, Chicago y Northwestern para realizar estudios más avanzados; en todos los casos, con becas. Mi otro padre no pasó de segundo de secundaria.

Ambos tuvieron éxito en sus carreras y trabajaron con ahínco durante toda su vida. Los dos llegaron a recibir ingresos muy sustanciosos. No obstante, uno de ellos siempre batalló en el aspecto económico, mientras que el otro llegó a ser uno de los hombres más adinerados de Hawái. Al morir, uno le heredó decenas de millones de dólares a su familia, a grupos de caridad y a su iglesia. El otro sólo dejó facturas pendientes por pagar.

Ambos eran fuertes, carismáticos e influyentes. Ambos me ofrecieron sus consejos a pesar de que éstos eran muy diferentes entre sí. Y aunque los dos creían firmemente en la educación, siempre me hicieron recomendaciones distintas en lo referente a mis estudios.

Si yo hubiera tenido sólo un padre, me habría tocado aceptar o rechazar sus sugerencias, pero el hecho de tener dos me dio la oportunidad de confrontar sus puntos de vista: el de un hombre rico con el de uno pobre.

En lugar de "aceptar" o "rechazar" a uno u otro, pude pensar más, comparar y, finalmente, elegir por mí mismo. El problema fue que, en ese momento, el rico aún no se había vuelto rico y el pobre tampoco era pobre del todo. Ambos estaban al inicio de sus carreras y enfrentaban dificultades familiares y económicas. A pesar de ello, sus puntos de vista respecto al dinero eran muy distintos.

Por ejemplo, uno de mis padres decía: "El amor por el dinero es la raíz de todos los males", mientras que el otro afirmaba: "No tener dinero es la raíz de todos los males".

El hecho de tener dos padres siendo tan joven me ocasionó conflictos internos y externos; yo quería ser un buen hijo y escucharlos, pero sus sugerencias eran contradictorias. El contraste entre sus visiones —y en particular, en lo que pensaban respecto al dinero— era tan extremo que mi curiosidad empezó a crecer y me sentí cada vez más intrigado. Entonces empecé a reflexionar por periodos más prolongados sobre lo que cada uno decía.

Pasé buena parte de mi tiempo en soledad preguntándome cosas como "¿Por qué dice eso?", y luego me preguntaba lo mismo respecto a las afirmaciones de mi otro padre. Habría sido mucho más sencillo decir "Ajá, tiene razón, estoy de acuerdo con él", o rechazar sus opiniones con algo como "Mi viejo no sabe de lo que habla". Pero en lugar de eso, tuve dos padres a quienes amé, y que me forzaron a pensar y a construir una opinión propia. A largo plazo, elegir por mí mismo en lugar de sólo aceptar o rechazar sus puntos de vista, implicó un proceso mucho más valioso.

Una de las razones por las que la gente rica siempre puede generar más dinero y los pobres sólo empobrecerse más es porque los temas financieros se enseñan en la escuela y no en casa. Casi todos aprendemos de nuestros padres lo que sabemos sobre el dinero, ¿pero qué pueden los padres pobres enseñarles a sus hijos respecto a este tema? Sólo te dicen cosas como: "No abandones la escuela, estudia mucho". Increíblemente, esos mismos niños que se gradúan con calificaciones excelentes también pueden tener una programación y estructura mental deficientes en el aspecto financiero.

Por desgracia, en las escuelas no se enseña nada sobre el dinero. El sistema se enfoca en habilidades académicas y profesionales, no económicas. Esto explica por qué banqueros, doctores y contadores que siempre sacaron buenas calificaciones en el ámbito académico, tienen problemas económicos toda su vida. Nuestra abrumadora deuda pública se debe, en gran medida, a que ciertas autoridades del gobierno y políticos sumamente preparados académicamente tomaron decisiones con muy poca o nula educación sobre el dinero.

HOY, HACE VEINTE AÑOS...

EL RELOJ DE LA DEUDA

Vayamos en cámara rápida a veinte años de distancia y descubramos que… la deuda pública de Estados Unidos va más allá de lo impactante. Mientras imprimimos este libro, se acerca ya a los 20 billones. Sí, billones… con 'b'.

Constantemente me pregunto qué pasará cuando haya millones de personas que necesiten ayuda financiera y médica. Todas ellas dependerán de sus familias o gobiernos. ¿Qué sucederá cuando Medicare y Seguridad Social se queden sin fondos? ¿Cómo sobrevivirá un país en el que la responsabilidad de educar sobre el dinero es delegada a los padres, cuya mayoría serán o ya son pobres?

Yo aprendí de mis dos padres porque ambos tenían personalidades influyentes. Tuve que reflexionar sobre los consejos de cada uno y, gracias a eso, conseguí una visión profunda del poder y del efecto que tiene en la vida lo que uno mismo piensa. Por ejemplo, uno de mis padres tenía la costumbre de decir: "No puedo darme ese lujo".

El otro, en cambio, me prohibió repetir esas palabras. Él insistía en que en lugar de eso me preguntara: "¿Qué tendría que hacer para darme ese lujo?" La primera es una afirmación y la segunda, una pregunta. La primera te deja sin opciones y la segunda te obliga a pensar para encontrar respuestas. Mi padre rico, que estaba a muy pocos pasos de volverse millonario, me explicó que al decir: "No puedo darme ese lujo", automáticamente tu cerebro deja de funcionar y acepta la idea. En cambio, cuando te preguntas "¿Qué tendría que hacer para darme ese lujo", lo obligas a trabajar. Cabe señalar que mi padre no quería decir con esto que debía comprar todo lo que quisiera. En realidad él era un fanático del ejercicio mental y consideraba que el cerebro era la computadora más potente del mundo. Decía: "Mi cerebro se fortalece todos los días porque lo ejercito, y entre más fuerte se hace, más dinero puedo producir". Creía que afirmar "No puedo darme el lujo", escondía tras de sí una especie de flojera mental.

Aunque mis dos padres trabajaron con ahínco, llegué a notar que, en lo referente al dinero, uno de ellos dejaba que su cerebro se echara a dormir, en tanto el otro tenía la costumbre de ejercitarlo. A largo plazo, el resultado fue que uno se fortaleció en el aspecto económico y el otro se debilitó. Es algo similar a lo que pasa cuando una persona asiste al gimnasio con regularidad y otra se queda tirada en el sofá viendo televisión. El ejercicio físico adecuado incrementa tus probabilidades de tener buena salud, mientras que el ejercicio mental incrementa las de obtener riqueza.

Mis padres mantenían actitudes opuestas y eso afectó su forma de pensar. Uno creía que los ricos debían pagar más impuestos para así cuidar de la gente menos afortunada. El otro decía: "Los impuestos son un castigo para quienes producen, y una recompensa para quienes no generan nada".

Uno de mis padres me sugería: "Estudia mucho para que puedas conseguir empleo en una compañía importante". El otro me recomendaba: "Estudia mucho para que encuentres una compañía importante y puedas adquirirla".

Uno decía: "No he podido volverme rico porque los tengo a ustedes, hijos". El otro afirmaba: "Debo ser millonario porque los tengo a ustedes, hijos".

Uno nos alentaba a hablar de dinero y negocios a la hora de la cena, y el otro nos prohibió tocar esos temas en la mesa.

Uno decía: "Si se trata de dinero, vete a la segura. No corras riesgos". El otro recomendaba: "Aprende a lidiar con los riesgos".

Uno creía: "La casa es nuestra mayor inversión y nuestro activo más importante". El otro sostenía: "Mi casa es un pasivo, y si para ti representa el activo más importante, estás en problemas".

Mis dos padres pagaban a tiempo sus cuentas; sin embargo, para uno era la primera tarea por hacer, y para el otro, la última.

Uno de mis padres creía que la corporación para la que trabajaba, o el gobierno, debían hacerse cargo de él y sus necesidades. Vivía preocupado por los aumentos de sueldo, los planes de retiro, las prestaciones médicas, los permisos por enfermedad, los días de vacaciones y otros alicientes. A él le impresionaban mucho sus dos tíos, quienes se unieron al ejército y, después de veinticinco años de servicio activo, obtuvieron un paquete vitalicio de retiro y un título. Le encantaba la idea de contar con las prestaciones médicas y los privilegios de la tienda militar que el ejército les ofrecía a sus jubilados. También le fascinaba el sistema de plazas que estaba disponible a través de la

HOY, HACE VEINTE AÑOS...

TU CASA NO ES UN ACTIVO

El colapso del mercado inmobiliario de 2008 fue un mensaje que dejó muy claro que tu residencia personal no era un activo. Tu casa no lleva dinero a tus bolsillos, y tampoco puedes dar por hecho que su valor aumentará. Para 2017 muchas casas seguían valiendo menos de lo que valían en 2007.

universidad. A veces, la idea de tener un empleo seguro y prestaciones de por vida le parecía más importante que el trabajo mismo. Con frecuencia comentaba: "Trabajé mucho para el gobierno: tengo derecho a esas prestaciones".

El otro creía en la independencia económica total. Criticaba mucho esa idea de que la gente "tenía derecho" a algo, y decía que esta noción daba pie a que la gente fuera débil y tuviera necesidades económicas. Hacía mucho énfasis en que se debía ser competente en el aspecto financiero.

Uno de mis padres batalló bastante para ahorrar unos cuantos dólares. El otro realizó inversiones. Un padre me enseñó a redactar un currículo impresionante para conseguir un buen trabajo. El otro me enseñó cómo redactar sólidos planes financieros y de negocios para generar empleos.

Debido a que fui producto de dos padres fuertes, pude darme el lujo de observar los efectos que los distintos tipos de visiones tienen en la vida personal, y comprobé que la gente realmente le puede dar forma a su vida a partir de sus pensamientos.

Mi padre pobre, por ejemplo, siempre decía: "Jamás seré rico", y su profecía se hizo realidad. Mi padre rico, por otra parte, siempre hablaba de sí mismo como una persona adinerada. Decía cosas como: "Soy un hombre con dinero y la gente como yo no hace estas cosas". A pesar de que después de un golpe financiero importante cayó en bancarrota, continuó refiriéndose a sí mismo como un hombre con recursos. Se justificaba diciendo: "Existe una gran diferencia entre ser pobre y estar en bancarrota. La bancarrota es temporal, la pobreza, eterna".

Mi padre pobre decía: "No me interesa el dinero", o "El dinero no importa". Mi padre rico afirmaba: "El dinero es poder".

Es posible que el poder de tu mente nunca llegue a medirse o a ser apreciado, pero desde chico siempre me resultó obvio que era importante prestar atención a mis pensamientos y a la forma en que me expresaba. Noté que mi padre pobre no estaba en aquella penosa situación por la cantidad de dinero que ganaba —cantidad nada despreciable, por cierto—, sino por sus pensamientos y sus acciones. Como fui un muchacho con dos padres,

> *Existe una diferencia entre ser pobre y estar en bancarrota.*
> *La bancarrota es temporal, la pobreza, eterna.*

cobré una profunda conciencia sobre los pensamientos que finalmente decidí aceptar como míos. ¿Debía escuchar a mi padre rico o a mi padre pobre?

A pesar de que ambos tenían un enorme respeto por la educación y el aprendizaje, discrepaban sobre lo que les parecía importante aprender. Uno de ellos quería que yo estudiara mucho, que obtuviera un título, que consiguiera un buen empleo y que ganara dinero. Quería que estudiara para llegar a ser un profesional, abogado o contador, y que luego regresara a la escuela para obtener un título de maestría. El otro me animó a estudiar para volverme rico, a entender cómo funcionaba el dinero, y de qué manera podía hacerlo trabajar para mí. "¡Yo no trabajo por dinero!", me repetía constantemente. "¡El dinero es el que trabaja para mí!"

A los nueve años decidí prestarle atención a mi padre rico y aprender de él acerca de temas financieros. En ese momento también tomé la decisión de no escuchar a mi padre pobre a pesar de que él era quien tenía los títulos universitarios.

Una lección de Robert Frost

Robert Frost es mi poeta favorito, y aunque me gustan muchos de sus poemas, *El camino no elegido* es mi predilecto. Casi todos los días aprovecho la lección que hay en él.

El camino no elegido

Dos caminos divergieron en un bosque dorado,
y yo sufrí por no poder viajar por ambos.
Siendo un viajero solitario, permanecí ahí por un largo rato
y miré por uno lo más lejos y con algo de arrebato,
hasta donde se sesgaba en la espesura.

Pero luego tomé el otro, igual al primero en belleza,
y me parece que tal vez elegí con certeza,
porque en él la hierba era tupida y anhelaba ser pisada
a pesar de que en aquella encrucijada,
el paso de otros los había desgastado casi de la misma forma.

Y aquella mañana los dos yacían casi igual,
a las hojas el paso no las había ennegrecido de forma total.
¡Pero dejé el primero para otro día!
Y sabiendo cómo el camino nos lleva por la vida,
dudé si alguna vez regresaría.

Diré esto con un suspiro
a siglos y siglos del camino;
dos caminos se separaron en un bosque, y yo...
yo tomé el menos transitado,
y eso hizo toda la diferencia.

Y eso hizo toda la diferencia.

A lo largo de los años he reflexionado en varias ocasiones acerca del poema de Robert Frost. Fue muy doloroso elegir no prestarle atención al padre con más estudios, no escuchar sus consejos ni tomar en cuenta su actitud en relación con el dinero, sin embargo, esa decisión le dio forma al resto de mi vida.

Mi educación financiera comenzó en cuanto decidí a quién escucharía. Mi padre rico me enseñó por un periodo de 30 años, hasta que cumplí 39. Dejó de instruirme cuando se dio cuenta de que ya entendía a la perfección lo que durante tanto tiempo trató de inculcarme, y en lo que tanto insistió a veces, a pesar de lo cabeza dura que yo era.

El dinero es una forma de poder, sin embargo, la educación financiera es aún más poderosa. El dinero va y viene, pero si tienes información acerca de cómo funciona, podrás ejercer poder sobre él y empezar a generar riqueza. El pensamiento positivo no funciona por sí solo. La mayoría de la gente asistió a la escuela pero nunca aprendió cómo funciona el dinero y, por eso, a pesar de su optimismo y buenas intenciones, se pasa la vida trabajando para ganarlo.

Debido a que sólo tenía nueve años cuando empecé, las clases de padre rico eran muy sencillas. Al final de las mismas, cuando acabó de explicarme todo, noté que solamente me enseñó seis lecciones fundamentales que se repitieron a lo largo de treinta años. Este libro contiene esas seis lecciones explicadas de la forma más sencilla posible, de la misma manera que él me las transmitió a mí. Las lecciones no son sólo respuestas, son guías que te ayudarán a ti y a tus hijos a tener más riqueza sin importar qué suceda en este mundo de cambio e incertidumbre creciente.

Capítulo uno

LECCIÓN 1: LOS RICOS NO TRABAJAN POR DINERO

La gente pobre y la de la clase media trabajan por dinero.
Los ricos, en cambio, hacen que el dinero trabaje para ellos.

"Papá, ¿me puedes decir cómo volverme rico?"

Mi padre dejó a un lado el periódico vespertino. "¿Para qué quieres volverte rico, hijo?"

"Porque hoy la mamá de Jimmy llegó en su Cadillac nuevo. Iban a su casa de la playa a pasar el fin de semana. Llevaron con ellos a tres de los amigos de Jimmy, pero a mí y a Mike no nos invitaron. Nos dijeron que no querían que fuéramos porque éramos pobres."

"¿Ah, sí?", preguntó mi padre con incredulidad.

"Sí, así fue", contesté con tristeza. Todavía me sentía muy herido.

Papá sacudió la cabeza en silencio, se empujó los lentes hasta el puente de la nariz y continuó leyendo el periódico. Yo me quedé ahí parado, esperando una respuesta.

Eso fue en 1956, cuando tenía nueve años. Por aras del destino, asistía a la misma escuela pública a la que la gente rica enviaba a sus hijos. Vivíamos en un pueblo en donde había plantaciones de azúcar. Los capataces de las plantaciones y otras personas con medios económicos —como doctores, dueños de negocios y banqueros— inscribían a sus hijos en esa primaria, y, por lo general, los enviaban a escuelas privadas en cuanto terminaban el sexto grado. Yo asistí a esa escuela porque mi familia vivía del mismo lado de la calle en que ésta se encontraba.

Si hubiera vivido del otro lado, habría ido a otra escuela, con niños de familias más parecidas a la mía y, al terminar, tanto ellos como yo habríamos ido a secundarias y preparatorias públicas. Las escuelas privadas no habrían sido una opción.

Al fin, mi padre volvió a soltar el periódico. Comprendí que estaba pensando.

"Pues, verás, hijo…", comenzó a decir lentamente, "si quieres ser rico, tienes que aprender a hacer dinero."

"¿Y cómo hago dinero?", le pregunté.

"Pues usa tu cabeza, hijo", dijo, con una sonrisa. Entonces supe lo que eso significaba. Era algo como: "Eso es todo lo que te voy a decir" o "No sé la respuesta. Vete a jugar por ahí y deja de avergonzarme".

Se forma una sociedad

A la mañana siguiente le conté a Mike, mi mejor amigo, todo lo que mi padre me dijo. Yo había notado que Mike y yo éramos los únicos chicos pobres de la escuela. Él también estaba ahí por casualidad. Alguien trazó una desviación en el distrito escolar, y por eso él y yo terminamos siendo compañeros de niños ricos. En realidad no éramos pobres, pero nos sentíamos así porque todos los otros chicos tenían guantes de beisbol, bicicletas recién compradas y todo nuevo.

Mamá y papá nos daban lo esencial, como alimento, techo y ropa, pero eso era todo. Papá solía decir: "Si quieres algo, trabaja para conseguirlo". Nosotros queríamos cosas, pero no había muchos empleos disponibles para niños de nueve años.

"¿Entonces qué hacemos para conseguir dinero?", preguntó Mike.

"No lo sé", le contesté. "¿Pero quieres ser mi socio?"

Mike accedió y el siguiente sábado, temprano, se convirtió en mi primer socio de negocios. Pasamos toda la mañana haciendo una lista con ideas para hacer dinero. De repente también hablamos de todos los "chicos populares" que se estaban divirtiendo en la casa de Jimmy. Fue un poco doloroso, pero también benéfico porque el dolor nos inspiró a seguir pensando en alguna manera de hacer dinero. Finalmente, un rayo nos iluminó por la tarde. Fue una idea que Mike sacó de un libro de ciencias que había leído. Emocionados, estrechamos las manos: nuestra sociedad ya tenía un negocio.

Las siguientes semanas, Mike y yo anduvimos corriendo por el vecindario. Tocamos todas las puertas y les pedimos a los vecinos que nos guardaran los tubos vacíos de pasta dental. Después de mirarnos intrigados, casi todos los adultos asintieron con una sonrisa. Algunos nos preguntaron qué pensábamos hacer, pero invariablemente respondimos: "No podemos decirle, es un negocio secreto".

Conforme pasaron más semanas, mi madre empezó a ponerse nerviosa porque elegimos un lugar junto a su lavadora para almacenar nuestro material. En una caja de cartón que alguna vez estuvo llena de botellas de cátsup, nuestro pequeño montículo de tubos de pasta vacíos siguió creciendo.

Pero llegó un momento en que mamá se impuso. El hecho de ver los arrugados y sucios tubos de pasta dental de sus vecinos le colmó el plato. "¿Qué traen entre manos, muchachos?", nos preguntó. "Y no me salgan otra vez con que se trata de un negocio secreto. Si no acomodan ese cochinero, voy a tirar todo a la basura."

Mike y yo le imploramos que no lo hiciera. Le explicamos que muy pronto tendríamos suficientes y podríamos empezar la producción. También le informamos que estábamos esperando que algunos vecinos más se acabaran la pasta que aún tenían, para poder usar los tubos. Mamá nos dio una semana de plazo.

La fecha para iniciar la producción tuvo que cambiarse y la presión subió al máximo. ¡A mi primera sociedad la amenazaba un aviso de desalojo por parte de mi propia madre! Mike se hizo responsable de avisarles a los vecinos que necesitábamos que se apuraran. Les dijo que, de todas maneras, el dentista quería que se cepillaran con más frecuencia. Yo me encargué de ensamblar la línea de producción.

Un día mi papá llegó a casa con un amigo y ambos nos vieron: dos niños de nueve años en la entrada del garaje, con una línea de producción que operaba a toda velocidad. Había polvo blanco por todos lados. Sobre una larga mesa también se podían ver cartones de leche de la escuela y, a un lado, la parrilla de la familia resplandecía por el calor del carbón que ardía al punto máximo. Papá tuvo que estacionar el auto en la entrada y luego caminar con cuidado porque la línea de producción bloqueaba el espacio de estacionamiento. A medida que él y su amigo se acercaban, vieron una cacerola grande de acero sobre el carbón. Ahí estaban todos los tubos derritiéndose. En aquel tiempo la pasta dental no se vendía en tubos de plástico sino de plomo. Así que, en cuanto la pintura se quemaba, los tubos se mezclaban en la cacerola y se derretían hasta volverse líquido. Con los paños que usaba mi madre para sujetar las cosas calientes, vaciamos el plomo a través de un pequeño orificio en la parte superior de los cartones de leche que habíamos llenado con yeso de París.

Había polvo blanco regado en todos lados. Por la prisa, tiré sin querer la bolsa y el yeso se esparció. Daba la impresión de que había caído una tormenta de nieve en toda la parte del frente de la casa. Los cartones de leche los usamos para hacer los moldes con el yeso de París.

Mi padre y su amigo nos observaron mientras vaciamos el plomo derretido a través de los pequeños orificios en los cubos de yeso.

"Cuidado", dijo mi padre.

Asentí sin despegar la vista de lo que hacía.

En cuanto terminé de verter el plomo dejé la cacerola de acero a un lado y le sonreí a mi papá.

"¿Qué están haciendo, muchachos?", me preguntó con una sonrisa precavida.

"Lo que tú me dijiste que hiciera. Nos vamos a volver ricos", le dije.

"Sip", agregó Mike, con una tremenda sonrisa, al mismo tiempo que asentía. "Somos socios."

"¿Y qué hay en esos moldes de yeso?", preguntó papá.

"Observa", le dije. "Ésta debe ser una buena ronda de producción."

Tomé un martillito y le pegué al sello que dividía al cubo en dos. Con mucho cuidado saqué la parte superior del molde y de él cayó una moneda de plomo de cinco centavos.

"¡Ay, no!", exclamó mi padre. "¡Están haciendo monedas de plomo!

"Así es", dijo Mike. "Hacemos lo que nos dijo: dinero."

El amigo de mi papá se volteó y comenzó a carcajearse. Papá sonrió y negó con la cabeza. Junto a una parrilla caliente y una caja de tubos de pasta dental vacíos, había dos sonrientes chiquillos cubiertos de polvo blanco.

Papá nos pidió que dejáramos todo y que nos sentáramos junto a él en la escalera al frente de la casa. Con una sonrisa nos preguntó si sabíamos lo que significaba "falsificar".

Nuestros sueños se hicieron añicos. "¿Quiere decir que esto es ilegal?", preguntó Mike, con voz temblorosa.

"Déjalos ir", dijo el amigo de mi padre. "Tal vez están desarrollando un talento natural."

Papá le lanzó una mirada fulminante.

"Sí, es ilegal", nos dijo con dulzura. "Pero acaban de demostrar que tienen mucha creatividad e ideas originales. Sigan así, ¡estoy muy orgulloso de ustedes!"

Mike y yo estábamos muy desilusionados. Permanecimos sentados en silencio por cerca de veinte minutos antes de disponernos a limpiar el desastre. El negocio se acabó el mismo día que lo inauguramos. Mientras barría el yeso, miré a Mike y le dije: "Supongo que Jimmy y sus amigos tienen razón: somos pobres".

Papá estaba a punto de irse, pero alcanzó a escucharme. "Muchachos", dijo, "sólo serán pobres si se rinden. Lo más importante es que hicieron algo. La mayoría de la gente sólo habla de volverse rica. ¡Ustedes se pusieron en acción! Estoy muy orgulloso de ambos. Se los voy a repetir: Sigan intentándolo, no se rindan".

Mike y yo nos quedamos callados. Las palabras de papá eran lindas pero todavía no sabíamos qué hacer.

"Entonces, ¿por qué tú no eres rico, papá?", le pregunté.

"Porque elegí ser maestro y los maestros no piensan en volverse ricos. A nosotros sólo nos gusta enseñar. Me encantaría poder ayudarlos pero no sé cómo hacer dinero."

Mike y yo nos volteamos y seguimos limpiando.

"Ya sé", exclamó mi padre. "Si quieren aprender a ser ricos, no me pregunten a mí, pregúntenle a tu padre, Mike."

"¿A mi papá?", preguntó mi amigo, con el ceño fruncido.

"Sí, a tu papá", repitió mi padre, con una sonrisa. "A los dos nos atiende el mismo banquero, y él siempre me habla maravillas de tu papá. En varias ocasiones me ha dicho que es muy hábil e ingenioso para hacer dinero."

"¿Mi papá?", preguntó Mike, muy intrigado. "¿Entonces por qué no tenemos un auto lindo y una casa bonita como los niños ricos de la escuela?"

"Un auto lindo y una casa bonita no necesariamente significan que seas rico o que sepas cómo generar dinero", explicó mi padre. "El papá de Jimmy trabaja en la plantación de azúcar, su trabajo no es tan distinto al mío como parece. Él trabaja para una empresa y yo para el gobierno. La compañía azucarera le dio el auto como una prestación, pero están teniendo problemas financieros, y eso significa que el papá de Jimmy podría quedarse sin nada en cualquier momento. Tu padre, en cambio, se dedica a hacer negocios, Mike. Parece que está construyendo un imperio, y sospecho que en algunos años va a ser muy rico."

Al escuchar eso, Mike y yo volvimos a emocionarnos. Retomamos con nuevos bríos nuestra labor y limpiamos el desastre que habíamos causado con nuestro ahora extinto negocio. Mientras barríamos hicimos planes para entrevistarnos con el papá de Mike. El problema era que trabajaba muchas horas al día y casi siempre regresaba a casa muy tarde. Tenía bodegas, una constructora, una cadena de tiendas y tres restaurantes. Estos últimos eran los que lo mantenían fuera hasta altas horas de la noche.

Cuando terminamos de limpiar, Mike tomó el autobús a casa. Esa noche, cuando llegara su padre, hablaría con él y le preguntaría si nos podría enseñar cómo volvernos ricos. Prometió que me llamaría en cuanto hubiese hablado con su él, aunque fuera tarde.

El teléfono sonó a las 8:30 p.m.

"El próximo sábado. ¡Genial!", dije, antes de colgar el teléfono. El padre de Mike estuvo de acuerdo en reunirse con nosotros.

A las 7:30 a.m. del sábado tomé el autobús que iba a la zona pobre del pueblo.

Las lecciones comienzan

Mike y yo nos reunimos con su padre esa mañana, a las ocho en punto. El señor ya estaba ocupado; llevaba una hora trabajando. Cuando llegué a la sencilla y ordenada casita, el supervisor de construcción del papá de Mike iba saliendo en su camioneta.

"Papá está hablando por teléfono. Dijo que lo esperáramos en la terraza", me explicó Mike en cuanto abrió la puerta.

El piso de duela crujió cuando atravesé el umbral de la vieja construcción. Junto a la puerta había un tapete barato que ocultaba los años de desgaste provocados por todos los pasos que el piso había tenido que soportar. Estaba limpio, pero era evidente que tenía que remplazarse.

Sentí un poco de claustrofobia cuando entré a la angosta sala repleta de viejos y mohosos muebles que hoy serían artículos de colección. En el sofá había dos señoras un poco mayores que mi madre; frente a ellas estaba sentado un hombre en ropa de trabajo. Llevaba pantalones y camisa color kaki, bien planchados pero sin almidón, y botas de trabajo bien lustradas. Parecía unos diez años mayor que mi papá. Todos nos sonrieron cuando Mike y yo pasamos camino a la terraza de atrás. Les devolví el gesto con timidez.

"¿Quiénes son esas personas?", pregunté.

"Ah, trabajan para mi padre. El señor dirige las bodegas y las señoras los restaurantes. Cuando llegaste seguramente viste al encargado de construcción que trabaja en el proyecto de una avenida, a 80 kilómetros de aquí. Hay otro supervisor que está construyendo una serie de casas, pero se fue antes de que llegaras."

"¿Y así es siempre?", pregunté.

"No siempre, pero sí con mucha frecuencia", dijo Mike, y sonrió mientras jalaba una silla para sentarse junto a mí.

"Le pregunté a mi papá si nos enseñaría a hacer dinero", dijo.

"Oye, ¿y qué te dijo?", le pregunté con curiosidad y cautela.

"Bueno, al principio puso una cara graciosa, pero luego dijo que nos haría una oferta."

"Ah", exclamé. Empecé a mecer mi silla contra la pared y me quedé equilibrado en las dos patas traseras.

Mike hizo lo mismo.

"¿Y sabes cuál es la oferta?", le pregunté.

"No, pero lo averiguaremos pronto."

De repente el papá de Mike atravesó de golpe la desvencijada puerta deslizable que llevaba a la terraza. Mike y yo nos levantamos de un salto. No tanto por educación, sino porque nos asustamos.

"¿Listos, muchachos?", preguntó, y tomó una silla para sentarse junto a nosotros.

Asentimos y separamos las sillas de la pared para acercarlas y sentarnos frente a él.

Era un hombre corpulento, como de 1.80 de altura y 90 kilos de peso. Mi papá era más alto, de más o menos el mismo peso, y cinco años mayor que el papá de Mike. Podría decir que se parecían un poco, pero no tenían el mismo origen racial. Lo que sí era similar era la energía que proyectaban.

"Dice Mike que quieren aprender a hacer dinero. ¿Es cierto, Robert?"

Asentí, pero estaba tan emocionado que creo que sacudí demasiado la cabeza. Las palabras y la sonrisa del padre de Mike me causaron gran impacto.

"Muy bien. Mi oferta es la siguiente: les voy a enseñar, pero no como se hace en el salón de clases. Van a trabajar para mí y yo les voy a corresponder con conocimientos, pero si no se ponen las pilas, no van a aprender nada. Si trabajan, les puedo transmitir el conocimiento con mayor rapidez, pero si sólo quieren sentarse y tomar clase como si estuvieran en la escuela, entonces estaré perdiendo mi tiempo. Ésa es mi oferta. Tómenla o déjenla."

"Ah. ¿Le puedo preguntar algo?", dije.

"No. Tómenla o déjenla. Tengo demasiado trabajo como para perder el tiempo. Si no pueden tomar una decisión con rapidez, jamás aprenderán a hacer dinero de todas maneras. Las oportunidades van y vienen, y ser capaz de tomar decisiones es una habilidad fundamental. Les estoy ofreciendo la oportunidad que pidieron. Las lecciones comienzan ahora o retiro mi oferta en diez segundos", dijo el papá de Mike, desafiándonos con su sonrisa.

"Tomaremos su oferta", dije.

"Sí, la tomaremos", agregó Mike.

"¡Perfecto!", contestó el padre de Mike. "La señora Martin llegará en diez minutos. En cuanto termine de hablar con ella la acompañarán al minisúper para empezar el entrenamiento. Les pagaré diez centavos por hora y trabajarán tres horas todos los sábados.

HOY, HACE VEINTE AÑOS...

CAPACIDAD DE DECISIÓN

El mundo se mueve con más rapidez cada día. Las transacciones del mercado de valores se llevan a cabo en milisegundos. Los negocios se presentan y se concretan por internet en tan sólo minutos. Cada vez más gente compite para ganar los mejores tratos, así que entre más rápido puedas tomar una decisión, más probable será que aproveches las oportunidades antes que alguien más.

"Pero hoy tengo partido de beisbol", repuse.

El padre de Mike me miró muy serio, y con voz como de ogro, dijo:

"Tómalo o déjalo."

"Está bien, acepto", contesté. Ése fue el instante en que elegí trabajar, aprender y dejarme de juegos.

Treinta centavos después

Para las nueve de la mañana de ese día, Mike y yo ya estábamos trabajando para la señora Martin, una mujer muy linda y paciente que siempre decía que Mike y yo le recordábamos a sus dos hijos, aunque ellos ya eran grandes. A pesar de que era amable, la señora era una firme partidaria del trabajo duro, así que, como podrás imaginarte, nos traía como locos. Durante tres horas retiramos latas de los estantes, las sacudimos muy bien con un plumero para quitarles el polvo, y luego las volvimos a acomodar bien alineadas: una por una. Fue un trabajo desgastante y muy aburrido.

El papá de Mike es el hombre a quien llamo "padre rico". Tenía nueve tiendas de abarrotes o "minisúper" del mismo tipo, y todos contaban con un estacionamiento grande. Esos minisúper fueron, de algún modo, precursores de los 7-Eleven. Ya sabes, las tienditas de abarrotes que hay en casi todos los vecindarios y que están muy bien surtidas porque ofrecen leche, pan, mantequilla, artículos de limpieza, cigarros, alimento para mascotas, entre otras cosas. Las tiendas del papá de Mike, sin embargo, empezaron a operar en Hawái mucho tiempo antes de que el aire acondicionado fuera común en los centros y locales comerciales, y como hacía mucho calor, las puertas tenían que permanecer abiertas. El minisúper tenía dos accesos, uno a la calle y otro al estacionamiento, así que, cada vez que un auto llegaba o se iba, el polvo volaba y entraba a la tienda. Mike y yo sabíamos que mientras no hubiera aire acondicionado, conservaríamos el empleo.

Durante tres semanas trabajamos tres horas los sábados y le rendimos cuentas a la señora Martin. En la tarde, cuando terminábamos, ella nos hacía entrega de tres moneditas de diez centavos. Ahora bien, a pesar de que sólo teníamos nueve años y era mediados de la década de los cincuenta, 30 centavos no eran suficientes para emocionar a nadie. Las revistas de cómics, por ejemplo, costaban diez centavos, así que sólo me compraba tres y me iba a casa.

Para el miércoles de la cuarta semana, ya estaba ansioso por renunciar. Había aceptado la oferta sólo porque quería que el papá de Mike me dijera cómo hacer dinero, pero lo único que hizo fue convertirme en su esclavo por 10 centavos por hora. Para colmo, ni siquiera lo había visto desde que nos contrató. O sea, ¡no nos había enseñado nada!

"Voy a renunciar", le dije a mi amigo a la hora del almuerzo. La escuela también se había vuelto aburrida porque ya ni siquiera me daba ilusión que llegara el fin de semana. Pero lo que de verdad me enfurecía era la mezquindad del papá de Mike y sus 30 centavitos.

Mike se rio.

"¿De qué te ríes?", le pregunté, molesto y muy frustrado.

"De que papá predijo que esto sucedería. Me pidió que nos reuniéramos con él cuando estuvieras listo para renunciar."

"¿Qué?", pregunté, indignado. "¿Estaba esperando que me hartara?"

"Más o menos. Papá es… un poco distinto. Él no enseña como el maestro Kiyosaki. Es más bien discreto. No dice mucho. Espera a que llegue el sábado. Le diré que estás listo", me explicó.

"¿O sea que me pusieron una trampa?"

"No, en realidad no. Bueno, tal vez. Papá te lo explicará el sábado."

Sábado: en espera de ser atendido

Estaba más que listo para confrontar al padre de Mike. Hasta mi papá estaba enojado con él. Mi padre biológico, al que llamo "padre pobre", pensaba que mi padre rico estaba violando las leyes laborales al explotar a niños, y que debía ser investigado.

Mi padre pobre, el que tenía más preparación académica, me dijo que tenía que exigir lo que me correspondía, por lo menos veinticinco centavos por hora, y que si el papá de Mike se negaba a darme el aumento, debía renunciar inmediatamente.

"Además, no necesitas un maldito empleo", exclamó, indignado.

A las ocho de la mañana del sábado atravesé la puerta de la casa de Mike. Me abrió su padre.

"Siéntate y espera tu turno", me dijo en cuanto entré. Luego dio la vuelta y se metió a la oficinita que tenía junto a una de las recámaras.

Miré alrededor y no vi a Mike. Me sentí un poco incómodo, pero decidí sentarme junto a las mismas dos señoras que había visto cuatro semanas atrás. Ellas me sonrieron y se acomodaron en el sofá para hacerme lugar.

Pasaron 45 minutos. Estaba que echaba humo. Las dos señoras entraron con el papá de Mike; incluso se habían ido media hora antes. Luego entró un señor mayor; estuvo veinte minutos en la oficina y luego también se fue.

En un hermoso y soleado día hawaiano, estaba en aquella casa vacía, sentado en una oscura y mohosa sala, esperando para hablar con un miserable explotador de niños. Lo escuché moverse dentro de su oficina. Noté que hablaba por teléfono y que me estaba ignorando. Estuve a punto de irme pero, por alguna razón, me quedé.

Quince largos minutos después, a las nueve en punto, padre rico salió de su oficina y me indicó con un gesto que pasara.

"Por lo que entiendo, quieres que te aumente el sueldo, y si no, vas a renunciar", dijo padre rico, girando en su silla.

"Bueno, es que usted no está cumpliendo con su parte del trato", balbuceé, casi llorando. Me asustaba muchísimo tener que confrontar a un adulto.

"Dijo que si trabajábamos para usted, nos enseñaría a hacer dinero. Yo lo hice, y me esforcé mucho. Renuncié a mis partidos de beisbol para estar en el minisúper, pero usted no cumplió su palabra. No me ha enseñado nada. Es un estafador, lo dice toda la gente del pueblo. Es codicioso. Quiere todo el dinero y no cuida a sus empleados. Me hizo esperar horas. ¿Por qué no me respeta? Sólo soy un niño pero merezco que me traten mejor", argüí.

"Nada mal", repuso. "En menos de un mes ya llegaste a sonar como casi todos mis empleados."

"¿Cómo dice?", le pregunté. No entendí lo que quiso decir, así que continué quejándome. "Pensé que iba a cumplir con su oferta y que me enseñaría. ¿Pero sólo quiere torturarme? Eso es cruel. Muy, muy cruel."

"Te estoy enseñando", dijo padre rico, en voz baja.

"¿Qué me ha enseñado? ¡Nada!", dije, muy enojado. "Ni siquiera ha hablado conmigo desde que acepté trabajar a cambio de cacahuates. Hay leyes laborales, ¿lo sabía? Mi papá trabaja para el gobierno, ¿sabía eso?, ¿eh?"

"¡Vaya!", exclamó padre rico. "Ahora sí. Suenas exactamente como la gente que solía trabajar para mí: la misma gente a la que he despedido o que terminó renunciando."

"Y entonces, ¿qué tiene usted que decir?", lo increpé. Para ese momento ya estaba bastante envalentonado a pesar de ser un niñito.

"Me mintió. Yo trabajé, pero usted no cumplió su palabra. No me ha enseñado nada."

HOY, HACE VEINTE AÑOS...
EL CONO DEL APRENDIZAJE

A Edgar Dale se le atribuye el habernos ayudado a entender que los humanos aprendemos mejor por medio de la acción, es decir, haciendo una simulación o ejecutando la tarea real.

A esta labor a veces se le llama aprendizaje por medio de la experiencia. Dale y su Cono del Aprendizaje nos dicen que leer y asistir a conferencias o clases es la forma menos efectiva de aprender. Sin embargo ya todos sabemos cómo se enseña en la mayoría de las escuelas: por medio de cátedras y clases.

"¿Y cómo sabes que no te he enseñado nada?", preguntó, muy tranquilo.

"Bueno, nunca habló conmigo ni me buscó. Llevo tres semanas en el minisúper y no he aprendido nada", dije, haciendo puchero. "No me ha enseñado."

"¿Tú crees que enseñar significa hablar o dar una conferencia?", preguntó padre rico.

"Bueno, sí", contesté.

"Así es como te enseñan en la escuela", dijo, con una sonrisa. "Pero la vida no te enseña de esa manera, y yo me atrevería a decir que ella es la mejor maestra de todas. Casi no te habla, sólo te da empujones, pero con cada uno de ellos en realidad te está diciendo: 'Despierta, hay algo que quiero que aprendas'."

"¿De qué está hablando este tipo?", me pregunté en silencio. Cuando la vida me daba empujones, ¿estaba tratando de hablar conmigo? Llegué a mi límite. En ese momento supe que era urgente que renunciara porque estaba lidiando con un individuo verdaderamente chiflado.

"Si logras aprender las lecciones de la vida, te irá bien. Si no, seguirán empujándote todos. La gente sólo puede hacer dos cosas. Algunos permiten que la vida los mangonee, que los lleve de aquí para allá. Otros se enojan y, al tratar de responder, terminan empujando al jefe, a la secretaria, al cónyuge, a los hijos… en fin. El problema es que no comprenden que el abuso lo ejerce la vida misma."

Seguía sin saber qué estaba tratando de decirme.

"La vida nos empuja a todos. Algunos se rinden y otros luchan. Algunos aprenden las lecciones y continúan, reciben con alegría los embates porque saben que los empujones significan que necesitan —y deben— aprender algo. Saben que tienen que aprender y seguir viviendo. Pero son muy pocos. La mayoría sólo renuncia. Algunos, como tú, pelean."

Mi padre rico se puso de pie y cerró la ruidosa y vieja ventana de madera que tanto necesitaba ser reparada. "Si aprendes esta lección,

EL CONO DEL APRENDIZAJE		
Después de dos semanas recordamos		Clase de participación
90% de lo que decimos y hacemos	Vivir la experiencia	Activa
	Simular la experiencia real	
	Hacer una dramatización	
70% de lo que decimos	Dar una plática	
	Participar en una discusión	
50% de lo que escuchamos y vemos	Ver cómo se realiza la actividad en su entorno real	Pasiva
	Ver una demostración	
	Asistir a una exposición Ver una demostración	
	Ver una película	
30% de lo que vemos	Ver imágenes	
20% de lo que escuchamos	Escuchar palabras (Conferencia)	
10% de lo que leemos	Leer	

Fuente: Cono del Aprendizaje adaptado de Dale (1969).

crecerás y te convertirás en un hombre sabio, joven y rico. Si no, te pasarás la vida culpando de tus problemas a tu empleo, al mal salario o a tu jefe, y siempre vivirás en espera de que llegue esa gran oportunidad que resolverá todos tus problemas económicos."

Padre rico volteó para ver si estaba escuchando. Nos vimos, nos comunicamos con la mirada, y cuando recibí su mensaje, volteé a otro lado. Sabía que tenía razón. Lo estaba culpando a pesar de que yo había pedido aprender. Estaba luchando en su contra.

Luego continuó hablando. "O si eres el tipo de persona que no tiene agallas, te darás por vencido cada vez que la vida te empuje. Si eres así, siempre tomarás el camino fácil, harás lo correcto y te quedarás esperando algo que nunca llegará. Luego morirás siendo un viejo aburrido. Tendrás muchos amigos a los que les agradarás bastante porque eres un individuo muy trabajador, pero en realidad habrás permitido que la vida te empujara hasta hundirte en la sumisión. En el fondo, siempre te habrá aterrado correr riesgos. Te habría gustado hacerla en grande pero tu miedo a perder siempre superará por mucho la emoción de obtener lo que quieres. En tu interior, tú, y sólo tú, sabrás que nunca te lanzaste, que preferiste apostarle a lo seguro."

Nuestras miradas volvieron a encontrarse.

"¿Me ha estado usted empujando?", le pregunté.

HOY, HACE VEINTE AÑOS...

LA VIDA COMO MAESTRA

En la actualidad los millennial se están enfrentando a las duras realidades de la vida. Cada vez es más difícil encontrar empleo. Los robots están remplazando a los trabajadores en cantidades asombrosas. Cada día es más importante aprender a través de nuestras equivocaciones, es decir, a prueba y error. El conocimiento académico parece menos valioso en el mundo real, y contar con educación universitaria ya no le garantiza el trabajo a nadie.

"Habrá quien asegure que sí", dijo padre rico, con una sonrisa. "Pero yo más bien diría que sólo te di una probadita de lo que te espera en la vida."

"¿Una probadita de lo que me espera en la vida?", le pregunté. Todavía estaba enojado, pero tenía curiosidad y deseos de aprender.

"Tú y Mike son las primeras personas que me piden que les enseñe a hacer dinero. Tengo más de 150 empleados pero ninguno de ellos me ha solicitado información. Siempre me piden un empleo y un cheque de nómina, pero nunca conocimiento. Es por ello que la gran mayoría pasará los mejores años de su vida trabajando a cambio de un cheque pero sin entender a fondo por qué lo hace."

Entonces empecé a prestar mucha atención.

"Es por eso que cuando Mike me dijo que ustedes querían aprender cómo hacer dinero, decidí diseñar un curso que fuera reflejo de la vida real. Yo podría hablarles hasta quedarme sin aliento, pero ustedes jamás me escucharían. Preferí dejar que la vida los empujara un poco para que me prestaran atención. Por eso sólo les pagué diez centavos."

"Entonces, ¿cuál es la lección que aprendí al trabajar por solamente diez centavos por hora?", pregunté. "¿Que es mezquino y explota a sus empleados?"

Padre rico se meció hacia atrás y rio a carcajadas. Después dijo: "Es mejor que cambies tu forma de ver las cosas. Deja de culparme y de pensar que yo soy el problema. Si sigues creyendo eso, tendrás que cambiar mi forma de ser. Pero si empiezas a ver que el problema eres tú, sólo tendrás que cambiar tú mismo, tendrás que

HOY, HACE VEINTE AÑOS...

CAMBIA LO QUE PUEDAS

He aprendido la verdad y la sabiduría gracias a las palabras de mi padre rico. Hay muchas cosas en la vida que no podemos controlar. Pero he aprendido a enfocarme en aquello sobre lo que sí tengo control: yo mismo. Si las cosas tienen que cambiar, primero debo cambiar yo.

aprender y volverte más sabio. La mayoría de la gente quiere que los demás cambien, pero no está dispuesta a hacerlo ella. Ahora déjame decirte algo: es más fácil cambiar uno mismo que cambiar a los demás".

"No entiendo", dije.

"No me culpes de tus problemas", repitió padre rico, comenzando a impacientarse.

"Pero usted sólo me paga 10 centavos."

"¿Y qué has aprendido con eso?", preguntó. Me estaba poniendo a prueba.

"Que es un codo", insistí, con una sonrisa maliciosa.

"¿Lo ves? Crees que el problema soy yo", dijo.

"Y lo es."

"Si continúas con esa actitud no vas a aprender nada. Si sigues pensando que yo soy el problema, ¿qué opciones te quedan?"

"Bueno, si no me paga más, y si no me respeta y me enseña, voy a renunciar."

"Bien dicho", dijo padre rico. "Eso es precisamente lo que hace la mayoría de la gente. Renuncia y busca otro empleo, una oportunidad más interesante y un sueldo más alto. Todo mundo cree que eso resolverá el conflicto, pero rara vez funciona.

"¿Entonces qué debería hacer?", le pregunté. "¿Aceptar los miserables diez centavos por hora y sonreír?"

Padre rico se rio. "Eso es lo que hacen otras personas. Esperan un aumento porque creen que el dinero resolverá sus dificultades. Casi todo mundo lo acepta. Algunos consiguen un segundo empleo y trabajan más, aunque la única mejora aparezca en su chequecito de nómina."

Me quedé sentado mirando el piso. Empecé a entender la lección que padre rico me estaba dando. Comprendí a qué se refería con "una probadita de lo que te espera en la vida". Levanté la vista y le pregunté: "Entonces, ¿cómo se puede resolver el problema?"

"Con esto", dijo, dándome unas palmaditas en la cabeza. "Con esto que está entre tus orejas."

Fue en ese momento que padre rico compartió conmigo su coyuntural punto de vista, el que lo separaba de sus empleados y de mi padre pobre. Y el que, tiempo después, lo llevaría a convertirse en uno de los hombres más ricos de Hawái, mientras mi otro padre, el que tenía una sólida preparación académica, continuaba teniendo dificultades económicas el resto de su vida. La suya era una visión singular y marcaba una diferencia radical.

Considero que su punto de vista fue la lección número uno; padre rico la repitió una y otra vez: *Los pobres y la clase media trabajan por dinero. Los ricos hacen que el dinero trabaje para ellos.*

Aquel soleado sábado por la mañana, escuché un punto de vista completamente distinto al que me había enseñado mi padre pobre.

A los nueve años entendí que mis dos padres querían que yo aprendiera y que ambos me animaban a estudiar, pero no las mismas cosas.

Mi padre pobre, el respetado académico, me recomendaba hacer lo mismo que él había hecho antes. "Hijo, quiero que estudies mucho y que saques buenas calificaciones para que puedas conseguir un empleo seguro en una compañía importante. También debes asegurarte de que te ofrezcan excelentes prestaciones." Mi padre rico, en cambio, quería que

HOY, HACE VEINTE AÑOS...

ACTIVOS POR ENCIMA DEL INGRESO

Comprar o construir activos que produzcan flujo de efectivo significa poner a trabajar a tu dinero para ti.

Los empleos muy bien pagados implican dos cosas: que estás trabajando por dinero, y que muy probablemente los impuestos que tengas que pagar aumenten. Yo he aprendido a hacer que mi dinero trabaje para mí, y a disfrutar de los beneficios fiscales de generar ingresos que no provienen de un cheque de nómina.

yo aprendiera cómo funcionaba el dinero para luego poder hacerlo trabajar para mí.

Con la guía de padre rico aprendería las lecciones a través de la vida misma, no en un salón de clases.

Padre rico continuó con la primera lección. "Me alegra que trabajar a cambio de diez centavos por hora te haya encolerizado. De no haber sido así, si sólo hubieras aceptado la pésima paga, me habría visto obligado a dar por terminado tu entrenamiento. Porque, verás, Robert, el verdadero aprendizaje exige energía, pasión y un deseo ardiente. La ira es parte importante de esta fórmula porque, combinada con el amor, produce la pasión que todo empresario necesita. Cuando se trata de dinero, la mayoría de la gente siempre quiere ir a la segura y no correr riesgos. Tristemente, lo que motiva a muchos no es la pasión sino el miedo."

"¿Por eso la gente acepta empleos que pagan poco?", pregunté.

"Así es", contestó padre rico. "Algunas personas dicen que exploto a la gente porque no le pago tanto como la plantación de azúcar o el gobierno, pero yo creo que la gente se explota a sí misma porque es su miedo lo que la lleva a aceptar esta situación, no el mío."

"¿Pero no cree que debería pagarles más?", lo cuestioné.

"No, no tengo por qué hacerlo. Además, tener más dinero no resolverá sus problemas económicos. Fíjate en tu padre. Él gana bastante y, de todas formas, no puede cubrir sus gastos. Si le das más dinero a la gente, la gran mayoría sólo incurrirá en más deudas."

"Por eso me paga diez centavos por hora", dije con una sonrisa. "Es parte de la lección."

"Exactamente", dijo padre rico, con una sonrisa. "Verás, tu papá fue a la escuela y se hizo de una educación sobresaliente para poder conseguir un empleo mejor pagado. Sin embargo, sigue teniendo problemas económicos porque en la escuela nunca aprendió lo necesario sobre el dinero. Para colmo, cree que tiene que trabajar para conseguirlo."

"¿Y no es así?", le pregunté.

"En realidad, no", contestó padre rico. "Si quieres aprender a trabajar para conseguir dinero, sigue estudiando en la escuela, que es un excelente lugar para aprender eso. En cambio, si lo que quieres es aprender a hacer que el dinero trabaje para ti, entonces yo podría enseñarte. Pero sólo si de verdad deseas aprender."

"¿Y no todo mundo querría aprender eso?", pregunté.

"No", dijo padre rico.

"¿Cómo? ¿Por qué?" Estaba azorado.

"Por una sencilla razón: es más fácil aprender a trabajar para conseguir dinero, especialmente si cada vez que se habla del asunto se te caen los pantalones de miedo."

HOY, HACE VEINTE AÑOS...

¿IR A LA ESCUELA?

Aunque soy un gran partidario de la educación y de continuar aprendiendo toda la vida, creo que "ir a la escuela" —especialmente a la universidad—, se ha convertido en una pesadilla financiera. La deuda por préstamos estudiantiles ha llegado a su récord más alto, ahora que 44 millones de estadounidenses deben casi 1.3 billones de dólares. Repito: Son billones... con 'b'.

"No comprendo", dije, con el ceño fruncido.

"No te preocupes de eso por ahora. Sólo recuerda que el miedo es lo que hace que la mayoría de la gente trabaje para conseguir dinero: el miedo a no poder pagar sus deudas; el miedo a ser despedidos; el miedo a no tener suficiente dinero y el miedo a empezar de nuevo. Ése es el precio que se paga por aprender una profesión o un oficio, y luego trabajar por un chequecito de nómina. Casi todos se vuelven esclavos del dinero, y luego, cuando las cosas no salen bien y no pueden cubrir sus gastos, se enojan con sus jefes."

"Entonces, aprender a hacer que el dinero trabaje para ti, ¿es algo distinto?", pregunté.

"Absolutamente", contestó padre rico, "absolutamente."

Nos quedamos sentados en silencio aquella hermosa mañana de sábado en Hawái. En otro lugar acababa de comenzar el juego de beisbol de mis amigos de la liga infantil pero, por alguna razón, yo estaba agradecido de haber trabajado por diez centavos la hora. Supe que estaba a punto de aprender algo que a mis amigos no les enseñarían en la escuela.

"¿Estás listo para aprender?", preguntó padre rico.

"Claro que sí", contesté, con una sonrisa.

"Cumplí mi promesa, te he estado educando a distancia", dijo padre rico. "A los nueve años ya te di una probadita de lo que se siente trabajar para ganar dinero. Ahora, multiplica la experiencia de este mes por 50 años, y te darás una idea de cómo se le va la vida a la mayoría de la gente."

"No entiendo", dije.

"¿Cómo te sentiste al esperar formado para verme, cuando te contraté, y luego, cuando tuviste que venir a pedirme más dinero?"

"Terrible", contesté.

"Si decidieras trabajar por dinero, toda tu vida sería así", me explicó padre rico.

"¿Y cómo te sentiste cuando la señora Martin dejó caer en tu mano tres monedas de diez centavos por tres horas de trabajo?"

"Sentí que no era suficiente, que había perdido mi tiempo. Fue como no ganar nada. Me desilusioné", le expliqué.

"Así es como se siente la mayoría de los empleados al ver su cheque de nómina. Sobre todo cuando ya les descontaron los impuestos y otros gastos. Tú, al menos, obtuviste el 100 por ciento de tu salario."

"¿Quiere decir que a los trabajadores no les pagan todo?", pregunté, asombrado.

"¡Claro que no les pagan todo!", exclamó padre rico. "El gobierno siempre se lleva una tajada."

"¿Y cómo lo hace?", pregunté.

"Por medio de los impuestos", me explicó. "Cada vez que ganas dinero tienes que pagar impuestos. También cuando lo gastas. Te cobran impuestos por ahorrar e incluso cuando mueres."

"¿Por qué la gente permite que el gobierno le haga eso?"

"Los ricos no lo permiten", dijo padre rico, con una sonrisa de satisfacción. "Pero la gente pobre y la de la clase media, sí. Puedo apostarte que yo gano más que tu papá, pero él paga más impuestos."

"¿Cómo es posible?", pregunté. Estaba muy chiquito para entenderlo. No me sonaba lógico. "¿Por qué alguien permitiría que el gobierno le hiciera algo así?"

Padre rico se meció suavemente en su silla. Guardó silencio y me miró a los ojos.

"¿Listo para aprender?", preguntó.

Asentí lentamente.

"Como ya te dije, Robert, tengo que transmitirte mucha información. Aprender a hacer que el dinero trabaje para ti es una labor de toda la vida. En general, los estudiantes van cuatro años a la universidad, y a menos de que decidan continuar y especializarse, su preparación termina ahí. Yo, en cambio, estoy consciente de que nunca dejaré de estudiar el dinero y los distintos temas económicos porque, cada vez que avanzo un poco más, descubro que me falta

HOY, HACE VEINTE AÑOS…

IMPUESTOS… IMPUESTOS… IMPUESTOS

Conforme los gobiernos se expanden y necesitan más y más dinero, más se aprovechan de los únicos a quienes pueden explotar: los trabajadores de la clase media. Actualmente todos los gobiernos favorecen al inversionista profesional y a los dueños de negocios.

Los trabajadores pagan muchos impuestos; pero los inversionistas y los dueños de negocios, si usan la ley fiscal como se debe, como una herramienta para fortalecer a la economía, pagan muy pocos impuestos.

muchísimo por aprender. Prácticamente nadie estudia este tema. La gente trabaja, recibe su cheque, pone al día su chequera y ya. ¡Luego se pregunta por qué tiene problemas económicos! Casi todos piensan que teniendo más dinero podrán resolver sus dificultades, pero no se dan cuenta de que el problema radica en su falta de educación financiera."

"¿Entonces papá tiene problemas de impuestos porque no estudia y no entiende lo que pasa con el dinero?", pregunté, un poco triste.

"Mira", dijo padre rico, "los impuestos son sólo una pequeña parte del aprendizaje sobre cómo hacer que el dinero trabaje para ti. El día de hoy yo quería averiguar si seguías teniendo pasión por aprender sobre el tema. A la mayoría de la gente le desagrada. Casi todos quieren ir a la escuela, aprender una profesión, divertirse de lo lindo en su trabajo y ganar mucho dinero. Pero un día despiertan con problemas económicos tremendos, y entonces ya no pueden dejar de trabajar y, para colmo, ¡no se divierten! Ése es el precio que se paga por solamente saber trabajar por dinero, y por negarte a aprender qué necesitas hacer para que éste trabaje para ti. Pero bueno, dime, Robert, ¿todavía tienes pasión por aprender?", preguntó padre rico.

Asentí, consciente de la responsabilidad que su propuesta implicaba.

"Bien", agregó. "Ahora vuelve al trabajo… ¡Ah, por cierto! A partir de ahora no te pagaré nada."

"¿Qué?", pregunté, con mi corazoncito al borde del colapso.

"Ya me escuchaste. Nada. Trabajarás las mismas tres horas este sábado, pero no te pagaré diez centavos por hora. Dijiste que querías aprender a no trabajar por dinero, así que no te voy a pagar."

No podía creer lo que estaba escuchando.

"Tuve esta misma conversación con Mike y él ya este trabajando con la señora Martin. Está sacudiendo y acomodando alimentos enlatados a cambio de nada. Más vale que te apresures y vuelvas pronto allá."

"No es justo", grité, encolerizado. "¡Tiene que pagarme algo! ¡Un poquito aunque sea!"

"No. Dijiste que querías aprender. Si no haces esto ahora, crecerás y terminarás como las dos señoras y el anciano que estaban en la sala: gente que trabaja por dinero, aferrada a un empleo que detesta, y con la única esperanza de que no la despida. O en alguien como tu papá: un reconocido académico que gana mucho pero de todas maneras está endeudado hasta el copete y cree que sólo resolverá su problema si consigue más dinero. Si eso es lo que quieres, volveré a darte los diez centavos por hora que te ofrecí al principio. También puedes hacer lo que hace la mayoría de los adultos: quejarte de que la paga es insuficiente, renunciar y buscar otro empleo."

"Pero entonces, ¿qué hago?", pregunté. Me sentía entre la espada y la pared. Papá se volvería loco si se llegaba a enterar de que trabajaría sin cobrar.

Padre rico me dio una palmada en la cabeza. "Utiliza esto", dijo. "Si usas bien la cabeza, en muy poco tiempo me estarás agradeciendo haberte dado esta oportunidad y serás un hombre rico."

Me quedé asombrado por lo injusto del trato que me acababa de ofrecer. Llegué a solicitar un aumento y, de alguna manera, de pronto ya estaba trabajando a cambio de nada.

Padre rico me dio otra palmadita en la cabeza, y dijo: "Usa esto. Ahora sal de aquí y vuelve al trabajo."

Lección #1: Los ricos no trabajan por dinero

Por supuesto, no le dije a mi padre pobre que no me estaban pagando. No lo habría entendido y, además, no quería tener que explicarle algo que a mí mismo no me quedaba claro.

Mike y yo trabajamos tres semanas más, tres horas cada sábado, a cambio de nada. El trabajo no me molestaba, e incluso la rutina se volvió más llevadera, pero perderme los partidos de beisbol y no poder ni siquiera comprar algunos cómics, me enfurecía.

La tercera semana padre rico pasó por la tienda al mediodía. Escuchamos cuando su camioneta se detuvo en el estacionamiento y, luego, el chisporroteo del motor al apagarse. Entró al local y saludó a la señora Martin con un abrazo. Después de ponerse al tanto sobre lo que ocurría en la tienda, se acercó al refrigerador de los helados, sacó dos, los pagó, y con un gesto nos indicó a Mike y a mí que nos acercáramos.

"Demos un paseo, muchachos."

Esquivamos algunos autos para cruzar la calle y caminamos por un extenso campo cubierto de césped en donde había varios adultos jugando beisbol. Nos sentamos en una solitaria mesa para picnics, y ahí, padre rico nos dio los helados.

"¿Cómo están, chicos?"

"Bien", contestó Mike.

Yo asentí.

"¿Han aprendido algo?", preguntó.

Mike y yo nos miramos, encogimos los hombros y negamos con la cabeza.

Cómo eludir una de las trampas más grandes en la vida

"Bien, pues más les vale empezar a pensar, chicos. Tienen enfrente una de las lecciones más importantes. Si la aprenden, gozarán de una vida plena, libre y segura. Si no, terminarán como la señora Martin y como la mayoría de la gente que viene a este parque a jugar beisbol. Trabajan muy duro a cambio de poco dinero, se aferran a la ilusión de tener seguridad en el trabajo, sólo anhelan unas vacaciones de tres semanas al año y, quizá, una miserable pensión después de 45 años de servicio. Si eso les emociona, entonces les daré un aumento: 25 por hora."

"Pero esta gente es noble y trabajadora. ¿Se está usted burlando de ellos?", le pregunté, en tono de reproche.

Él sólo sonrió.

"La señora Martin es como una madre para mí. Jamás sería cruel con ella. Tal vez sueno grosero porque me estoy esforzando por hacerles ver algo. Quiero ampliar su visión y que logren entender lo que la mayoría de la gente nunca tiene el privilegio de ver porque su perspectiva es demasiado estrecha. La gente nunca se da cuenta de la trampa en que cae."

Mike y yo sólo permanecimos sentados sin comprender del todo lo que trataba de transmitirnos. Sí, padre rico sonaba cruel pero, al mismo tiempo, se estaba esforzando por explicarnos algo.

Sonrió de oreja a oreja y nos dijo: "¿Acaso esos 25 centavos por hora no suenan bien? ¿No les palpita el corazón un poco más rápido?"

Negué con la cabeza, pero la verdad era que sí me emocionaban: 25 centavos era bastante dinero para mí.

"Muy bien. Les pagaré un dólar por hora", dijo padre rico, con una sonrisa traviesa.

Mi corazón se volvió loco. Una voz en mi cabeza gritaba: "Acepta, acepta". Pero, aunque no podía creer lo que escuchaba, me quedé callado.

"De acuerdo. Si insisten... ¡que sean dos dólares por hora!"

Mi cerebro y mi corazoncito casi explotaban. Después de todo era 1956, y recibir dos dólares por hora me habría convertido en el niño más rico del mundo. No tenía ni idea de lo que significaría ganar esa cantidad de dinero. Quería aceptar, me urgía ser parte del trato. Mi mente empezó a dar vueltas y de pronto imaginé una bicicleta nueva, un guante de beisbol y la adoración que me profesarían mis amigos en cuanto sacara algo de dinero del bolsillo del pantalón. Lo mejor de todo era que Jimmy y sus amigos ricos no podrían volver a llamarme "pobre" jamás. *Jamás*.

Pero, por alguna razón... me mantuve callado.

Mi helado ya se había derretido. Lo sentí chorreando en mi mano. Seguramente lo que padre rico veía era dos tontitos boquiabiertos. Nos estaba poniendo a prueba y sabía muy bien que queríamos aceptar el trato porque, como ya lo había confirmado con otros, en el alma de todas las personas hay una parte débil y necesitada que siempre está a la venta. Claro, también sabía que la otra parte, la incorruptible, no se puede comprar. Sólo quería saber qué parte se imponía en nosotros.

"Bueno, amanecí de buenas: que sean cinco dólares por hora."

Continué en silencio. Algo había cambiado. La oferta era demasiado grande y ridícula. En 1956 pocos adultos ganaban esos mismos cinco dólares. Afortunadamente la tentación desapareció pronto. Me apacigüé. Volteé poco a poco a la izquierda para ver a Mike. Él también me miró. La parte débil y necesitada de mi alma se calló, y la parte incorruptible que no tenía precio, venció. Al ver a Mike, supe que también había llegado a ese punto.

"Bien", dijo padre rico en voz baja. "Casi todos tienen un precio porque el miedo y la codicia se apoderan de ellos. El miedo a no tener dinero nos motiva a trabajar duro y, una vez que obtenemos el cheque de nómina, la codicia o la avaricia nos hacen pensar en todas las cosas maravillosas que se pueden comprar con el dinero. Así es como se establece el patrón."

> *Las dos emociones que siempre controlan la vida de la gente son el miedo y la codicia.*

"¿Cuál patrón?", pregunté.

"El patrón o la costumbre de levantarse, ir a trabajar, pagar cuentas pendientes, y otra vez levantarse, ir a trabajar, pagar cuentas pendientes. Las dos emociones que siempre controlan la vida de la gente son el miedo y la codicia. Si le ofreces más dinero a alguien, nunca saldrá de ese ciclo y gastará más cada vez. Es a lo que le llamo la Carrera de la Rata."

"¿Y existe otra opción?", preguntó Mike.

"Sí", dijo padre rico, pensándolo bien. "Pero muy pocas personas la descubren."

"¿Y cuál es?", continuó preguntando mi amigo.

"Eso es lo que espero que aprendan mientras trabajen y estudien conmigo, chicos. Por eso dejé de pagarles."

"¿Nos puedes dar una pista, papá?", preguntó Mike. "Estamos un poco cansados de trabajar tanto, en especial porque no nos pagas nada."

"Bueno, el primer paso es decir la verdad", dijo padre rico.

"Nosotros no decimos mentiras", argumenté.

"No dije que mintieran. Dije que debían decir la verdad", explicó padre rico.

"¿La verdad acerca de qué?", pregunté.

"De cómo se sienten", contestó. "No se la tienen que decir a nadie más, sólo admítanla para ustedes mismos."

"¿Quiere decir que la gente del parque, la que trabaja para usted, y la señora Martin no dicen la verdad?", pregunté.

"Lo dudo", dijo padre rico. "Creo que sienten miedo de no tener dinero pero no lo confrontan de manera lógica. En lugar de usar la cabeza, reaccionan a un nivel emocional", explicó padre rico. "Luego les cae algo de efectivo en las manos y, una vez más, emociones como el gozo, el anhelo y la avaricia se apoderan de ellos. Reaccionan nuevamente en lugar de pensar."

"Entonces sus emociones controlan sus mentes", señaló Mike.

"Correcto", añadió padre rico. "En lugar de admitir la verdad respecto a cómo se sienten, se dejan llevar por sus sentimientos y dejan de pensar. Como tienen miedo, se van a trabajar con

HOY, HACE VEINTE AÑOS...

EL MIEDO #1

Se ha reportado que conforme la población mundial envejece, y más y más trabajadores se acercan al retiro, la gente relaciona de manera creciente su miedo #1 con el dinero. Casi 50% de los encuestados teme que su dinero no le dure hasta la vejez... y tiene miedo de quedarse sin recursos en sus "años dorados".

la esperanza de que el dinero apacigüe el temor, pero éste continúa acosándolos. Vuelven al trabajo, creen que el cheque de nómina los calmará, pero no es así. El miedo los mantiene en esa trampa que implica trabajar, ganar dinero y esperar que el miedo desaparezca. Pero cada vez que despiertan, sigue ahí. Ese mismo temor mantiene a millones de personas en vela toda la noche, agitadas y llenas de preocupación. Por eso se levantan y van a trabajar con la esperanza de que el cheque de nómina aniquile a ese sentimiento. Pero no: sólo les corrompe el alma. El dinero rige sus vidas pero nadie lo acepta. Controla sus emociones y sus almas."

Padre rico se sentó en silencio y permitió que asimiláramos sus palabras. Mike y yo escuchamos lo que dijo pero aún no entendíamos bien a qué se refería. Lo único que yo sabía era que en muchas ocasiones me había preguntado por qué los adultos iban a trabajar con tanta prisa.

No parecía ser divertido y nunca lucían felices pero, de todas formas, siempre iban.

Cuando padre rico se dio cuenta de que habíamos asimilado lo más posible lo que nos había dicho, agregó: "Muchachos, quiero que ustedes eludan esa trampa. Eso es lo que realmente les quiero enseñar. No sólo quiero que sean ricos, porque eso no soluciona el problema".

"¿No?", pregunté, sorprendido.

"No, no lo soluciona. Déjame explicarte otra emoción: el anhelo. Algunos le llaman 'avaricia' pero yo prefiero 'anhelo' Es perfectamente normal anhelar algo mejor, más bonito, más divertido o emocionante; por eso el anhelo también lleva a la gente a trabajar por dinero. Muchos quieren dinero porque creen que con él podrán comprar felicidad. Sin embargo, la felicidad que trae el dinero consigo no dura mucho. Luego las personas creen que necesitan más dinero para conseguir más felicidad, placer, comodidad y seguridad. Continúan trabajando y creyendo que los recursos económicos aliviarán sus almas del miedo y el anhelo que habitan en ellas, pero eso no es posible."

"¿También la gente rica hace esto?", preguntó Mike.

"Sí, también los ricos lo hacen", contestó padre rico. "De hecho, hay ricos que no son ricos de verdad por culpa del miedo, más que por el anhelo. Muchos creen que el dinero puede eliminar el temor a ser pobres, y por eso amasan grandes fortunas. Desgraciadamente, luego descubren que el miedo sólo crece, y entonces, lo que temen es perder el dinero. Tengo amigos que continúan trabajando a pesar de que ya tienen bastante. También conozco gente que ya posee millones pero ahora tiene más miedo que cuando era pobre. Estas personas temen perderlo todo. Los miedos que los llevaron a volverse ricos sólo se intensificaron. Esa débil y necesitada parte de su alma grita con más fuerza aún. No quieren perder sus mansiones ni sus autos, ni el exuberante estilo de vida que el dinero les ha dado. Les preocupa mucho lo que dirían sus amigos si perdieran todo. De hecho, sufren fuertes problemas emocionales y son neuróticos a pesar de que tienen mucho dinero y parecen llevar una mejor vida."

"¿Entonces los pobres son más felices?", pregunté.

"No, no lo creo", contestó padre rico. "Eludir al dinero es algo tan triste como vivir apegado a él."

Como si lo hubiéramos invocado con nuestros pensamientos, en ese momento pasó cerca de nuestra mesa el vagabundo del pueblo. Se detuvo junto a un enorme bote de basura y hurgó en él. Los tres lo observamos con mucho interés aunque, probablemente, antes de tener aquella conversación, lo habríamos ignorado.

Padre rico sacó un dólar de su cartera y le hizo un gesto al hombre. Al ver el dinero, el vagabundo se acercó, tomó el billete, le agradeció profusamente a padre rico y se alejó deprisa, feliz de tener tan buena suerte.

"Ese hombre no es muy distinto a mis empleados", dijo padre rico. "Conozco a mucha gente que dice: 'Ah, el dinero no me interesa', pero trabaja ocho horas diarias. Eso es una negación de la verdad. Si no les interesa el dinero, ¿entonces por qué trabajan? Esa forma de pensar es tal vez más retorcida que la de la gente que acumula dinero."

Conozco a mucha gente que dice: "Ah, el dinero no me interesa", pero trabaja ocho horas diarias.

Mientras estaba sentado ahí, escuchando a mi padre rico, recordé todas aquellas ocasiones en que padre pobre había dicho: "El dinero no me interesa". Lo repetía con frecuencia y se justificaba diciendo algo como "Yo trabajo porque me gusta mi empleo".

"¿Y entonces qué hacemos?", pregunté. "¿No trabajar por dinero hasta que desaparezca todo el miedo y la codicia?"

"No, eso sería un desperdicio de tiempo", dijo padre rico. "Las emociones son lo que nos hace humanos. La palabra 'emoción' significa 'energía en movimiento'. Ustedes deben ser honestos con ellas y usarlas en conjunto con su mente para beneficiarse, no para hacerse daño."

"¡Vaya!", exclamó Mike.

"No se preocupen por lo que les acabo de decir. Cobrará más sentido conforme pasen los años. Tampoco reaccionen; sólo observen cómo se sienten. La mayoría de la gente no sabe que decide con sus emociones, no con la cabeza. Ustedes nunca se van a librar de estos sentimientos, pero tienen que aprender a pensar de manera lógica.

"¿Me puede dar un ejemplo?", pregunté.

"Por supuesto", respondió padre rico. "Cuando una persona dice 'Tengo que encontrar empleo', lo más probable es que su emoción sea lo que 'hable' y 'piense'. El pensamiento es producto del miedo a no tener dinero."

"Pero si la gente tiene que pagar sus facturas y recibos, necesita el dinero, ¿no?", argumenté.

"Naturalmente", contestó padre rico con una sonrisa. "Lo que quiero decir es que, por lo general, el miedo es el que toma las decisiones."

"No comprendo", dijo Mike.

"Por ejemplo, si surge el miedo a no tener suficiente dinero, en lugar de salir corriendo de inmediato a buscar empleo, la gente podría preguntarse: '¿Conseguir un empleo será la mejor solución para confrontar este miedo a largo plazo?' En lo personal, creo que la respuesta es 'no'. Un empleo es en realidad una solución a corto plazo para un problema permanente."

"Pero papá siempre dice: 'Sigue yendo a la escuela y saca buenas calificaciones para que puedas conseguir un empleo seguro'", repuse, algo confundido.

"Sí, entiendo por qué lo dice", dijo padre rico con una sonrisa. "La mayor parte de la gente recomienda eso porque les funciona a muchos, pero también es una recomendación que surge del miedo."

"¿Quiere decir que mi papá me sugiere eso porque tiene miedo?"

"¡Claro!", dijo padre rico. "Está aterrado de que no ganes suficiente dinero y no encuentres un lugar en la sociedad. Pero no me malinterpretes. Tu padre te ama y quiere lo mejor para ti. Yo también creo que la educación y un buen empleo son importantes, pero con ellos no vas a superar el miedo. Verás, ese temor que hace que él se levante por la mañana para ganar algunos dólares, es el mismo que lo obliga a ser tan obsesivo respecto a que asistas a la escuela."

"¿Entonces qué recomienda usted?", le pregunté.

"Quiero enseñarles a manejar el poder del dinero para que no le teman. Esto no lo enseñan en la escuela, y si ustedes no lo aprenden, serán esclavos toda la vida."

Sus palabras comenzaban a tener lógica al fin. Quería ampliar nuestra visión para que alcanzáramos a distinguir lo que las señoras Martin de todo el mundo jamás verían. Sus ejemplos me sonaron crueles en ese momento pero, gracias a eso, no los olvidé jamás.

HOY, HACE VEINTE AÑOS...
CÓMO MANEJAR EL DINERO
Con la llegada de los derivados y de una economía cada vez más compleja, manejar el dinero se ha vuelto esencial para sobrevivir en el mundo. Tomando en cuenta las bajas tasas de interés y la incertidumbre del mercado de valores, las viejas recomendaciones de ahorrar e invertir a largo plazo dejaron de tener sentido.

Mi visión se expandió aquel día, y empecé a divisar la trampa que nos esperaba en el futuro.

"Verán, chicos, trabajamos a distintos niveles, pero al final todos somos empleados", dijo padre rico. "Quiero que ustedes tengan la oportunidad de eludir la trampa que suponen estas dos emociones: el miedo y el anhelo. Úsenlas a su favor, no en su contra. Eso es lo que quiero transmitirles. A mí no me interesa que aprendan a hacer montañas de dinero porque eso no les servirá para enfrentarse al miedo o al anhelo. Aunque llegaran a ser ricos, si no aprenden a manejar estas emociones, sólo se habrán vuelto esclavos bien pagados."

"¿Y cómo podemos evitar la trampa?", pregunté.

"Las mayores causas de pobreza o problemas económicos son el miedo y la ignorancia. Ni la economía, ni el gobierno ni la gente rica son culpables. Todo tiene que ver con la ignorancia y el miedo autoinfligido que atrapa a la gente. Lo que ustedes deben hacer, muchachos, es ir a la universidad y conseguir sus títulos. Mientras tanto, yo les enseñaré a esquivar la trampa."

Las piezas del rompecabezas comenzaban a revelarse. Mi padre pobre, el maestro con años y años de estudio, contaba con grandes logros académicos y una carrera importante, pero en la escuela nunca le enseñaron a manejar el dinero ni su miedo al mismo. Entonces comprendí que yo tenía la oportunidad de aprender cosas diferentes e importantes de ambos padres.

"Ya nos hablaste del miedo a no tener dinero, ¿pero cómo afecta el anhelo nuestra manera de pensar?", preguntó Mike.

"¿Cómo se sintieron cuando escucharon mis tentadoras ofertas de aumento de sueldo? ¿Se dieron cuenta de cómo cada vez fueron anhelando más?"

Ambos asentimos.

"Gracias a que no cedieron a sus emociones, pudieron retrasar sus reacciones y pensar. Eso es fundamental. El miedo y el anhelo siempre estarán ahí, pero de ahora en adelante será imprescindible que usen esas emociones a su favor y a largo plazo. No permitan que ellas controlen a sus mentes. La mayoría de la gente usa sin querer el miedo y el anhelo para hacerse daño a sí misma. De ahí surge la ignorancia. Estas emociones hacen que casi todo mundo se pase la vida correteando el cheque quincenal, los aumentos de sueldo y los empleos seguros. Nadie se pregunta adónde nos conducen esos pensamientos guiados por la emoción. Es como la imagen del burro que va jalando una carretita mientras el dueño mantiene una zanahoria colgando frente a su hocico. Tal vez el dueño va hacia donde quiere ir, pero el burrito sólo persigue una ilusión, un engaño. Y el día de mañana, como el de pasado mañana y el siguiente, sólo habrá otra zanahoria para él."

"¿Quieres decir que cuando me imagino un nuevo guante de beisbol, dulces y juguetes, soy como el burro y su zanahoria?", preguntó Mike.

"Sí. A medida de que creces, los juguetes se vuelven más caros, por eso luego necesitas un auto nuevo, un bote y una mansión para impresionar a tus amigos", dijo padre rico, sonriendo. "El miedo te lleva hasta la puerta y el anhelo te atrae con sus llamados. Ésa es la trampa."

"¿Cuál es la respuesta entonces?", preguntó Mike.

"La ignorancia es lo que intensifica el miedo y el anhelo. Por eso el temor de la gente rica que ya tiene mucho dinero crece a medida que posee más. El dinero es la zanahoria, el engaño. Si el burro pudiera ver todo el panorama completo, quizá lo pensaría dos veces antes de perseguir la zanahoria."

Padre rico continuó explicando que la vida humana era una batalla entre la ignorancia y la iluminación. Nos dijo que la ignorancia se impone cuando la gente deja de buscar información y de tratar de conocerse a sí misma. La batalla es una decisión que se toma en un instante y consiste en aprender a abrir o cerrar la mente.

"Miren, chicos, la escuela es muy importante. Ahí van a hacerse de una profesión para convertirse en miembros productivos para la sociedad. Todas las culturas necesitan maestros, doctores, mecánicos, artistas, cocineros, gente de negocios, policías, bomberos y soldados. Las escuelas los forman para que la sociedad pueda prosperar y crecer", nos explicó padre rico. "Por desgracia, mucha gente considera que la escuela es el fin, no el principio."

Hubo un largo silencio. Padre rico sonreía. No entendí todo lo que dijo aquel día, pero como siempre pasa con las palabras de los grandes maestros, seguí aprendiendo de ellas durante años.

"Hoy fui un poco cruel", admitió. "Pero quiero que siempre recuerden esta conversación. Quiero que se acuerden de la señora Martin y del burro, y que tengan muy presente que, si no controlan su pensamiento, el miedo y el anhelo pueden hacerlos caer en la más grande trampa que existe. Lo verdaderamente cruel es pasar la vida entera con temor y nunca perseguir tus sueños. Matarse por conseguir dinero, sólo porque piensas que con él podrás comprar cosas que te harán feliz, también es algo muy cruel. Despertar a medianoche aterrado porque tienes que pagar deudas es espantoso, créanme. Eso no es vida. Pensar que un empleo te puede asegurar la vida es mentirse a uno mismo. Es cruel, sí, por eso quiero que eludan esa trampa. He visto que el dinero puede destrozar la vida de la gente. No permitan que eso les suceda a ustedes, no dejen que el dinero tome el control."

En ese momento una pelota rodó hasta nuestra mesa. Padre rico la levantó y la lanzó de vuelta.

"¿Entonces, qué tiene que ver la ignorancia con la codicia y el miedo?", pregunté.

"Digámoslo así: si eres ignorante, si no sabes cómo manejar el dinero, sentirás demasiada codicia y miedo", explicó padre rico. "Les daré algunos ejemplos. Un doctor que quiere más dinero para cuidar mejor a su familia, tiene que cobrarles más a sus pacientes, pero al hacerlo, hace que los cuidados médicos sean más caros para todo mundo.

"Esto afecta especialmente a la gente pobre porque su salud no es tan buena como la de la gente que tiene dinero. Debido a que los doctores aumentan sus honorarios, también los abogados lo hacen, y como los abogados suben sus honorarios, los maestros exigen aumentos. Todo esto, sumado, hace que nuestros impuestos se incrementen, y así podríamos seguir sin parar.

HOY, HACE VEINTE AÑOS...

DESIGUALDAD EN EL INGRESO

Durante su campaña para la presidencia de Estados Unidos en 2016, el senador Bernie Sanders declaró: "La riqueza y la desigualdad en el ingreso representan la crisis moral más grande que enfrentan los estadounidenses en la actualidad".

Dentro de muy poco tiempo la espantosa brecha entre los ricos y los pobres será tan enorme que surgirá el caos y otra gran civilización desaparecerá. La historia nos demuestra que las grandes civilizaciones fenecen cuando la distancia entre el 'tener' y el 'no tener' es demasiado grande. Por desgracia, Estados Unidos se encuentra en camino a esa situación porque no hemos podido aprender nada de la historia. Sólo memorizamos fechas y nombres, pero nunca aprendemos la lección."

"¿Pero no se supone que los precios tienen que subir?", pregunté.

"De hecho, en una sociedad educada con un gobierno bien llevado, los precios deberían bajar. Eso, por supuesto, sólo funciona en teoría. Los precios suben por la codicia y el miedo que provoca la ignorancia. Si en las escuelas se le enseñara a la gente cómo funciona el dinero, habría más riqueza y los precios bajarían. El problema es que las escuelas se enfocan en enseñarle a la gente a trabajar para conseguir dinero, no a manejar su poder."

"¿Pero qué no hay escuelas de negocios?", preguntó Mike. "¿Y no tú mismo me has dicho que debo estudiar hasta conseguir una maestría?"

"Sí", contestó padre rico, "pero, en general, de las escuelas de negocios sólo se gradúan contadores sofisticados. Y Dios no permita que se hagan cargo de una empresa porque lo único que saben hacer es revisar cifras, despedir gente y aniquilar proyectos. Lo sé porque yo tengo que contratar a profesionales de ese tipo para que cuenten los centavos. En lo único que piensan es en bajar costos e incrementar precios, lo cual siempre trae más problemas. Es importante llevar las cuentas y contar los centavos. De hecho me encantaría que más gente estuviera capacitada para hacerlo, pero ésas son actividades aisladas que no representan el quehacer del hombre de negocios real", añadió padre rico, un tanto enojado.

"¿Entonces, hay alguna respuesta?", insistió Mike.

"Sí", dijo padre rico. "Aprende a utilizar tus emociones para pensar, pero no pienses con tus emociones. En cuanto ustedes lograron controlar sus anhelos y aceptaron trabajar a cambio de nada, supe que aún había esperanza. Luego, cuando los tenté ofreciéndoles más dinero y volvieron a resistirse, ya estaban aprendiendo a razonar a pesar de las descargas afectivas. Ése es el primer paso."

"¿Y por qué es tan importante hacer eso?", pregunté.

"Eso lo deben averiguar ustedes. Si quieren aprender, los llevaré a la *zona espinosa* del bosque donde se oculta el hermano Conejo, y a la que todo mundo evita ir. Si me acompañan podrán deshacerse de la idea de trabajar por dinero, y aprenderán a hacer que el dinero trabaje para ustedes."

"¿Y qué obtendremos si vamos con usted? ¿Qué pasará si decidimos aprender lo que nos enseñe? ¿Conseguiremos algo a cambio?", le pregunté.

"Lo mismo que el hermano Conejo", dijo padre rico, refiriéndose al cuento infantil clásico.

"¿Existe esa *zona espinosa*?", pregunté

"Sí", contestó él. "La *zona espinosa* representa nuestro miedo y codicia. La única manera de salir de ahí es privilegiando nuestros pensamientos para confrontar el miedo, la debilidad y la necesidad."

"¿Privilegiar nuestros pensamientos?", preguntó Mike, azorado.

"Sí. Significa que debemos elegir pensar en lugar de reaccionar como nos lo indican las emociones. En lugar de nada más levantarte e ir a trabajar porque te da miedo no tener dinero para pagar lo que debes, pregúntate: '¿Trabajar más es la solución a este problema?' A la mayoría de la gente le da miedo analizar las cosas desde un punto de vista racional, y por eso sale corriendo todas las mañanas para ir a una oficina que detesta. Para controlar una situación intricada, es necesario pensar, razonar, analizar. A eso me refiero con que deben privilegiar al pensamiento."

"¿Y cómo hacemos eso, papá?", preguntó Mike.

"Es justamente lo que les voy a enseñar. Les mostraré cómo tener opciones para pensar en lugar de reaccionar por impulso y beberse un café para luego salir corriendo a trabajar."

HOY, HACE VEINTE AÑOS...

EMOCIONES... E INTELIGENCIA

Yo trabajo constantemente para controlar mis pensamientos y mis emociones porque a lo largo de mi vida he visto lo siguiente repetirse una y otra vez: las emociones aumentan, la inteligencia disminuye.

"Recuerden lo que ya les dije: un empleo es sólo una solución de corto plazo para un problema permanente. La mayoría de las personas sólo tienen un problema inmediato en la cabeza: los recibos que debe pagar a fin de mes. Es una situación peliaguda y les preocupa a todos. El dinero, o mejor dicho, la ignorancia y el miedo, controlan la vida de la gente. Por eso todos imitan a sus padres. Se levantan diariamente y van a trabajar a cambio de dinero, pero nunca se toman el tiempo necesario para preguntarse, '¿Existe otra manera?' Lo que controla su forma de pensar son sus emociones, no el cerebro."

"¿Y tú puedes distinguir entre el pensamiento de las emociones y el de la mente?", preguntó Mike.

"Oh, sí. De hecho, los pensamientos nos hablan de distintas maneras", dijo padre rico. "Te dicen cosas como 'Bueno, todo mundo tiene que trabajar'; o, 'Los ricos son una sarta de estafadores'; o, 'Voy a conseguir otro empleo porque merezco un aumento. Nadie tiene derecho a mangonearme'; o, 'Me agrada este empleo porque es seguro'. Pero nadie se pregunta: '¿Habrá algo que no esté viendo?' Esa pregunta nos bastaría para romper con el pensamiento emocional y nos daría el tiempo necesario para pensar de manera lógica y tener claridad."

Mientras nos dirigíamos de vuelta a la tienda, padre rico nos explicó que los ricos en realidad "inventaban el dinero, lo creaban". Nos dijo que no trabajan para él ni para conseguirlo. Continuó explicando que cuando Mike y yo fabricamos monedas de cinco centavos con plomo y creímos que estábamos haciendo monedas, estuvimos muy cerca de pensar como lo hace la gente rica. El problema es que sólo el gobierno y los bancos pueden fabricar dinero legalmente, nosotros no. Afortunadamente, padre rico nos dijo que existían maneras legales de crearlo.

Nos explicó que los ricos saben que el dinero es un engaño, o sea, algo así como la zanahoria para el burro. Este engaño prevalece gracias al miedo y a la codicia; a que miles de millones de personas creen que el dinero es real. ¡Pero el dinero no es real, es algo inventado! Es como un castillo de naipes que continúa existiendo porque genera una ilusión de confianza y porque las masas son ignorantes.

Padre rico habló del patrón oro al que Estados Unidos se apegaba antes. Bajo este patrón, cada billete de dólar era, en realidad, un certificado del metal que lo avalaba. Lo que le preocupaba era el rumor de que algún día nos separaríamos de este patrón y nuestros dólares ya no estarían respaldados por algo tangible.

"Si eso llegara a suceder, muchachos, se desataría el infierno. La vida de los pobres, la clase media y los ignorantes, quedaría arruinada por completo. Seguirían creyendo que el dinero es real y que el gobierno o la empresa para la que trabajan cuidará de ellos."

La verdad es que aquel día no entendimos lo que quería decir, pero todo cobró más y más sentido con el paso de los años.

Ver lo que otros no

Cuando padre rico abordó su camioneta, afuera del minisúper, dijo: "Continúen trabajando, muchachos, pero entre más pronto se olviden de que necesitan un cheque de nómina, más sencilla será su vida adulta. Sigan usando su cerebro y trabajando gratis. Dentro de muy poco tiempo su mente les mostrará formas de producir cantidades dinero que van mucho más allá de lo que yo jamás habría podido pagarles. Verán cosas que las demás personas no ven por estar siempre en busca de dinero y seguridad. Después de que detecten la primera oportunidad, seguirán viendo posibilidades el resto de sus días. Aprendan esto y podrán eludir una de las trampas más grandes de la vida".

Mike y yo recogimos nuestras cosas y nos despedimos de lejos de la señora Martin. Volvimos al parque, nos instalamos en la misma mesa de picnic, y pasamos varias horas más reflexionando y hablando.

Continuamos el lunes en la escuela. Durante dos semanas más seguimos debatiendo, imaginando y trabajando a cambio de nada.

Al final del segundo sábado me encontré una vez más despidiéndome de la señora Martin y contemplando con anhelo el exhibidor de revistas de cómics. Estaba pensando que lo más terrible de no recibir treinta centavos cada sábado era que no tenía dinero para comprar ni siquiera eso, cuando, de repente, vi a la señora hacer algo inusitado.

Cortó a la mitad la página del frente de una revista. Guardó la parte superior y tiró el resto en una caja de cartón. Cuando le pregunté qué estaba haciendo con las revistas me dijo: "Las voy a desechar. Sólo guardo la parte superior de la portada porque se la tengo que entregar al distribuidor para que registre el crédito cuando traiga las nuevas. Llega en una hora."

Mike y yo esperamos sesenta largos minutos, y cuando el distribuidor llegó, le pregunté si nos podíamos quedar con las revistas viejas. Para mi sorpresa, contestó: "Las pueden conservar, pero sólo si son empleados de la tienda y no las revenden."

¡Guau! ¿Recuerdas nuestra antigua sociedad de negocios? Bien, pues Mike y yo la revivimos. Usamos un cuarto libre en su sótano para apilar cientos de revistas de cómics, y poco después lo inauguramos como "biblioteca pública". Como a la hermana menor de Mike le encantaba estudiar, y estaba disponible, la contratamos como bibliotecaria oficial. A cada niño le cobramos 10 centavos por entrar a la biblioteca, la cual tenía un horario de 2:30 p.m. a 4:30 p.m. de lunes a viernes, para que todos pudieran ir después de clases. Nuestros clientes eran chicos del vecindario, y el pago de acceso les daba derecho a leer todos los cómics que quisieran en dos horas. Para ellos era una tremenda ganga porque, piénsalo: cada revista costaba diez centavos, y en dos horas podían leer unas cinco o seis.

La hermana de Mike revisaba a los clientes al salir para asegurarse de que no hubieran "tomado prestada" ninguna revista. También organizaba el material, y llevaba un registro de cuántos niños nos visitaban al día, quiénes eran y si tenían algún comentario. En un periodo de tres meses, Mike y yo ganamos un promedio de 9.50 dólares a la semana. A su hermana le pagamos un dólar, también semanalmente y, como prestación de la empresa, le permitimos leer las revistas sin pagar. Aunque, claro, casi nunca lo hizo porque pasaba el tiempo estudiando.

Mike y yo nos mantuvimos fieles al acuerdo que habíamos hecho y seguimos trabajando en el minisúper de su papá todos los sábados. Por supuesto, comenzamos a recoger las revistas de cómics de las distintas sucursales y respetamos el trato que hicimos con el distribuidor: es decir, no vendimos ninguna. Cuando estaban demasiado gastadas, las quemábamos. Tratamos de abrir una sucursal de nuestra biblioteca, pero nunca encontramos a alguien tan confiable y dedicado como la hermana de Mike. Descubrimos, a muy temprana edad, lo difícil que era conseguir buenos empleados.

HOY, HACE VEINTE AÑOS...

EL PODER DE LA IMAGINACIÓN

En la Era de la Información y la Era del Internet, millones de personas menores de treinta años están volviéndose ricas gracias a que han usado su imaginación para crear aplicaciones capaces de cambiar al mundo como Facebook, Uber, Snapchat y muchas otras. Quienes tienen imaginación prosperan, y quienes carecen de ella siguen buscando empleo... un empleo en el que tal vez pronto sean remplazados por robots y nueva tecnología.

Tres meses después de que abrimos el negocio hubo una pelea. Algunos bravucones de otro vecindario entraron a la fuerza y el papá de Mike nos sugirió que diéramos fin al proyecto. Finalmente cerramos la biblioteca y dejamos de trabajar los sábados en el minisúper, pero padre rico estaba muy emocionado porque tenía nuevas cosas que enseñarnos. También estaba orgulloso de que hubiéramos asimilado bien la primera lección: aprendimos a hacer que el dinero trabajara para nosotros. Como no nos pagaban en la tienda, nos vimos forzados a usar nuestra imaginación para detectar una oportunidad de hacer dinero. Al iniciar nuestro propio negocio, la biblioteca de cómics, asumimos el control de nuestras finanzas y dejamos de depender de un jefe. Lo mejor fue que nuestra biblioteca generó recursos aunque nosotros no estuvimos físicamente ahí casi nunca. ¡El dinero trabajó para nosotros!

En lugar de pagarnos, padre rico empezó a darnos muchas otras cosas más.

SESIÓN DE ESTUDIO

Capítulo uno

LECCIÓN 1: LOS RICOS NO TRABAJAN POR DINERO

Capítulo uno
LECCIÓN 1: **LOS RICOS**
NO TRABAJAN POR DINERO

Resumen

A los nueve años, Robert Kiyosaki y Mike, su amigo de la infancia, sufrieron la humillación de no ser invitados a la casa de playa de un compañero porque eran los "niños pobres" de una escuela para gente rica. Su padre pobre —el respetado académico que ganaba muy bien pero siempre tenía problemas para cubrir sus gastos— le dijo que simplemente fuera a "hacer dinero". Y eso fue justo lo que hicieron él y Mike: recolectaron tubos de pasta vacíos que, en ese entonces, estaban fabricados con plomo. Luego los derritieron y usaron moldes para falsificar monedas de cinco centavos.

Poco después el papá de Robert les aclaró lo que estaban haciendo y les sugirió que hablaran con el papá de Mike, quien nunca terminó el segundo año de secundaria pero dirigía varios negocios muy exitosos.

El padre de Mike, es decir, el "padre rico" del título de este libro, estuvo de acuerdo en enseñarles a hacer dinero, pero bajo sus condiciones. Los puso a trabajar tres horas los sábados por la mañana en una de sus tiendas de abarrotes limpiando y desempolvando los empaques de los alimentos, y les pagó 10 centavos por hora, que Robert solía gastar en cómics que costaban justamente eso.

Robert se desencantó muy rápido del aburrido trabajo y del bajo salario. Cuando le dijo a su amigo que iba a renunciar, Mike le contó que su padre le había advertido que eso sucedería, y que tenía que hablar con él. El padre pobre de Robert solía dar letanías porque era maestro, pero el padre de Mike era un hombre de pocas palabras y enseñaba de una manera distinta que Robert pronto conocería.

El siguiente sábado por la mañana, Robert fue a reunirse con el padre de Mike, pero éste lo hizo esperar una hora en un cuarto oscuro y polvoso. Para cuando llegó el momento de quejarse con el señor, ya estaba harto y demasiado sensible, por lo que lo acusó de ser codicioso y de no respetarlo. Cuando le dijo que no le había enseñado nada a pesar del trato que habían hecho, el papá de Mike mostró su desacuerdo de una manera ecuánime.

Su padre rico le explicó que la vida no te enseña con palabras sino con empujones. Algunas personas permiten que la vida las empuje, pero otras se enojan, y para desquitarse empujan a su jefe o a sus seres queridos. Sin embargo, hay quienes aprenden la lección y, de hecho, reciben los embates con alegría porque saben que eso significa que tienen que aprender algo.

Quienes no aprovechan se pasan la vida culpando a los demás y esperando que llegue una gran oportunidad, o deciden llevarse las cosas tranquilamente y no arriesgarse, y por eso nunca ganan ni la hacen en grande.

El padre de su amigo le dijo a Robert que él y Mike eran las primeras personas que le habían pedido que les enseñara a hacer dinero. Tenía más de 150 empleados, y aunque todos le habían pedido trabajo, nunca le solicitaron los conocimientos que los chicos anhelaban.

Padre rico decidió diseñar un curso que fuera un reflejo de la vida real y que vapuleara un poco a los chicos. Robert señaló que lo único que había aprendido era que su padre rico era un codo y explotaba a sus empleados. Padre rico, a su vez, lo desafió diciéndole que la mayoría de la gente culpaba a otros cuando, en realidad, su mayor problema era su actitud.

¿Cómo resolvería Robert este dilema? El papá de Mike le dijo que tendría que usar su cerebro. Quería que Robert aprendiera cómo funcionaba el dinero para que pudiera hacerlo trabajar para sí mismo. El padre de su amigo también estaba contento de que Robert se hubiera encolerizado porque, según él, la ira combinada con el amor daba como resultado la pasión: un elemento clave del aprendizaje.

El dinero no resolvería los problemas de la gente, le continuó explicando. Muchas personas que tienen empleos muy bien pagados de todas maneras batallan con el dinero, le dijo. Ése era justamente el caso del padre pobre de Robert. Según el papá de Mike, eso sucedía porque la gente no sabía cómo hacer que el dinero trabajara para ella.

Padre rico le advirtió a Robert que si no aprendía la lección en ese momento, las emociones que había tenido al trabajar por diez centavos la hora —la desilusión y la sensación de que no recibía lo suficiente— seguirían ahí toda su vida. Luego le presentó el concepto de los impuestos y le explicó que los pobres y la clase media permitían que el gobierno les cobrara impuestos, pero que los ricos no se dejaban.

Le preguntó si todavía tenía ganas de aprender y, cuando Robert respondió que sí, padre rico le dijo que a partir de entonces le iba a dejar de pagar por su trabajo en la tienda, y que tendría que usar la cabeza para solucionar ese problema.

Robert y Mike trabajaron tres semanas más. Un día, el papá de Mike se presentó en la tienda, los llevó a pasear y les preguntó si ya habían aprendido algo, a lo que ellos respondieron que no. Padre rico les dijo que si no aprendían esta lección, toda su vida serían como la mayoría de la gente que trabaja muy duro a cambio de poco dinero. Les ofreció 25 centavos por hora, pero ellos se resistieron. Subió la oferta a un dólar la hora y luego a dos dólares, pero Robert se mantuvo firme. La oferta final de cinco dólares —una suma exorbitante en aquel tiempo— les hizo comprender a los chicos que nadie podría comprarlos.

Padre rico les dijo que era bueno que fueran incorruptibles, y les explicó que la demás gente tenía un precio y podía ser comprada porque a sus vidas las controlaba el miedo y la codicia. El miedo de no tener dinero hace que las personas trabajen duro por un cheque de nómina, y cuando lo consiguen, la codicia las hace pensar en todo lo que podrían comprarse. Esto, a su vez, las obliga a necesitar más dinero y, naturalmente, a gastar más. Es lo que padre rico llamaba la Carrera de la Rata.

El padre de Mike les dijo a los chicos que el primer paso era admitir para sí mismos lo que estaban sintiendo. Que, a menudo, en lugar de pensar lógicamente, la gente reaccionaba a sus emociones. Les explicó que muchos tienen miedo de admitir que el dinero dirige sus vidas y, por lo tanto, éste los controla.

No sólo los pobres enfrentan ese miedo; los ricos con frecuencia también se manejan de esta manera. El padre de Mike quería enseñarles a los chicos que no sirve de nada solamente ser rico porque el dinero no resuelve los problemas.

Les dijo que la escuela era importante, pero que para muchas personas representa un fin, no un principio. Les explicó que la clave para ellos estaba en aprender a usar sus emociones para pensar, y no en pensar con sus emociones. Tenían que aprender a elegir sus pensamientos.

También les recomendó que mantuvieran los ojos abiertos en busca de formas de hacer dinero: "Después de que detecten la primera oportunidad, seguirán viendo posibilidades el resto de sus días."

Los chicos siguieron la recomendación, y en poco tiempo vieron la oportunidad de crear una biblioteca a la que sus compañeros de la escuela tendrían acceso pagando una entrada que les daría derecho a leer todas las revistas de cómics que pudieran en dos horas. Eran cómics que, de otra manera, la gerente del minisúper habría tirado a la basura.

Mike y Robert tuvieron muy buenas ganancias y el negocio funcionó bien unos tres meses, hasta que una pelea en la biblioteca los obligó a cerrar. No obstante, los chicos ya habían aprendido la lección de cómo hacer que el dinero trabajara para ellos incluso cuando no estuvieran presentes. Ambos estaban listos para aprender más, y el papá de Mike, feliz de seguirles enseñando.

Momento del hemisferio izquierdo: A pesar de tener un empleo muy bien pagado, la gente como el padre pobre de Robert tiene dificultades para cubrir todos sus gastos.

Momento del hemisferio derecho: Ver de una manera nueva y creativa los libros de cómics que la gerente del minisúper iba a desechar, condujo a una oportunidad de negocio.

Momento subconsciente: La gente permite que sus emociones de miedo y codicia gobiernen su vida.

¿Qué quiso decir Robert?

Llegó el momento de reflexionar. Pregúntate: "*¿Qué* quiso decir Robert aquí?" Y: "*¿Por qué* dice eso?" En esta sección puedes o no estar de acuerdo con él, pero el objetivo es *entenderlo*.

Recuerda que este plan de estudios está diseñado para cooperar y apoyar. Dos cabezas piensan mejor que una, así que, si no entiendes la cita, no te alejes. Pide ayuda y tómate tu tiempo para discutir cada frase hasta que te quede clara:

"Los pobres y la clase media trabajan por dinero. Los ricos hacen que el dinero trabaje para ellos."

"La vida nos empuja a todos. Algunos se rinden y otros luchan. Algunos aprenden las lecciones y continúan, reciben con alegría los embates porque saben que los empujones significan que necesitan aprender algo."

"Deja de culparme y de pensar que yo soy el problema. Si sigues creyendo eso, entonces tendrás que cambiar mi forma de ser. Pero si empiezas a ver que el problema es tu actitud, sólo tendrás que cambiar tú: tendrás que aprender y volverte más sabio."

"La mayoría de la gente siempre quiere ir a la segura y no correr riesgos; por eso, lo que motiva a muchos no es la pasión sino el miedo."

"Si le das más dinero a la gente, la gran mayoría sólo contraerá más deudas."

"El miedo es lo que hace que la mayoría de la gente trabaje para conseguir dinero: el miedo a no poder pagar sus gastos; el miedo a ser despedidos; el miedo a no tener suficiente dinero y el miedo a empezar de nuevo. Ése es el precio que se paga por aprender una profesión o un oficio, y luego por trabajar por dinero. Casi todos se vuelven esclavos del dinero y después se enojan con sus jefes."

"La mayoría de la gente no sabe que decide con las emociones, no con la cabeza."

"Un empleo es en realidad una solución a corto plazo para un problema permanente."

"Es como la imagen del burro que va jalando una carretita mientras el dueño mantiene una zanahoria colgando frente a su hocico. Tal vez el dueño va hacia donde quiere ir, pero el burrito sólo persigue una ilusión, un engaño. Y el día de mañana sólo habrá otra zanahoria para él."

Preguntas adicionales

Llegó el momento de tomar las historias de este capítulo y la comprensión de lo que Robert dijo, y aplicar ambos a ti y a tu vida. Hazte las preguntas que se presentan a continuación y discútelas con tu compañero o compañera de estudio. Sé honesto contigo y con la otra persona. Si no te gustan algunas de tus respuestas, pregúntate si estás dispuesto a cambiar y a aceptar el desafío de modificar tus pensamientos y tu manera de pensar:

1. ¿Qué tan común es la forma en que el padre pobre de Robert ve el dinero?
2. El padre rico de Robert dijo que el verdadero aprendizaje exige energía, pasión y un deseo ardiente. ¿Qué ejemplos

tienes de esto en tu vida? ¿Cuál es la lección que jamás olvidarás, y por qué?

3. El hecho de que alguien te pagara 10 centavos por hora, y luego nada, ¿te habría provocado la misma reacción que tuvo Robert?

4. ¿El miedo es lo que lleva a la mayoría de la gente a trabajar? ¿Hay otros factores involucrados?

5. ¿Qué tan fuerte es la tentación de creer que tener más dinero aliviará el miedo? ¿Por qué esa reacción es tan común?

6. Da un ejemplo de un momento de tu vida en que hayas reaccionado con emociones. Da un ejemplo de tu vida en que, en lugar de eso, hayas podido observar tus emociones y elegir tus pensamientos.

7. ¿Quiénes son más susceptibles a controlar las emociones de miedo y la codicia: los pobres o los ricos? ¿Por qué crees eso?

8. ¿Crees que la mayoría de la gente se dé cuenta de que está atrapada en la Carrera de la Rata? ¿Por qué sí? ¿Por qué no?

NOTAS

LECCIÓN 2: ¿POR QUÉ IMPARTIR EDUCACIÓN FINANCIERA?

No se trata de cuánto dinero hagas.
Se trata de cuánto dinero puedas conservar.

En 1990 Mike tomó el control del imperio de su padre y, de hecho, creo que está haciendo un mejor trabajo que su antecesor. Nos vemos una o dos veces al año en el campo de golf. Él y su esposa tienen más dinero de lo que uno podría imaginar. El imperio de mi padre rico está en las mejores manos, y Mike, a su vez, está preparando a su hijo para que tome su lugar, de la misma forma en que su padre nos preparó a nosotros.

En 1994, me retiré a la edad de 47 años. Kim, mi esposa, tenía 37. El retiro, sin embargo, no significó dejar de trabajar, sino ser capaces de enfrentar cambios catastróficos no previstos; lograr que nuestra fortuna crezca de forma automática y siempre esté un paso adelante de la inflación. Nuestros activos son suficientemente grandes para seguir creciendo por sí mismos. Es como plantar un árbol. Lo riegas por años y luego, un buen día, ya no te necesita. Sus raíces están bien arraigadas, y ahora él puede ofrecerte su sombra para que la disfrutes.

Mike eligió dirigir el imperio, y yo, retirarme.

Cada vez que hablo de dinero con los distintos grupos de gente que trato, muchos me piden recomendaciones. "¿Cómo empiezo?"; "¿Qué libro me sugiere?"; "¿Qué debo hacer para preparar a mis hijos?"; "¿Cuál es su secreto para obtener éxito?" "¿Cómo puedo generar millones?"

Y cada vez que escucho estas preguntas, recuerdo la siguiente historia:

Los hombres de negocios más ricos

En 1923, un grupo selecto conformado por los líderes mejor posicionados y los hombres de negocios más ricos del país sostuvo una reunión en el hotel Edgewater Beach, en Chicago. Entre ellos se encontraban Charles Schwab, director de la mayor compañía acerera independiente; Samuel Insull, presidente de la empresa de servicio público más grande del mundo; Howard Hopson, director de la compañía de gas más importante; Ivar Kreuger, presidente de International Match Co., una de las mayores empresas del mundo en aquel entonces; Leon Frazier, presidente del Banco de Acuerdos Internacionales; Richard Whitney, presidente de la bolsa de Nueva York; Arthur Cotton y Jesse Livermore, dos de los más avezados especuladores de acciones, y Albert Fall, miembro del gabinete del presidente Harding. Veinticinco años después, nueve de esos titanes terminaron su vida de la manera siguiente: Schwab murió sin un centavo tras vivir cinco años con dinero prestado. Insull murió en la bancarrota, en el extranjero, y Kreuger y Cotton también murieron estando en la quiebra. Hopson se volvió loco. Whitney y Albert Fall fueron liberados de prisión, y Frazier y Livermore se suicidaron.

Dudo mucho que alguien pueda explicar lo que les sucedió a estos hombres en realidad. Si observas la fecha, 1923, notarás que esto pasó antes del colapso de la bolsa de valores de 1929 y de la Gran Depresión, hechos que, sospecho, tuvieron un gran impacto en estos hombres y sus vidas. El punto es que actualmente vivimos cambios mucho más notables y rápidos que los que experimentaron ellos. En mi opinión, en los años subsecuentes habrá muchos colapsos y estallidos que imitarán las subidas y bajadas que estos hombres enfrentaron. Por lo pronto, me preocupa que haya tanta gente enfocada en el dinero en lugar de en su educación. Si la gente está preparada para ser flexible, para mantener la mente abierta y para aprender, le será más fácil volverse cada vez más rica a pesar de la rudeza de los cambios. Pero si cree que el dinero resolverá los problemas, se enfrentará a muchas dificultades. La inteligencia resuelve los problemas y produce dinero, pero el dinero sin inteligencia financiera desaparece pronto.

La mayoría de la gente no comprende que no se trata de cuánto dinero hagas, sino de cuánto dinero puedas conservar. Todos hemos escuchado anécdotas acerca de ganadores de la lotería que eran pobres, se volvieron ricos y volvieron a ser pobres.

Ganan millones, pero en muy poco tiempo vuelven a estar en donde comenzaron. También hemos oído historias de atletas profesionales que ganaron millones siendo muy jóvenes, y diez años después terminaron durmiendo debajo de un puente.

Recuerdo muy bien la anécdota de un joven basquetbolista que tenía muchísimo dinero hace un año. Hoy, a los 29, declara que sus amigos, su abogado y su contador le robaron todo, por lo que se vio forzado a trabajar, ganando el salario mínimo, en un lavado de autos de donde lo despidieron porque se negó a quitarse el anillo del último campeonato que ganó mientras lavaba los autos. La historia se difundió a través de los noticieros de todo el país, y poco después el muchacho apeló argumentando privaciones y discriminación. Dice que el anillo es lo único que le queda y que si se lo robaran, lo destruirían por completo.

Conozco a mucha gente que se volvió millonaria de la noche a la mañana. Y aunque me alegra que la gente tenga cada vez más dinero, siempre le advierto que, a la larga, no se trata de cuánto dinero ganes, sino de cuánto puedas conservar y durante cuántas generaciones.

Es por eso que cuando me preguntan "¿Cómo empiezo?"; "Dime cómo volverme rico pronto", decepciono a muchos porque sólo les repito lo que padre rico me dijo cuando era niño: "Si quieres ser rico, tienes que recibir educación financiera".

Ésa fue la noción que me inculcó cada vez que nos vimos. Como ya lo mencioné, mi padre pobre, el respetado maestro Kiyosaki, insistía mucho en la importancia de leer libros, en tanto que mi padre rico insistía en la necesidad de que uno mismo se proveyera educación financiera.

Si vas a construir un edificio como el Empire State, lo primero que tienes que hacer es cavar un agujero enorme y rellenarlo de materiales resistentes. En cambio, si vas a construir una casa en los suburbios, sólo tienes que extender una placa de seis pulgadas de concreto. En su deseo de volverse rica rápidamente, la mayoría de la gente trata de construir el Empire State sobre una placa así de delgada.

Nuestro sistema escolar, creado en la Era de la Agricultura, continúa insistiendo en enseñarnos a construir casas sin cimientos. Los pisos de lodo y arcilla siguen de moda, por eso los chicos se gradúan de la escuela prácticamente sin cimientos financieros. Una buena noche, mientras se enfrentan al insomnio que los aqueja en lo más profundo de los suburbios en donde viven su "sueño americano", estos muchachos llegan a la conclusión de que la respuesta a sus problemas financieros es hacerse ricos de una u otra manera.

Entonces comienzan a construir un rascacielos. Y lo hacen tan rápido y tan al aventón, que de pronto, en lugar de un Empire State, lo que consiguen es la Torre Inclinada de los suburbios. En ese preciso instante regresan las noches de insomnio.

Cuando Mike y yo nos hicimos adultos pudimos elegir lo que deseábamos porque de niños nos enseñaron a construir cimientos financieros sólidos.

Es posible que la contabilidad sea la materia más confusa y aburrida del mundo, pero si quieres ser rico a largo plazo, tal vez también sea la más importante para ti. Hace muchos años padre rico se preguntó cómo enseñarles a dos niños una materia aburrida y confusa, y la respuesta fue hacerla sencilla y expresarla haciendo uso de imágenes.

Padre rico vertió una capa de sólidos cimientos financieros para Mike y para mí, y como todavía éramos muy pequeños, diseñó una manera sencilla de enseñarnos.

Durante muchos años se dedicó a hacernos dibujos y utilizó algunas palabras. Mike y yo entendimos las imágenes, la jerga de las finanzas y el movimiento del dinero. Más adelante padre rico añadió los números. Actualmente Mike puede realizar análisis

La gente rica adquiere activos. Los pobres y la clase media adquieren pasivos a los que consideran activos.

contables mucho más complejos y sofisticados porque tiene que dirigir su imperio. Como mi imperio es más pequeño, no requiero de procesos tan sofisticados, pero es importante señalar que ambos tenemos los mismos cimientos. En las páginas siguientes te ofreceré una muestra de los sencillos dibujos que diseñó el papá de Mike para nosotros. Aunque son muy elementales, estas imágenes sirvieron para guiar a dos niños a través del proceso de generación de enormes cantidades de riqueza a partir de cimientos sólidos y profundos.

Regla 1: *diferenciar entre un activo y un pasivo, y comprar activos*

Esto es lo único que necesitas saber si deseas ser rico. Es la regla número uno. Es la única regla. La mayoría de la gente no tiene idea de cuán profunda e importante es, a pesar de lo absurdamente sencilla que parece. Casi todos tienen problemas económicos porque no saben diferenciar entre un activo y un pasivo.

"La gente rica adquiere activos. Los pobres y la clase media adquieren pasivos a los que consideran activos", solía decir padre rico.

Cuando nos explicó esto a Mike y a mí, pensamos que bromeaba. Ahí estábamos los dos: a punto de volvernos adolescentes y ansiosos por descubrir el secreto para volvernos ricos, y ésa fue su respuesta. Era tan sencilla que hicimos una larga pausa para reflexionar.

"¿Qué es un activo?", preguntó Mike.

"No dejes que eso te inquiete ahora", dijo padre rico. "Sólo permítete asimilar la idea. Si logras entender su simplicidad, tendrás un plan en la vida y tu camino en el aspecto financiero será más amable. Esta noción es tan simple, que por eso que mucha gente no la capta."

"¿Quiere decir que lo único que necesitamos saber es qué son los activos y adquirirlos? ¿Y entonces seremos ricos?", pregunté.

Padre rico asintió. "Así de simple."

"Si es tan simple, ¿por qué no todo mundo es rico?", cuestioné. Padre rico sonrió. "Porque la gente no sabe diferenciar entre un activo y un pasivo."

Recuerdo que también le pregunté: "¿Por qué están tan confundidos los adultos? Si es así de sencillo, si es tan importante, ¿por qué no todo mundo está interesado en averiguarlo?"

A padre rico sólo le tomó unos minutos enseñarnos lo que eran los pasivos y los activos, pero actualmente, a mí mismo me resulta difícil explicarles el concepto a otros adultos. La sencillez de la idea elude a muchos porque fueron educados de una manera distinta. La demás gente recibió su información de otros profesionales provenientes de escuelas tradicionales, como banqueros, contadores, corredores de bienes raíces y asesores financieros, entre otros. La dificultad radica en pedirles a los otros adultos que olviden lo que saben o que vuelvan a ser niños. Además, los adultos sienten que es vergonzoso ponerse a aprender definiciones tan sencillas. El principio de padre rico era mantener las cosas simples. Usaba el acrónimo KISS (beso, en inglés), el cual significaba: *keep it simple, stupid* o *keep it super simple* (Mantén las cosas simples, estúpido), y por eso procuró que los conceptos fueran fáciles de entender para nosotros. Gracias a eso, nuestros cimientos financieros fueron tan sólidos.

Pero entonces, ¿qué es lo que provoca la confusión? ¿Cómo puede la gente tergiversar algo tan transparente? ¿Por qué alguien compraría un activo que en realidad es un pasivo? La respuesta está en la educación básica.

El problema es que nos enfocamos en la palabra "educación", y no en el término "educación financiera".

Lo que define si algo es un activo o un pasivo no son las palabras. De hecho, si en verdad deseas confundirte, busca los términos "activo" y "pasivo" en el diccionario. Sé que la definición suena adecuada para un contador, pero para la persona promedio no tiene lógica. Por desgracia, los adultos somos demasiado arrogantes para admitir que algo no tiene sentido.

Siendo niños, padre rico nos dijo: "Lo que define a un activo no son las palabras sino las cifras. Si no pueden leer cifras, tampoco podrán distinguir entre un activo y una madriguera de ratas."

"En la contabilidad", decía padre rico, "lo importante no son los números, sino lo que éstos te dicen. Es como con las palabras. Las palabras no son relevantes, lo que importa es la historia que te cuentan."

> *Un activo pone dinero en mi bolsillo. Un pasivo saca dinero de él.*

"Si quieren ser ricos tienen que saber leer y entender los números", nos repitió padre rico mil veces. También insistió mucho en que "los ricos adquieren activos, y los pobres y la clase media adquieren pasivos".

HOY, HACE VEINTE AÑOS...

APRENDE... DESAPRENDE... REAPRENDE

Esta cita del futurólogo Alvin Toffler refleja lo que padre rico me dijo hace dos décadas: "Los analfabetos del siglo XXI no serán aquellos que no puedan leer o escribir, sino quienes no puedan aprender, desaprender y reaprender."

Ahora explicaré la diferencia entre activo y pasivo. La mayoría de los contadores y profesionales de finanzas discrepan de estas definiciones, pero debo insistir en que estos sencillos dibujos fueron de gran ayuda para que Mike y yo recibiéramos cimientos verdaderamente sólidos.

Éste es el patrón de flujo de efectivo de un activo:

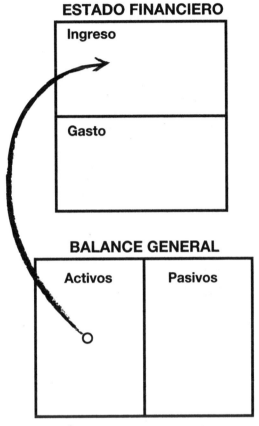

La parte superior del diagrama es un "estado financiero", al que a menudo también se le denomina "estado de pérdidas y ganancias". En él se miden el ingreso y el gasto, es decir, el dinero que entra y el que sale. La parte inferior del diagrama corresponde a un "balance general". Se le llama así porque compara —o salda— los activos con los pasivos. Muchas personas, inexpertas en finanzas, no conocen la relación que hay entre el estado financiero y el balance general, pero es fundamental que tú la entiendas lo más pronto posible.

Como ya lo mencioné, cuando éramos niños padre rico sólo nos explicó: "los activos ponen dinero en tu bolsillo". Concreto, sencillo y práctico.

Éste es el patrón de flujo de efectivo de un pasivo:

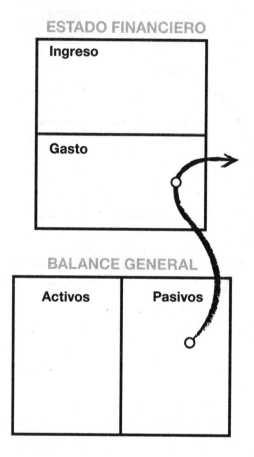

Ya que expliqué los activos y los pasivos con imágenes, quizá te sea más sencillo entender las definiciones formales. Un activo es algo que lleva dinero a tu bolsillo. Un pasivo es algo que saca dinero de él. En pocas palabras, esto es todo lo que necesitas saber.

Si quieres ser rico tienes que adquirir activos durante toda tu vida. Si quieres ser pobre o pertenecer a la clase media, dedícate a comprar pasivos.

Los problemas económicos surgen porque la gente no cuenta con educación, ni en lo referente al lenguaje, ni a los números. Si una persona tiene problemas financieros es porque no entiende algo, ya sea en palabras o en cifras. Por eso, si deseas ser rico y conservar tu fortuna, necesitas entrenarte en estos dos importantes aspectos de la educación financiera: el lenguaje y los números.

Las flechas en los diagramas representan la forma en que se mueve el dinero. A esto se le llama "flujo de efectivo". Los números por sí mismos no significan mucho; son como palabras fuera de contexto. Lo que cuenta es la historia. En lo que se refiere a reportes financieros, la lectura de las cifras equivale a identificar el argumento, es decir, la historia sobre hacia dónde fluye el dinero. En 80 por ciento de las familias, la historia financiera describe la enorme cantidad de trabajo y sacrificios a los que se enfrentarán. Por desgracia, su esfuerzo será infructuoso porque casi todas las familias están acostumbradas a comprar pasivos en lugar de activos.

Éste es el patrón de flujo de efectivo de una persona pobre:

Éste es el patrón de flujo de efectivo de una persona de la clase media:

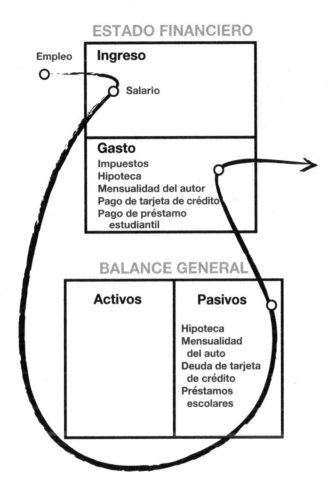

Éste es el patrón de flujo de efectivo de una persona rica:

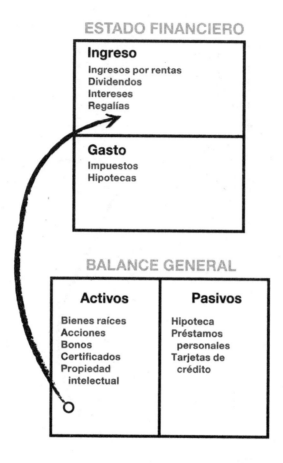

ESTADO FINANCIERO

Ingreso
Ingresos por rentas
Dividendos
Intereses
Regalías

Gasto
Impuestos
Hipotecas

BALANCE GENERAL

Activos	**Pasivos**
Bienes raíces	Hipoteca
Acciones	Préstamos
Bonos	personales
Certificados	Tarjetas de
Propiedad	crédito
intelectual	

Como ya te habrás imaginado, estos diagramas están sumamente sim-plificados. Todo mundo tiene gastos cotidianos y necesita alimento, techo y ropa. Los diagramas muestran el flujo de efectivo de la gente pobre, de la de clase media y de la gente rica. El flujo de efectivo te cuenta la historia de cómo manejan las personas su dinero.

Empecé hablando de los hombres más adinerados de Estados Unidos porque quería ilustrar lo terrible que es creer que el dinero puede resolver cualquier problema. Esto es totalmente falso. Por eso me da mucha pena cada vez que me preguntan por dónde empezar o cómo se puede uno volver rico de la noche a la mañana. No sabes con qué frecuencia escucho: "Estoy endeudado, ¡me urge ganar más dinero!"

¡Pero tener más dinero no resolverá tu problema! De hecho puede exacerbarlo. El dinero pone en evidencia nuestras trágicas fallas humanas y destaca lo que desconocemos de nosotros mismos.

Ésta es la razón por la que mucha gente a la que de repente le caen recursos del cielo —porque se gana la lotería o porque recibe una herencia, por ejemplo— se los gasta en un abrir y cerrar de ojos, y en muy poco tiempo re-

> *El flujo de efectivo cuenta la historia de cómo manejan su dinero las personas.*

gresa al desastre financiero en el que se encontraba antes. El dinero sólo reafirma el modelo de flujo de efectivo con el que programaste tu mente. Si tu patrón consiste en gastar todo lo que ganas, lo más probable es que, al tener más dinero, sólo incrementes la cantidad que de por sí gastas. Recuerda el dicho: "Lo que fácil viene, fácil se va".

En muchas ocasiones he dicho que vamos a la escuela para adquirir habilidades académicas y profesionales, y que ambas son importantes. El dinero lo aprendemos a hacer con las habilidades profesionales. En la década de los sesenta, cuando estaba en la preparatoria, si a alguien le iba bien en la escuela, la gente daba por hecho que era un gran estudiante y que llegaría a ser médico porque ésa era la profesión que prometía las mayores recompensas financieras.

Hoy en día los médicos enfrentan problemas económicos que yo no le desearía ni a mi peor enemigo: las compañías de seguros se están apoderando de sus negocios; la industria de la salud está manipulada; el gobierno interviene y, para colmo, abundan las demandas por negligencia. Por todas estas razones, los niños de hoy sueñan con llegar a ser atletas famosos, estrellas de cine o de rock, reinas de belleza o directores de grandes corporativos. Como éstas son las profesiones que proveen fama, dinero y prestigio, a los maestros les cuesta mucho trabajo mantener motivados a los chicos en las escuelas. Los niños descubrieron que el éxito profesional ya no depende exclusivamente del desempeño académico, como alguna vez lo hizo.

Hoy como siempre, millones de estudiantes salen de la escuela sin habilidades financieras; como cuentan con la preparación académica necesaria, logran ejercer su profesión sin problemas, pero más adelante enfrentan dificultades económicas. Trabajan con más empeño pero siguen estancados. Lo que les hace falta no es saber cómo hacer dinero, sino cómo manejarlo. A esto se le llama "aptitud financiera" y se refiere a lo que haces con el dinero en cuanto lo recibes, cómo evitas que otros te lo quiten, cómo puedes conservarlo por más tiempo y cómo hacer que trabaje intensamente para ti. La mayoría de la gente no entiende por qué tiene problemas económicos; no se da cuenta de que se debe a que no entiende la mecánica del flujo de efectivo. Déjame explicarte: hay quienes tienen estudios sólidos y son exitosos en el ámbito profesional, pero como carecen de educación financiera, tienen que esforzarse mucho más de lo que deberían. Lo único que aprendieron a hacer fue lo relacionado con su profesión, y no saben cómo hacer que el dinero trabaje duro para ellos.

La búsqueda del sueño financiero se transforma en una pesadilla

La típica historia de la gente que trabaja hasta desfallecer ya se convirtió en un patrón. Las felices parejas de recién casados, egresados de las universidades, se mudan a sus departamentitos rentados. Una vez ahí, se dan cuenta de que ya están ahorrando porque son dos personas viviendo en el mismo lugar y pagando una sola renta.

El problema es que el departamento es pequeño y la pareja no tiene suficiente espacio. Deciden capitalizar el ahorro y se fijan como meta comprar su casa soñada: un nido para tener hijos. Ahora cuentan con dos sueldos y empiezan a enfocarse en sus carreras. Sus ingresos se van incrementando… a la par de sus gastos.

Los impuestos representan el mayor gasto de casi toda la gente. Muchos creen que el impuesto que más los empobrece es el impuesto por ingresos, pero en el caso de los estadounidenses, es el de Seguridad Social. Desde la perspectiva del empleado, todo parece indicar que la tasa del impuesto de Seguridad Social, combinada con el de Medicare, es de apenas 7.5 por ciento, pero en realidad es de 15 por ciento porque el empleador tiene que darle a Seguridad Social una cantidad igual a la que pagan los empleados. En pocas palabras, a tu empleador no le permiten entregarte ese dinero. Para colmo, también tienes que pagar impuestos por ingresos sobre la cantidad que se deduce de tu sueldo por el impuesto de Seguridad Social. Todo va bien hasta que descubres que éste es un ingreso que nunca recibiste porque el empleador lo retuvo y se lo entregó directamente al gobierno.

Pero volvamos a la joven pareja. Como sus ingresos se incrementan, deciden comprar la casa de sus sueños. Una vez en ella, tienen que pagar un nuevo impuesto, el impuesto sobre la propiedad. Luego compran un auto nuevo, muebles y enseres que complementen su nueva casa, y de repente despiertan un día y descubren que su columna de pasivos está repleta de deudas por hipoteca y tarjetas de crédito. Los pasivos se incrementaron.

HOY, HACE VEINTE AÑOS...

IMPUESTOS Y PROGRAMAS DE SUBSIDIOS

En todo el mundo los impuestos están aumentando cada vez más debido a que la exigencia social de dólares fiscalizables requiere que se cobren más impuestos sobre la propiedad, sobre los ingresos y sobre las ventas (o sobre valor añadido). Los ingresos mayores producen un "efecto de desplazamiento" debido a que las tasas fiscales se hacen más progresivas (más elevadas) para poder pagar los servicios sociales (también llamados "subsidios"). Actualmente el gobierno enfrenta serios desafíos debido a que los programas de subsidios como Seguridad Social y Medicare corren el riesgo de quebrar.

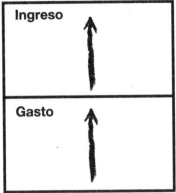

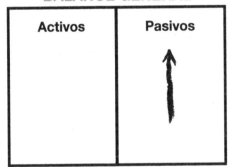

Ahora los recién casados están atrapados en la Carrera de la Rata. Poco después llega un bebé y tienen que trabajar más. El proceso se repite: ingresos mayores generan impuestos mayores. A este fenómeno se le conoce como *efecto de desplazamiento*, y significa que el ingreso está sujeto a más impuestos pero no necesariamente permite mayor poder adquisitivo.

Más adelante llega una tarjeta de crédito por correo y la pareja se da vuelo con ella... hasta llegar al tope. Providencialmente reciben la llamada de una agencia de préstamos y el ejecutivo les dice que su mayor "activo" —su casa— incrementó su valor. Como el

HOY, HACE VEINTE AÑOS...

LA DEUDA DE TARJETAS DE CRÉDITO

Con base en las estadísticas de 2016, actualmente sabemos que el crédito del consumidor en tarjetas de crédito en Estados Unidos ha llegado a su récord máximo de todos los tiempos: 779 mil millones de dólares. ¿Toda esta deuda es mala... o buena? ¿Sabes cuál es la diferencia?

crédito de la pareja es bueno, la empresa les ofrece un préstamo para consolidación de deudas y les dice que lo más inteligente que pueden hacer es deshacerse de las deudas de mayor interés, así que deben saldar las deudas en tarjetas de crédito. Además, les explican que el interés sobre la casa les ofrece una deducción de impuestos. La pareja sigue el consejo de la agencia y paga las deudas de las tarjetas con altos intereses. Ambos respiran aliviados porque las tarjetas están cubiertas y deciden sumar la deuda del préstamo personal a la hipoteca. Los pagos bajan porque extendieron la deuda a treinta años. Parece ser lo más inteligente que se puede hacer.

Poco después un vecino los invita a la venta especial por el Día de los Caídos, y ellos prometen que sólo irán "a echar un vistazo", pero llevan la tarjeta de crédito. Por si acaso.

No sabes con qué frecuencia me encuentro a esta pareja. Los nombres y apellidos son diferentes pero el problema económico es el mismo. Van a mis conferencias para escuchar mis consejos, y al final me preguntan: "¿Nos puede decir cómo hacer más dinero?"

Esta gente no alcanza a ver que su verdadero problema radica en la forma en que elige gastar el dinero que sí tiene. Todo es consecuencia de su nula educación financiera, y de que no saben diferenciar entre un activo y un pasivo.

Tener más dinero rara vez es la solución a los problemas económicos. La respuesta es la inteligencia financiera. Tengo un amigo que invariablemente le repite la siguiente frase a la gente endeudada: "Si descubres que estás atrapado en un agujero en la tierra... deja de cavar".

Cuando era niño mi padre solía decirnos que los japoneses estaban muy conscientes de tres poderes: el poder de la espada, de la joya y del espejo.

La espada simboliza las armas. Estados Unidos ha gastado billones de dólares en armas, y gracias a eso ahora tiene una fuerte presencia militar en el mundo.

La joya simboliza el dinero. Hay algo de cierto en el refrán: "El que tiene el oro es el que hace las reglas".

El espejo simboliza el conocimiento de uno mismo. Según las leyendas japonesas, el conocimiento personal es el poder más importante de los tres.

La gente pobre y de la clase media permite que el poder del dinero la controle. El mero hecho de levantarse para ir a trabajar cada vez con más ganas para conseguirlo es lo que le impide a la gente preguntarse si lo que está haciendo es lógico. Esto, a su vez, la limita desde antes de salir de casa. La mayoría se encuentra a merced del dinero porque no entiende su funcionamiento.

Si usaran el poder del espejo, ya se habrían preguntado: "¿Qué sentido tiene esto?"

Con frecuencia, en lugar de confiar en su sabiduría personal, en el genio e inteligencia que radica en todos nosotros, la gente prefiere imitar a la multitud. Todos hacen las cosas porque ven a otros hacerlas, se conforman en lugar de cuestionarse. A veces repiten sin pensar lo que

Una persona puede tener preparación académica sólida y éxito profesional, y aun así, carecer de educación financiera.

les han dicho siempre: "Diversifícate", "Tu casa es un activo", "Tu casa es tu mayor inversión", "Si te endeudas más puedes conseguir un beneficio fiscal", "Consigue un empleo seguro", "No cometas errores", "No corras riesgos".

Se dice por ahí que la gente le tiene más miedo a hablar en público que a la misma muerte, y según los psiquiatras, el miedo a hablar en público es provocado por el temor a la exclusión social, a sobresalir, a la crítica, a hacer el ridículo, a no pertenecer. El miedo a ser distinto es lo que inhibe a la gente y le impide buscar nuevas formas de resolver sus problemas.

A eso se refería mi padre pobre cuando decía que los japoneses valoraban el poder del espejo por encima de los demás. Sólo cuando nos miramos en él, podemos ver la verdad. El miedo es lo que hace a la gente decir: "No te arriesgues". Sucede en todos los ámbitos: deportivo, personal, profesional o financiero.

Ese mismo miedo, el miedo al ostracismo, hace que la gente se conforme y ni siquiera cuestione las opiniones más aceptadas o las tendencias populares: "Tu casa es un activo". "Consigue un préstamo para consolidación de deuda y paga lo que debes." "Trabaja más duro." "Consigue un ascenso." "Algún día seré vicepresidente." "Ahorra dinero." "En cuanto consiga un aumento compraré una casa nueva para la familia." "Los fondos mutualistas son seguros."

Por desgracia, muchos problemas financieros surgen porque la gente siempre quiere estar al mismo nivel que los vecinos. A veces, lo único que necesitamos hacer es mirarnos al espejo

HOY, HACE VEINTE AÑOS...

¿QUIÉN CONFORMA TU EQUIPO?

Padre Rico se rodeó de hombres y mujeres especialistas: abogados, contadores, corredores de bolsa y banqueros. Kim y yo hemos hecho lo mismo. Actualmente, nuestro equipo de asesores es uno de nuestros activos más importantes. ¿Qué es más importante que el dinero? El equipo de un empresario... ¿Quién conforma el tuyo?

y quitarle la palabra a los temores para cedérsela a nuestra sabiduría interior.

A los 16 años Mike y yo empezamos a tener problemas en la escuela. No éramos malos chicos, pero nos estábamos alejando de los demás. Trabajábamos para el papá de Mike todos los días, incluso los fines de semana. Después del trabajo, pasábamos un par de horas más con él sentados a la mesa, y teníamos la oportunidad de verlo reunirse con sus banqueros, abogados, contadores, corredores inversionistas, gerentes y empleados. Frente a nosotros había un hombre que abandonó la escuela a los trece años, pero ahora dirigía, daba instrucciones y órdenes, y les hacía preguntas a personas con muchos más estudios que él. La gente atendía todas sus peticiones y se preocupaba si él no aprobaba sus actos.

Era un hombre que no siguió a las multitudes, que llegó a sus propias conclusiones y que detestaba la frase: "Tenemos que hacerlo de esta manera porque así lo hace todo mundo". Lo mismo le sucedía con: "no podemos". De hecho, si querías que hiciera algo, sólo tenías que desafiarlo diciéndole: "No creo que puedas".

Mike y yo aprendimos más asistiendo a sus reuniones, que en todos los años que pasamos en la escuela, incluyendo los que fuimos a la universidad. El padre de Mike no era una persona con altos grados académicos, pero tenía educación financiera y, por lo mismo, también tenía éxito. En muchas ocasiones nos repitió: "Una persona inteligente contrata a gente más inteligente que ella". Gracias a esta filosofía, Mike y yo tuvimos la oportunidad de escuchar a gente brillante y aprender durante horas.

La influencia del papá de Mike nos impidió obedecer el dogma que predicaban nuestros maestros y eso nos ocasionó problemas. Cada vez que el maestro decía: "Si no sacan buenas calificaciones, no les va a ir bien en el mundo real", Mike y yo arqueábamos las cejas. Cuando nos decían que debíamos obedecer procedimientos y no desapegarnos de las reglas, confirmábamos que en la escuela no alentaban la creatividad. Así empezamos a entender por qué padre rico nos decía que las escuelas estaban diseñadas para producir buenos empleados en lugar de buenos empleadores. A veces, Mike o yo les preguntábamos a nuestros maestros de qué manera íbamos a poder aplicar en el mundo real lo que estábamos estudiando ahí o por qué nunca hablábamos sobre el dinero y la forma en que funcionaba. A esta segunda pregunta casi siempre nos contestaban que el dinero no era importante, que si ejercíamos nuestra profesión con excelencia, éste llegaría por sí solo. Obviamente, entre más aprendíamos del poder del dinero, más nos alejábamos de nuestros maestros y compañeros.

Mi padre pobre nunca me presionó con el asunto de las calificaciones, pero sí tuvimos muchas discusiones respecto al dinero. Creo que para cuando cumplí dieciséis, tenía bases más sólidas en lo referente al dinero que él o mi madre. A esa edad ya podía llevar libros contables y entender de qué hablaban los contadores fiscales, abogados corporativos, banqueros, corredores de bienes raíces e inversionistas, entre otros. Mi padre pobre, en cambio, sólo podía conversar con otros maestros.

Un día me dijo que nuestra casa era su mayor inversión, y cuando le expliqué por qué no estaba de acuerdo con él, tuvimos una discusión bastante desagradable.

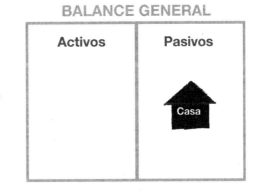

El diagrama anterior ilustra la diferencia en percepción que había entre mi padre rico y mi padre pobre en lo referente a sus casas. Uno de ellos pensaba que su bien inmueble era un activo, el otro, que era un pasivo.

Recuerdo el día que dibujé el siguiente diagrama para mostrarle a mi padre pobre la dirección del flujo de efectivo. También le enseñé los gastos secundarios que implicaba el ser dueño de una casa, y le dije que un inmueble de mayor tamaño representaba más gastos y provocaba que el flujo de efectivo continuara saliendo a través de la columna de gasto.

Hasta la fecha la gente continúa preguntándome por qué creo que una casa no es un activo. Sé que para muchas personas el inmueble que les brinda resguardo representa la mayor inversión de su vida

y un sueño personal. Y, naturalmente, sé que ser el propietario de tu propia casa es mejor que no tener nada. Pero sólo trato de ofrecer una alternativa a este dogma tan arraigado Si mi esposa y yo fuéramos a comprar una casa más grande y ostentosa, estaríamos conscientes de que no podríamos considerarla un activo. Sería un pasivo porque nos obligaría a dejar que saliera dinero de nuestros bolsillos.

Pues bien, éste es mi argumento. En realidad no espero que toda la gente esté de acuerdo conmigo porque sé que una casa es algo que provoca emociones fuertes y, cuando se trata de dinero, lo emocional tiende a disminuir la inteligencia financiera. Por experiencia personal sé que el dinero tiene la capacidad de transformar toda decisión en un asunto emotivo.

- La mayoría de la gente trabaja para pagar un bien inmueble que nunca llega a pertenecerle. Dicho de otra forma, casi todo mundo compra una casa nueva cada cierto tiempo y, en cada ocasión, incurre en un nuevo esquema de pago a treinta años para cubrir el anterior.

- A pesar de que la gente recibe beneficios fiscales sobre los intereses por los pagos hipotecarios, también cubre todos sus otros gastos con dinero neto después de impuestos, incluso cuando ya terminó de pagar la hipoteca.

- Los padres de mi esposa estuvieron a punto de sufrir un ataque cuando los impuestos sobre la propiedad de su casa se incrementaron a 1 000 dólares al mes. Como eso sucedió ya que estaban retirados, el aumento significó una gran carga en su presupuesto para el retiro. Al final, se tuvieron que mudar.

- El valor de las casas no siempre sube. Tengo amigos que deben un millón de dólares por una casa que, actualmente, se vendería por una cantidad muchísimo menor.

- Las mayores pérdidas son las que se producen por dejar pasar oportunidades. Si tienes todo tu dinero invertido en tu casa, tal vez te verás forzado a trabajar más porque tu capital continuará agrandando la columna de gastos en lugar de añadirse a la de activos: es decir, seguirás el clásico patrón de flujo de efectivo de la clase media. Si una pareja joven le inyectara más dinero a su columna de activos desde el principio, le sería menos difícil enfrentar su vejez porque para entonces los activos habrían crecido y estarían disponibles para cubrir gastos. Con mucha frecuencia, la casa que uno habita sólo sirve como garantía para solicitar un préstamo hipotecario y cubrir los gastos que ha ido acumulando.

En resumen, tomar la decisión de poseer una casa demasiado costosa en lugar de adquirir un portafolio de inversiones tiene un impacto que se manifiesta en, por lo menos, las tres maneras siguientes:

1. *Pérdida de tiempo*, tiempo en que otros activos pudieron aumentar de valor.
2. *Pérdida de capital adicional*, que pudo invertirse en lugar de usarse para pagar los altos costos de mantenimiento que genera la casa.
3. *Pérdida de educación*, con frecuencia, la gente incluye su casa, sus ahorros y sus planes de retiro en la columna de activos. Como no tiene dinero para invertir, sencillamente no lo hace. Esto le impide acumular experiencia en inversiones, y por eso nunca llega a ser lo que en el ámbito financiero se conoce como "inversionista sofisticado". Para colmo, las mejores inversiones siempre se las ofrecen a los inversionistas más experimentados, quienes, a su vez, se las venden a la gente a la que no le gusta correr riesgos.

Te puede parecer extraño, pero con todo esto no quise decir que no debas comprar una casa. Lo que quiero decir es que debes entender la diferencia entre un activo y un pasivo. Si yo quiero una casa más grande, primero debo adquirir activos que generen el flujo de efectivo para pagarla.

El estado financiero personal de mi padre pobre es reflejo de la vida de una persona que terminó atrapada en la Carrera de la Rata. Su gasto se equipara a su ingreso, y eso le impide guardar lo suficiente para invertir en activos. Evidentemente los pasivos siempre terminan siendo mayores.

El diagrama que aparece a continuación muestra el estado financiero de mi padre. Una imagen vale más que mil palabras. Como podrás ver, sus ingresos y sus gastos son equivalentes, y sus pasivos son mayores que sus activos.

A la derecha encontrarás el estado financiero personal de mi padre rico, el cual refleja los resultados de una vida dedicada a invertir y minimizar los pasivos.

HOY, HACE VEINTE AÑOS...

TU TARJETA DE PUNTUACIÓN

Si no cuentas con un estado financiero, realmente no sabes en qué lugar del juego financiero te encuentras en la vida. Te guste o no, el dinero te dice la puntuación de tu "juego", y en este caso, el estado financiero es tu tarjeta de puntuación. Los bancos quieren estados financieros —estado de ingresos y gastos; balance general— para saber qué tan bueno ha sido tu desempeño en el juego financiero de la vida.

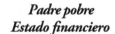

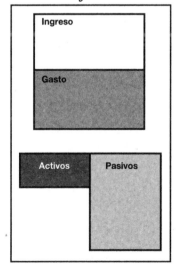

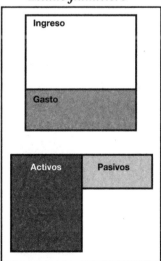

¿Por qué los ricos se vuelven más ricos?

Al analizar el estado financiero de mi padre rico podemos ver por qué los ricos se vuelven más ricos. La columna de activos genera ingresos más que suficientes para cubrir los gastos, y el balance se reinvierte en la misma columna. Ésta sigue creciendo y, por lo tanto, los ingresos que produce también se multiplican. ¡He aquí el secreto de por qué los ricos se vuelven más ricos!

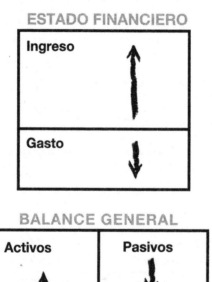

Por qué la clase media tiene dificultades

La clase media se encuentra en un estado de contrariedad permanente. Los ingresos principales de la gente que pertenece a este sector provienen de su salario. A medida que los sueldos aumentan, los impuestos también suben. Los gastos tienden a incrementarse en proporción al salario: de ahí proviene el concepto de la Carrera de la Rata. La clase media considera que su casa es su activo primario, y por eso no invierte en activos que produzcan ingresos.

Este modelo en el que a la casa se le considera una inversión, y la filosofía de que un aumento de sueldo implica que es posible comprar un bien inmueble mayor o gastar más, es la base de nuestra endeudada sociedad actual. El incremento en el gasto lleva a las familias a incurrir en deudas más grandes y les produce mayor incertidumbre financiera a pesar de su crecimiento laboral y de los aumentos que reciben de manera regular. Es un estilo de vida de alto riesgo, producto de una educación financiera deficiente.

La pérdida masiva de empleos en tiempos recientes es prueba de lo vulnerable que es en realidad la clase media. Los planes 401(k) están reemplazando a los planes de pensión de las empresas, y como Seguridad Social se encuentra en problemas, no se puede confiar en ella como una fuente de ingresos segura para el retiro. Ante este panorama, es lógico que el pánico se extienda entre la clase media.

HOY, HACE VEINTE AÑOS...

PLANES DE PENSIONES

Desde lo sucedido con Enron, se ha hecho evidente que los planes de pensiones están en dificultades. Incluso los planes de pensiones del gobierno como los de Grecia, Italia y California están imposibilitados para pagar lo que se les debe a los jubilados. Por esta razón, un plan de retiro ya no es la garantía de seguridad para la vejez y el retiro que alguna vez fue. Cuando la bolsa de valores colapsó en 2009, toda la gente que estaba a punto de retirarse se encontró de pronto en aprietos, incluso quienes estuvieron ahorrando en su plan 401(k), RRSP, o Superanualidad.

Los fondos mutualistas son muy populares hoy en día porque se supone que representan seguridad y porque sus compradores regulares están demasiado ocupados trabajando para poder pagar sus impuestos e hipotecas, para ahorrar para los estudios universitarios de sus hijos y para pagar las tarjetas de crédito. Los usuarios de este tipo de fondos no tienen tiempo para estudiar aspectos de inversión, y por eso tienen que confiar en la experiencia del administrador de un fondo mutualista. Además, como el fondo incluye varios tipos de inversión, los usuarios creen que su dinero estará más seguro, ya que se encontrará "diversificado". Los usuarios —generalmente se trata de un sector de la clase media que cuenta con estudios universitarios— se apegan al dogma que pregonan los corredores de fondos y los asesores financieros: "Juega a la segura. No corras riesgos".

La verdadera tragedia radica en que la falta de educación financiera es lo que genera los riesgos que enfrenta la gente promedio de la clase media, la cual se ve obligada a jugar a la segura porque su situación financiera siempre es, en el mejor de los casos, endeble. Sus "balances generales" carecen precisamente de eso: balance. Estas personas tienen una fuerte carga de pasivos y no poseen activos legítimos que les generen ingresos. Tristemente, la única fuente de ingresos de la clase media es su cheque de nómina, y por eso su estilo de vida depende por completo de su empleador. Para colmo, cuando se presentan esas oportunidades que sólo aparecen una vez en la vida, no pueden aprovecharlas. Trabajan demasiado, pagan demasiados impuestos, y sus deudas nunca acaban.

Como mencioné al principio de esta sección, la regla te exige diferenciar entre un activo y un pasivo. En cuanto asimiles el concepto concentra tus esfuerzos en adquirir activos que generen ingresos. Ésa es la mejor manera de iniciar el camino a la riqueza. Si continúas haciéndolo, tu columna de ingresos crecerá. Mantén los pasivos y los gastos al mínimo para que tu dinero esté disponible y puedas seguir añadiendo activos a la columna correspondiente. En muy poco tiempo la cantidad de activos que manejes será tan grande que estarás en posibilidad de contemplar inversiones de un grado de especulación mayor: inversiones que podrían tener retornos de 100 por ciento al infinito; inversiones de 5,000 dólares que en poco tiempo se convertirán en un millón más. Me refiero a esas inversiones que la clase media considera "demasiado riesgosas". Recuerda que para la gente que cuenta con educación financiera invertir no implica riesgos tan abrumadores.

Si sólo imitas a los demás, en cambio, terminarás con el siguiente panorama:

ESTADO FINANCIERO

Ingreso
Ingreso realizado para una empresa (Salario)
Gasto
Trabajo realizado para el gobierno (Impuestos)

BALANCE GENERAL

Activos	**Pasivos**
	Trabajo realizado para el banco (Hipoteca)

Y si eres empleado y también tienes una casa, el esfuerzo que inviertas lucirá así:

1. Trabajo para la empresa.

Los empleados enriquecen al dueño del negocio o a los socios, pero nunca a ellos mismos. Tu esfuerzo servirá para acrecentar el éxito y la cantidad de dinero que estará disponible para el retiro del dueño.

2. Trabajo para el gobierno.

El gobierno toma su tajada de tu cheque de nómina antes de que llegue a tus manos siquiera. Si te matas trabajando, sólo incrementas la cantidad de impuestos que el gobierno toma. En general, el trabajo que lleva a cabo la gente entre enero y mayo sólo sirve para cubrir lo que tiene que pagarle al gobierno.

3. Trabajo para el banco.

El siguiente mayor gasto, después de pagar impuestos, es usualmente el que corresponde al pago de hipoteca y deuda en tarjetas de crédito.

El problema de trabajar cada vez más es que cada uno de estos tres niveles te obliga a ceder una porción mayor de tu esfuerzo. Tienes que aprender a hacer que el aumento en tu trabajo te beneficie a ti y a tu familia de manera directa.

¿Cómo deberás fijar tus metas cuando al fin decidas concentrarte en tu propio negocio (es decir, enfocar tus esfuerzos para conseguir activos en lugar de un cheque más grande)? Bueno, de entrada debes saber que la mayoría tiene que conservar su empleo y continuar dependiendo de su sueldo para poder enfrentar la adquisición de activos.

¿Cómo puedes medir el alcance del éxito obtenido a medida que crezcan tus activos? ¿Cómo puede confirmar una persona que ya es rica? ¿Que ya cumplió su objetivo?

Además de tener mis propias definiciones para los conceptos de "activos" y "pasivo", también tengo una idea específica de lo que es la riqueza. La tomé prestada de un hombre llamado R. Buckminster Fuller. Algunos lo consideran un charlatán, y otros, un genio. Hace varios años causó controversia entre los arquitectos porque solicitó una patente para algo a lo que llamó "domo geodésico". En su solicitud, por cierto, Fuller también mencionó la riqueza.

Al principio parecía un poco confuso, pero al seguir leyendo empezaba a sonar lógico:

> *La riqueza es la capacidad de una persona para sobrevivir cierta cantidad de días, a futuro. O, dicho de otra manera: si dejara de trabajar hoy, ¿cuánto tiempo podría sobrevivir?*

A diferencia de la definición del valor neto (diferencia entre tus activos y tus pasivos), el cual se caracteriza por incluir los objetos inútiles más costosos y un avalúo de los mismos, esta definición de riqueza nos ofrece una forma de medición verdaderamente precisa. Con ella podría medir y saber en dónde me encuentro en relación con mi objetivo de volverme independiente económicamente.

A pesar de que el valor neto de una persona a menudo incluye activos que no producen efectivo —como artículos que compraste alguna vez y ahora están empolvándose en el garaje—, la riqueza mide cuánto dinero produce tu dinero y, por lo tanto, tu capacidad de supervivencia financiera.

La riqueza es la medida del flujo de efectivo de la columna de activos, comparada con la de la columna de gasto.

Usemos un ejemplo. Digamos que de mi columna de activos recibo un flujo de efectivo de 1 000 dólares al mes, y que mis gastos mensuales ascienden a 2 000 dólares.

¿Cuál es mi riqueza?

Volvamos a la definición de Buckminster Fuller. ¿Cuántos días puedo vivir de aquí en adelante de acuerdo con esta medición? Si considero meses de treinta días, entonces tengo un flujo de efectivo suficiente para medio mes.

En cuanto logre tener un flujo de efectivo mensual de 2 000 dólares proveniente de mis activos podré considerarme una persona con cierta capacidad de supervivencia.

Esto significa que, aunque todavía no sea rico, tengo lo necesario para vivir. Ahora cuento con ingresos mensuales —producto de mis activos— que cubren los gastos por esa misma cantidad de tiempo. Pon particular atención en el hecho de que en este punto ya no dependo del sueldo. Me enfoqué en construir una columna de activos que me permitiera independizarme, y lo logré. Si en este momento renunciara a mi trabajo, podría cubrir mis gastos mensuales con el flujo de efectivo que generan mis activos.

Mi siguiente objetivo sería reinvertir el exceso de

HOY, HACE VEINTE AÑOS...

RIQUEZA Y RESERVAS DE DINERO

Actualmente muy pocas personas tienen suficiente dinero para sobrevivir por lo menos un mes. La mayoría de los estadounidenses, por ejemplo, tienen menos de 400 dólares ahorrados. Una estadística todavía más impactante es la que se reportó en una encuesta de 2016 de GOBankingRates: 34 por ciento de los estadounidenses no tienen absolutamente nada ahorrado. Muy poca gente podría sobrevivir durante bastante tiempo sin un cheque de nómina o la ayuda del gobierno.

flujo de efectivo en la columna de activos. Entre más recursos vayan a esa columna, más se fortalecerá. Y entre más crezcan mis activos, más se incrementará el flujo de efectivo. Además, mientras mantenga mis gastos por debajo del flujo de efectivo proveniente de los activos, mi riqueza seguirá creciendo, y recibiré más ingresos de fuentes que no tendrán nada que ver con el trabajo físico que desarrolle todos los días.

Si este proceso de reinversión continúa, estaré en el camino a volverme rico. Pero recuerda lo siguiente:

- **Los ricos compran activos.**
- **Los pobres sólo incurren en gastos.**
- **La clase media compra pasivos que cree que son activos.**

Entonces, ¿cómo puedo empezar a enfocarme en mi negocio y dedicarme sólo a él? En el siguiente capítulo lee lo que tiene que decir al respecto el fundador de McDonald's.

SESIÓN DE ESTUDIO

Capítulo dos

LECCIÓN 2: ¿POR QUÉ IMPARTIR EDUCACIÓN FINANCIERA?

Capítulo dos
LECCIÓN 2: ¿POR QUÉ IMPARTIR EDUCACIÓN FINANCIERA?

Resumen

Volvimos a visitar a Robert y a Mike unas tres y media décadas después. Mike se hizo cargo de la compañía de su padre y está desempeñando su trabajo incluso mejor de lo que padre rico lo hizo.

Robert, por su lado, se retiró en 1994, a la edad de cuarenta y siete años. La riqueza de él y su esposa sigue creciendo de forma automática, como un árbol bien plantado.

Robert comparte la anécdota de la reunión de algunos de nuestros líderes más importantes y hombres de negocios más ricos en 1923. Se trata de hombres que poseían las empresas más grandes de acero y gas, que dirigían la Bolsa de Valores de Nueva York, y que formaron parte del gabinete del presidente Harding. Veinticinco años después, casi todos terminaron en una situación trágica: en bancarrota, exiliados o en prisión.

Posiblemente, la caída de la bolsa de 1929 y la Gran Depresión jugaron un papel importante en sus destinos, pero actualmente vivimos tiempos de incluso más agitación y cambio que los que ellos enfrentaron. Nuestra educación y capacidad de aprender son más importantes para la supervivencia que el dinero.

Porque no se trata de cuánto produzcas, sino de cuánto puedas conservar y por cuántas generaciones.

Así que cuando la gente le pregunta a Robert por dónde comenzar para volverse rica, él les da la misma respuesta que recibió de su padre rico: "Si quieres ser rico, tienes que recibir educación financiera".

Robert compara la forma en que mucha gente actúa, con tratar de construir un rascacielos sobre una placa para la construcción de una casa. Como los jóvenes se gradúan de la universidad con muy poca educación financiera, al salir se lanzan a perseguir el sueño americano, pero de pronto se encuentran profundamente sumidos en deudas. La única forma que ven para salir de esa situación es aplicar una estrategia para volverse ricos.

Por desgracia, si no tienen antecedentes de educación financiera, sus esfuerzos equivaldrán a construir un enorme edificio sobre bases poco sólidas, y en lugar del Empire State, terminan con la Torre Inclinada de los suburbios.

Gracias a las enseñanzas de padre rico, Robert y Mike, su amigo de la infancia, recibieron bases sólidas equivalentes a un rascacielos.

La contabilidad como materia es aburrida, confusa… y absolutamente esencial para tener éxito económico. Padre rico usaba ilustraciones para enseñarles a los dos chicos, y de esa forma puso a su alcance esta disciplina. Más adelante empezó a usar números para guiar a los niños en su entendimiento de los conceptos clave.

Robert dice que la Regla Número 1 es entender la diferencia entre un activo y un pasivo, y luego sólo comprar activos. Eso es todo lo que necesitas saber. A pesar de ser tan simple, sin embargo, mucha gente no entiende esta regla.

La primera vez que padre rico les explicó esto a los ahora adolescentes, pensaron que estaba bromeando. ¿Cómo era posible que los adultos no entendieran algo así? ¿Acaso no todos deberían ser ricos?

El problema es que la mayoría de la gente fue educada de manera distinta gracias a los banqueros, los asesores financieros y otros profesionales, y por eso ahora debe «desaprender» lo que cree saber. A algunos, sin embargo, les parece que es indigno regresar a niveles tan básicos de instrucción.

La verdadera definición de "activo" y "pasivo" no radica en las palabras sino en los números.

Robert usa dibujos para ayudar a los lectores de la misma manera que padre rico los usó para enseñarle a él.

Éste es el patrón de flujo de efectivo de un activo:

La parte superior del diagrama es un estado financiero, al que también se le llama estado de pérdidas y ganancias. Mide los ingresos y los gastos: el dinero que entra y el dinero que sale. La parte inferior del diagrama corresponde al balance general. Se llama así porque se supone que salda los activos contra los pasivos.

Los activos suman a tu ingreso, es decir, ponen dinero en tu bolsillo.

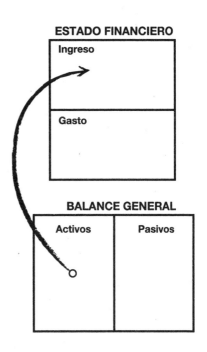

Éste es el patrón de flujo de efectivo de un pasivo:

Un pasivo saca dinero de tu bolsillo.

¿Quieres ser rico? Compra activos. Parece simple, pero mucha gente tiene problemas porque adquiere pasivos. Si quieres obtener y conservar riqueza, tienes que fortalecer tu entendimiento.

No se trata sólo de números, sino de la historia que estos cuentan. Sigue las flechas en cada uno de estos diagramas y ve hacia dónde fluye el dinero o el "flujo de efectivo". Esto te contará la historia, la trama de cada situación financiera.

Éste es el patrón de flujo de efectivo de una persona pobre:

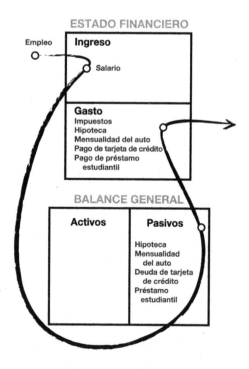

Éste es el patrón de flujo de efectivo de una persona de la clase media:

Éste es el patrón de flujo de efectivo de una persona rica:

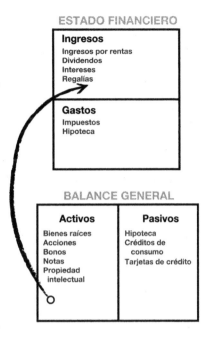

A través de estos diagramas simplificados el flujo de efectivo te cuenta la historia de cómo maneja el dinero cada persona.

Con frecuencia, las personas que tienen deudas piensan que la respuesta es hacer más dinero, pero tener más no sólo no resuelve los problemas, a veces los complica. Ésta es la razón por la que mucha gente a la que le caen recursos repentinamente del cielo —porque se gana la lotería o porque recibe una herencia, por ejemplo—, se los gasta en un abrir y cerrar de ojos. Un incremento en el efectivo sólo da como resultado un aumento en la forma en que se gasta.

Lo que a mucha gente le hace falta es educación financiera. Por eso hay quienes tienen éxito en su profesión pero de todas maneras siguen teniendo problemas económicos. Quizás aprendieron a generar dinero, pero no a manejarlo. La gente puede ser muy inteligente pero carecer de lo que Robert llama alfabetismo financiero. Hay quienes aprendieron a trabajar duro para ganar dinero, pero no a hacer que su dinero trabaje duro para ellos.

Robert cuenta la historia de una pareja de jóvenes que se casan y empiezan a vivir juntos. Sus ingresos aumentan, pero también sus gastos.

A la pareja la golpea el gasto número uno, el mismo que afecta a la mayoría de la gente: los impuestos. De hecho, si hay algo que golpea a la gente todavía más que los impuestos, es la Seguridad Social. Aquí estamos hablando de aproximadamente 15 por ciento, ya que el impuesto de Seguridad Social se combina con la tasa fiscal de Medicare, y luego el empleador tiene que igualar esta cantidad con dinero que luego ya no le puede pagar al trabajador. Para colmo, el empleado tiene que pagar impuestos sobre esta cantidad también.

La joven pareja tiene que lidiar con esos impuestos, y después, cuando compra una casa, con los impuestos sobre la propiedad. Claro que para complementar la casa tienen que adquirir un automóvil nuevo, así como muebles y artículos del hogar, también nuevos. De repente sus pasivos aumentan y la pareja se ve abrumada por la hipoteca y la deuda de sus tarjetas de crédito.

El matrimonio queda atrapado en la Carrera de la Rata. Añade un bebé a la mezcla, y ya tienen que trabajar más: entonces llegan ingresos mayores que conducen a impuestos más altos. La pareja sigue acumulando deuda y, tarde o temprano, la suman a su hipoteca a través de un préstamo de consolidación. Sus hábitos, sin embargo, no han cambiado, así que la deuda de tarjeta de crédito continúa, sin mencionar el hecho de que ya tuvieron que extender el préstamo para su casa.

El verdadero problema de ésta, y de muchas otras parejas, es que no saben manejar el dinero que tienen, y esto, a su vez, es producto de la falta de educación financiera y de no entender la verdadera diferencia entre un activo y un pasivo.

Hay mucha gente que no se toma el tiempo necesario para cuestionar si algo es lógico, y sólo hace lo que los demás. Repite sin pensar lo que le dicen: "Diversifica", "Tu casa es un activo", "Si te endeudas más puedes recibir beneficios fiscales", "Consigue un empleo seguro", "No cometas errores", "No corras riesgos."

Gracias a la enorme cantidad de tiempo que Robert y Mike pasaron en reuniones con padre rico y aprendiendo de las inteligentes personas de las que se rodeaba, aprendieron mucho. Aprendieron a cuestionar el dogma estándar que se enseña en las escuelas. Esto, por supuesto, empezó a causar problemas e hizo que se alejaran de sus maestros.

Robert también empezó a tener desacuerdos con su propio padre respecto a asuntos de dinero, en particular porque su padre pobre creía que su casa era su mayor inversión. Padre rico, en cambio, la consideraba su mayor pasivo.

Mucha gente sigue creyendo que su casa es un activo, pero Robert enseña lo contrario. Tu casa es un pasivo porque saca dinero de tu bolsillo, no sólo a través de los impuestos y los gastos, sino también porque pierde valor y porque, como todo tu dinero está atado al inmueble, te obliga a dejar ir oportunidades. Esto último hace que te pierdas de la educación que ofrecen las experiencias de inversión.

Esto no significa que no puedas comprarte una casa más grande jamás, sólo asegúrate de adquirir los activos que generarán el flujo de efectivo con el que pagarás por esa casa.

Cuando hay suficientes activos para generar ingresos más que suficientes para cubrir los gastos, entonces el balance se reinvierte en los activos. Esto hace que la columna de activos crezca en la hoja del balance general. Esto, a su vez genera más ingresos. Como resultado, la gente rica que entiende la diferencia entre activos y pasivos, se vuelve más rica aún.

La clase media se queda estancada en la Carrera de la Rata porque trata a su casa como un activo en lugar de invertir en activos que le produzcan ingresos. También están estancados porque su principal fuente de ingresos es su salario, y cuando el ingreso aumenta, también lo hacen los impuestos.

Mucha gente invierte en fondos mutualistas, le paga a un administrador para que maneje sus cuentas porque no tiene el tiempo o el conocimiento necesario para hacerlo por sí misma. La gente cuyo balance general no está equilibrado participa en fondos mutualistas para jugar a la segura. No puede aprovechar ciertas oportunidades porque tiene deudas abrumadoras y la única vía por la que recibe dinero es su salario.

¿Quieres volverte rico? Concentra tus esfuerzos en adquirir activos que te generen ingresos, pero hazlo hasta que de verdad entiendas lo que es un activo. Mantén los pasivos y los gastos bajos. De esta forma harás crecer tu columna de activos.

Pero, ¿cómo puedes saber si ya eres rico? Robert usa el sistema de medición de R. Buckminster Fuller: "La riqueza es la capacidad de una persona para sobrevivir cierta cantidad de días, a futuro." O dicho de otra manera: si dejaras de trabajar hoy, ¿cuánto tiempo podrías sobrevivir?

Otra forma de decirlo sería: La riqueza es la cantidad de flujo de efectivo de la columna de activos comparada con la columna de gasto. Cuando tus activos generan suficientes ingresos para cubrir tus gastos, entonces ya tienes riqueza, aunque todavía no seas rico.

Momento del hemisferio izquierdo: Mira los números y aprende a leer la historia que realmente te están contando. Los activos ponen dinero en tu bolsillo. Si algo lo saca, entonces no es un activo, sino un pasivo.

Momento del hemisferio derecho: Los dibujos del balance general ayudan a explicar el movimiento del dinero a través de la vida de distintas personas.

Momento subconsciente: El miedo al ostracismo hace que la gente se conforme y no cuestione las opiniones más aceptadas ni las tendencias populares; y esto con frecuencia va en detrimento de su propia situación financiera.

¿Qué quiso decir Robert?

Llegó el momento de reflexionar. Pregúntate: "*¿Qué* quiso decir Robert aquí?" Y: "*¿Por qué* dice eso?" En esta sección puedes o no estar de acuerdo con él, pero el objetivo es *entenderlo*.

Recuerda que este plan de estudios está diseñado para cooperar y apoyar. Dos cabezas piensan mejor que una, así que, si no entiendes la cita, no te alejes. Pide ayuda y tómate tu tiempo para discutir cada frase hasta que te quede clara:

"No se trata de cuánto dinero produzcas, se trata de cuánto dinero puedas conservar."

"La inteligencia resuelve los problemas y produce dinero, pero el dinero sin inteligencia financiera es dinero que desaparece pronto."

"Si vas a construir el edificio Empire State, lo primero que tienes que hacer es cavar un agujero enorme y rellenarlo con materiales resistentes. Si vas a construir una casa en los suburbios, sólo tienes que extender una placa de seis pulgadas de concreto. En su deseo de volverse rica rápidamente, la mayoría de la gente trata de construir el Empire State sobre una placa de seis pulgadas."

"La gente rica adquiere activos. Los pobres y la clase media adquieren pasivos a los que consideran activos."

"Si tu patrón consiste en gastar todo lo que ganas, lo más probable es que, al tener más dinero, incrementes la cantidad que gastas."

"En el 80 por ciento de las familias, la historia financiera describe trabajo arduo por venir. Por desgracia, este esfuerzo será infructuoso porque esas mismas familias pasarán su vida comprando pasivos en lugar de activos."

"Al no entender completamente al dinero, la mayoría de la gente permite que el increíble poder que éste tiene, la controle."

Preguntas adicionales

Llegó el momento de tomar las historias de este capítulo y la comprensión de lo que Robert dijo, y aplicar ambos a ti y a tu vida. Hazte las preguntas que se presentan a continuación y discútelas con tu compañero o compañera de estudio. Sé honesto contigo y con la otra persona. Si no te gustan algunas de tus respuestas, pregúntate si estás dispuesto a cambiar y a aceptar el desafío de modificar tus pensamientos y tu manera de pensar:

1. ¿Cuándo empezó tu educación financiera? ¿Fue con este libro o con otra fuente?

2. ¿Cómo reaccionaste cuando leíste por primera vez la definición de Robert de activos y pasivos?

3. ¿Cómo reaccionaste cuando declaró que tu casa no era un activo? ¿Considerabas que lo era? ¿Tu opinión cambió después de que expuso todo su argumento?

4. ¿Cuál de las situaciones de flujo de efectivo refleja mejor tu vida?

5. Además de tu casa, ¿posees alguna otra cosa que creías que era un activo pero después descubriste que en realidad era un pasivo?

6. ¿Estarías de acuerdo con la siguiente afirmación: "Lo que le hace falta a la mayoría de la gente no es educación sobre cómo hacer dinero sino sobre cómo administrarlo"?

7. Padre rico les dijo a los chicos que en la contabilidad no importan los números sino lo que éstos te cuentan. ¿Qué historia cuentan los números en tu vida?

8. ¿Ha habido algún momento en que un logro aparentemente positivo, como un ascenso o un aumento de sueldo, no te haya llevado al resultado que esperabas en tu balance general?

9. ¿Cuántos días en el futuro podrías sobrevivir si dejaras de trabajar hoy? Esa cantidad, ¿te sorprende o te asusta?

Definiciones

401(k): Plan de retiro estadounidense desarrollado por la Ley ERI-SA de 1974. Este plan se presentó cuando las empresas se dieron cuenta de que no podrían proveer servicios médicos a sus empleados jubilados.

ACTIVO: Algo que lleva dinero "a tu bolsillo" con una cantidad mínima de esfuerzo.

BALANCE GENERAL: Parte inferior del diagrama del estado financiero. Se llama así porque supuestamente debe saldar los activos contra los pasivos.

FLUJO DE EFECTIVO: Dinero que entra (como ingreso) y dinero que sale (como gasto). Lo que determina si algo es ingreso, gasto, activo o pasivo, es la dirección que toma el flujo de efectivo. El flujo de efectivo te cuenta la historia.

APTITUD FINANCIERA: Es lo que haces con el dinero una vez que ya lo ganaste; cómo evitas que la gente te despoje de él; cómo lo conservas durante más tiempo; y cómo haces que trabaje duro para ti.

REGLA DE ORO: El que tiene el oro, hace las reglas.

INGRESO: Dinero que se recibe como resultado de las actividades normales de negocios que realiza un individuo o una empresa.

ESTADO FINANCIERO O ESTADO DE PÉRDIDAS Y GANANCIAS: Mide el ingreso y el gasto: dinero que entra y dinero que sale.

PASIVO: Algo que saca dinero "de tu bolsillo."

FONDO MUTUALISTA: Variedad de acciones, bonos o fianzas agrupados, manejados por una empresa de inversión profesional, y adquiridos por inversionistas individuales a través de participaciones. Las participaciones no implican acreditación de la propiedad de ninguna de las empresas.

SEGURIDAD SOCIAL: Programa de bienestar o protección social que generalmente se fondea a través de sustracciones a la nómina, el cual subsidia a personas mayores y con discapacidades.

NOTAS

NOTAS

LECCIÓN 3: OCÚPATE DE TU PROPIO NEGOCIO

Los ricos se enfocan en sus columnas de activos, mientras toda la demás gente se concentra en los bienes superfluos de sus estados financieros.

El año es 1974. Ray Kroc, fundador de McDonald's, ofrece una conferencia a los estudiantes de maestría de la Universidad de Texas en Austin, y un amigo mío que estudiaba ahí tuvo la oportunidad de estar presente. Después de una fuerte e inspiradora charla, los estudiantes tuvieron un descanso e invitaron a Ray a ir con ellos a beber unas cervezas a su lugar favorito. Él aceptó con gusto.

En cuanto comenzaron a beber la cerveza, Ray preguntó: "A ver, muchachos, ¿a qué negocio me dedico?"

"Todos se rieron", me contó mi amigo. "Los estudiantes pensaron que Ray estaba jugando."

Como nadie le respondió, el empresario volvió a hacer la pregunta: "¿A qué negocio creen ustedes que me dedico?"

Los estudiantes rieron de nuevo, pero finalmente un valiente gritó: "Ray, ¿quién en este planeta no sabe que te dedicas al negocio de las hamburguesas?"

Ray se carcajeó. "Eso es lo que pensé que dirían." Hizo una pausa y luego añadió: "Damas y caballeros, yo no me dedico al negocio de las hamburguesas sino al de los bienes raíces".

Según me contó mi amigo, Ray pasó un buen rato explicando su punto de vista. En su plan de negocios era obvio que el enfoque principal del negocio era vender franquicias de hamburguesas, sin embargo, Ray nunca olvidó que los factores más importantes para el éxito de cada tienda eran el terreno y su ubicación. Básicamente, cada persona que compraba una franquicia también adquiría el inmueble… proporcionando así un beneficio permanente a la organización de Kroc.

HOY, HACE VEINTE AÑOS…

CÁMARA RÁPIDA A 2017

McDonald's, 7-Eleven y KFC aún conservan su lugar como las tres marcas de franquicias más grandes. En total, en 2016, las 200 marcas de franquicias más grandes tuvieron un crecimiento de ventas de 2.2 por ciento o 12.5 mil millones de dólares.

Hoy en día, McDonald's es el mayor propietario individual de bienes raíces del mundo. Posee incluso más propiedades que la Iglesia católica. La empresa McDonald's es dueña de algunas de las intersecciones y esquinas más valiosas de Estados Unidos y el resto del mundo.

Mi amigo considera que la de Ray Kroc fue una de las lecciones más importantes que recibió en su vida. Gracias a ella, actualmente tiene locales de lavado de autos, pero en realidad su negocio son los bienes raíces donde se realiza el lavado.

En el capítulo anterior te presenté varios diagramas que confirman que casi todo mundo trabaja para todos los demás, excepto para sí mismo. En primer lugar, todos trabajan para los dueños de las empresas, luego para el gobierno a través de los impuestos y, finalmente, para el banco que les otorgó su préstamo hipotecario.

Cuando yo era niño no había McDonald's cerca de casa, pero padre rico nos enseñó a Mike y a mí la misma lección que Ray Kroc les dio a los estudiantes de maestría de la Universidad de Texas. Éste es el tercer secreto de los ricos: ocúpate de tu propio negocio.

En muchas ocasiones las dificultades económicas de la gente son consecuencia de trabajar para alguien más. Al final de su vida muchas personas sencillamente no tienen nada que demuestre cuánto se esforzaron.

Nuestro sistema educativo actual se enfoca en preparar a los jóvenes para obtener buenos empleos gracias a las habilidades académicas que logren desarrollar. Estos muchachos siempre estarán sujetos a los sueldos o, tal como lo expliqué anteriormente, a la columna de ingresos. Muchos de ellos estudiarán aún más para llegar a ser ingenieros, científicos, cocineros, oficiales de policía, artistas, escritores o algo más. Sus habilidades profesionales les permitirán ingresar a la fuerza laboral y trabajar por dinero.

No obstante, existe una gran diferencia entre tu profesión y tu negocio. Con frecuencia le pregunto a la gente: "¿Cuál es tu negocio?", y algunas personas me responden: "Ah, soy banquero". Luego les pregunto si son dueños de algún banco, y generalmente me aclaran lo siguiente: "No, trabajo en uno". En ese momento me doy cuenta de que confundieron su profesión con su negocio. Tal vez sean "banqueros", pero están muy lejos de tener un banco.

Uno de los problemas de la escuela es que lo que estudias te absorbe por completo. Por eso si estudias gastronomía, te conviertes en chef. Si estudias leyes, te vuelves abogado, y si estudias mecánica automotriz, te conviertes en mecánico. Y el error de volverse aquello que uno estudia es que a mucha gente se le olvida que también debería ocuparse de su propio negocio. Muchos se pasan la vida viendo por los negocios de otros y ayudándolos a volverse más ricos cada vez.

Para obtener seguridad financiera, la gente tiene que ocuparse de su propio negocio. Tu negocio gira alrededor de tu columna de activos, no de la de ingreso. Como lo expliqué anteriormente, la regla número uno exige diferenciar entre activos y pasivos para luego adquirir activos. Los ricos se enfocan en las columnas de activos, en tanto que todos los demás se enfocan en sus estados financieros.

Por eso es tan común escuchar: "Necesito un aumento". "Si tan sólo me ascendieran de puesto." "Voy a volver a inscribirme en la escuela para estudiar más y conseguir un mejor empleo." "Voy a trabajar horas extras." "Tal vez pueda conseguir un segundo empleo."

> *Las dificultades económicas de la gente son consecuencia de trabajar para alguien más.*

En algunos ámbitos estas nociones son fundamentales, pero no te ayudan a ocuparte de tu propio negocio porque, una vez más, se enfocan en la columna de ingreso. La única manera en que estas acciones pueden servirle a una persona es utilizando el dinero adicional para adquirir activos que generen más ingresos.

La razón principal por la que las personas pobres y de la clase media no corren riesgos en el aspecto fiscal es porque carecen de cimientos financieros. Por eso muchos tienen que aferrarse a su empleo y jugar a la segura.

Cuando se puso "de moda" hacer recortes laborales, millones de trabajadores descubrieron que sus casas, a las que consideraban activos, se los estaban comiendo vivos. Vamos, ¿de verdad creyeron que la función de un "activo" era hacerlos desembolsar fuertes cantidades mes a mes? El coche, es decir, su otro "activo", también los estaba drenando. Lo más triste fue descubrir que los palos de golf de 1 000 dólares guardados en el garaje ya no valían lo mismo que antes. Los trabajadores vieron que sus empleos estaban bajo amenaza y, para colmo, no tenían nada en qué apoyarse. Ninguno de los objetos que consideraban activos les serviría para sobrevivir en tiempos de crisis financiera.

Estoy seguro de que casi todos hemos llenado una solicitud de crédito para comprar una casa o un auto, y por eso pienso que siempre es importante fijarse en la sección del "valor neto", ya que ahí se hace evidente por qué ciertas prácticas bancarias y contables aceptadas le hacen creer a la gente que está haciéndose de un activo.

En una ocasión quise conseguir un préstamo, pero como mi situación económica no era muy saludable, incluí en los datos que me solicitaron mis palos de golf, mi colección de obras de arte; libros, aparatos electrónicos, trajes Armani, relojes de pulsera, zapatos y otros objetos personales. Con eso traté de inflar las cifras de mi columna de activos.

Increíblemente, al final me negaron el préstamo porque tenía demasiadas inversiones en bienes raíces. Al comité de préstamos no le agradó que recibiera tanto dinero por concepto de rentas. Los banqueros querían saber por qué no tenía un empleo normal y un

HOY, HACE VEINTE AÑOS...

DESEMPLEO

La campaña presidencial de Donald Trump de 2016 se enfocó en el problema laboral. El desempleo ha llegado a su récord máximo a pesar de que los "reportes" reflejan distintas fórmulas y estadísticas. La Organización Internacional del Trabajo pronosticó que el desempleo a nivel mundial podría llegar a los 200 millones en 2017. Otra reflexión para volver a la realidad: El ascenso de los robots...

salario, pero no se les ocurrió cuestionar los trajes Armani, los palos de golf ni la colección de arte. A veces la vida se pone difícil cuando tu perfil no coincide con el de todos los demás.

Cada vez que escucho a alguien decir que su valor neto es de un millón de dólares, de 100 000 dólares o de lo que sea, siento que me da un ataque. El valor neto no es un dato preciso porque, sencillamente, en cuanto empiezas a vender tus activos tienes que pagar impuestos sobre las ganancias.

Mucha gente se ha metido en serios apuros económicos cuando se le acaban los ingresos, porque vende sus activos para tener liquidez. Sin embargo, los activos personales sólo se pueden vender por una fracción del valor que se describe en el balance general personal. Por otra parte, como ya lo mencioné, si hay alguna ganancia por la venta de los activos, se tienen que pagar impuestos sobre la misma. Así pues, el gobierno vuelve a llevarse una tajada y, de paso, reduce la cantidad disponible que tiene la gente para salir de deudas. Por esta razón siempre he dicho que el valor neto de una persona en general es menor al que uno se imagina.

Ahora ocúpate de tu propio negocio. No renuncies a tu empleo pero comienza a comprar activos. Deja de adquirir pasivos o efectos personales que pierden su valor real en cuanto los llevas a casa. Tan sólo en cuanto lo sacas de la agencia, un automóvil nuevo pierde casi 25 por ciento de lo que pagaste por él. El auto no es un activo aunque tu banquero te permita ponerlo en la lista. El nuevo palo de golf de titanio por el que pagué 400 dólares redujo su valor a 150 en cuanto le pegué a la primera pelota con él.

Mantén tus gastos al mínimo, reduce los pasivos y ve construyendo una base de activos sólidos con mucha disciplina. También es fundamental que los padres de los jóvenes que aún no se han ido de casa les enseñen a sus hijos la diferencia entre activo y pasivo.

Los jóvenes deben aprender a construir una columna de activos sólida antes de abandonar el hogar de los padres, contraer matrimonio, comprar una casa, tener hijos y quedar atorados en una riesgosa situación financiera que los obligue a aferrarse a un empleo y a comprar todo a crédito. He visto a demasiadas parejas que se casan y quedan atrapadas en un estilo de vida que las obliga a permanecer endeudados casi toda su vida laboral.

Es muy común que en cuanto el último hijo se va de casa los padres se percaten de que no se han preparado para el retiro de la manera adecuada. Entonces se asustan y empiezan a ahorrar algo de dinero, pero en ese momento sus propios padres —los abuelos— se enferman, y ellos tienen que enfrentar nuevas responsabilidades.

Entonces, ¿qué tipo de activos sugiero que tú o tus hijos adquieran? En mi mundo, los activos de verdad se pueden dividir en las siguientes categorías:

148

- Negocios que no exigen mi presencia. Yo soy el dueño, pero otras personas los administran. Si tengo que trabajar ahí, entonces no es negocio. Si tengo que ir, se convierte en mi empleo.
- Acciones.
- Bonos.
- Bienes raíces que generen ingresos.
- Pagarés (o notas de deuda).
- Regalías por concepto de propiedad intelectual como música, guiones y patentes.
- Cualquier cosa que valga, que genere ingresos o que aumente de valor, y para la que haya un mercado dispuesto a comprar en cualquier momento.

Cuando yo era niño mi padre pobre me alentó a buscar un empleo seguro. Mi padre rico, en cambio, me motivó para que comenzara a adquirir activos que me encantaran. "Si no te encantan, no vas a encargarte de ellos", me advirtió. Ahora colecciono bienes raíces porque, sencillamente, me fascinan los edificios y los terrenos. Me gusta mucho comprarlos y, además, podría contemplarlos todo el día. Cuando llego a tener problemas, éstos nunca son tan grandes como para hacer que cambien mis sentimientos respecto a los bienes raíces. Pero si a ti no te agrada la idea de lidiar con inmuebles, no te recomiendo comprarlos.

También me gustan las acciones de empresas pequeñas, y en especial de las que apenas comienzan. Esto se debe a que soy empresario, no un empleado en una gran corporación. Al principio de mi carrera trabajé para compañías inmensas como Standard Oil de California, el Cuerpo de Marina de los Estados Unidos, y Xerox. Disfruté mucho del tiempo que pasé en esas organizaciones y conservo muy buenos recuerdos, pero en el fondo sé que no soy un hombre de empresas grandes. A mí me gusta iniciar compañías, no dirigirlas. Por eso generalmente compro acciones de negocios pequeños.

A veces incluso echo a andar la compañía y luego la hago cotizar en la bolsa porque, en realidad, las fortunas se hacen durante la emisión de acciones nuevas, y ésa es la parte que más me gusta del juego.

> *Ocúpate de tu propio negocio. No renuncies a tu empleo pero comienza a comprar activos y deja de adquirir pasivos.*

A mucha gente le dan miedo las empresas de baja capitalización porque piensa que son riesgosas, y efectivamente, lo son. Sin embargo, el riesgo disminuye si te encantan las inversiones, si las entiendes y si dominas el juego. En el caso de las empresas pequeñas, siempre aplico una estrategia de inversión que implica deshacerse de las acciones después de un año. Mi estrategia para bienes raíces, en cambio, consiste en empezar con poco e ir cambiando las propiedades por otras más grandes. De esa manera hay una demora en el pago de impuestos sobre las ganancias, lo cual permite que el valor de los inmuebles se incremente de forma dramática. Por lo general sólo conservo los bienes raíces siete años.

Por mucho tiempo, mientras estuve en el Cuerpo de Marina y en Xerox, hice lo que padre rico me recomendó. Conservé mi empleo pero empecé a ocuparme de mi propio negocio. Me mantuve enfocado en la columna de activos a través de la compra y venta de bienes raíces y de acciones modestas. Padre rico siempre enfatizó la importancia de la educación financiera. Entre mas pudiera yo entender sobre contabilidad y manejo de efectivo, más fácil me resultaría analizar inversiones, y tarde o temprano también podría iniciar y construir mi propia empresa.

Yo no le recomiendo a nadie que funde una compañía a menos de que de verdad quiera hacerlo. Con todo lo que sé acerca de cómo administrar una empresa, puedo decir que no le deseo a nadie un trabajo tan arduo. A veces, cuando la gente no encuentra empleo, cree que la solución es fundar su propio negocio. Pero, por desgracia, las probabilidades de tener éxito son pocas: nueve de cada diez compañías fracasan en los primeros cinco años. A su vez, nueve de cada diez de las que sobreviven el primer lustro, fracasan también. Por eso es que sólo te recomiendo iniciar una empresa si de verdad tienes el deseo de hacerlo. De otra manera, lo mejor será que conserves tu empleo y trates de realizar un negocio de forma paralela.

Cada vez que digo que debes ocuparte de tu negocio, me refiero a que tienes que construir tu columna de activos y mantenerla fuerte. En cuanto un dólar entre ahí, ya no permitas que salga. Piénsalo de la siguiente manera: cada dólar que se suma a tu columna de activos se convierte en tu empleado. Lo mejor del dinero es que puede trabajar 24 horas al día y continuar haciéndolo por generaciones. Sí, conserva tu empleo y trabaja con ahínco, pero también construye esa columna de manera simultánea.

A medida que crezca el flujo de efectivo podrás darte algunos lujos. La gran diferencia entre la gente rica y la gente pobre y de clase media es que los ricos adquieren los lujos al último, en tanto que los demás lo hacen primero. Los pobres y la clase media compran artículos de lujo como mansiones, diamantes, pieles, joyería o yates, porque quieren lucir como ricos, y lo logran. El problema es que sólo se van hundiendo en una deuda mayor. La gente que siempre ha tenido dinero, es decir, los ricos a largo plazo, se enfoca en construir la columna de activos antes que nada. Luego compran sus lujos con los ingresos generados por los activos. Los pobres y la clase media adquieren lujos con su propia sangre y sudor, y para colmo, con la herencia de sus hijos.

Piensa que darte un verdadero lujo debe ser una especie de recompensa por invertir en un activo y desarrollarlo. Por ejemplo, cuando mi esposa Kim y yo tuvimos algo de dinero extra gracias a los complejos departamentales, ella salió y fue a comprarse un Mercedes. No necesitó trabajar más ni arriesgarse porque el automóvil se pagó con lo que generaban los departamentos. Lo que sí tuvo que hacer antes de comprarlo fue esperar cuatro años a que creciera el portafolio de inversiones en bienes raíces, y que produjera suficiente dinero extra. Aquel Mercedes fue una verdadera recompensa para Kim porque, gracias a él, pudo demostrar que sabía cómo hacer crecer su columna de activos. Hoy en día, ese automóvil representa mucho más para ella que tan sólo un coche bonito: es el símbolo de que usó su inteligencia financiera para darse un lujo.

La mayoría de la gente sale y utiliza su crédito para comprar impulsivamente un auto o algún otro lujo. Muchos tal vez sólo están aburridos y quieren un juguete nuevo, pero comprar con crédito te hará resentir ese lujo porque, tarde o temprano, la deuda se convierte en una carga financiera.

Después de que te hayas tomado el tiempo suficiente, invertido y construido tu propio negocio, estarás listo para aprender el secreto más importante de los ricos, el que los coloca por encima de las multitudes.

SESIÓN DE ESTUDIO

Capítulo tres

LECCIÓN 3: OCÚPATE DE TU PROPIO NEGOCIO

Capítulo tres
LECCIÓN 3: OCÚPATE DE
TU PROPIO NEGOCIO

Resumen

Un amigo de Robert tuvo la oportunidad de escuchar la conferencia que ofreció Ray Kroc, fundador de McDonald's, en la Universidad de Texas, en Austin, en 1974. Después del evento, Ray aceptó ir a beber unas cervezas con los jóvenes al lugar favorito de los universitarios.

Ahí les preguntó a los estudiantes a qué negocio creían que se dedicaba. Al principio ellos se rieron, pero luego respondieron que, naturalmente, se dedicaba al negocio de vender hamburguesas.

Ray les dijo que no se dedicaba al negocio de las hamburguesas, sino al de los bienes raíces porque sabía que el terreno y la ubicación de cada franquicia eran los factores más importantes para el éxito. Actualmente, McDonald's es el propietario más grande de bienes raíces, y posee varias de las intersecciones y esquinas más valiosas del orbe.

El amigo de Robert se tomó la lección muy en serio y actualmente es dueño de varios lavados de autos. Su negocio, sin embargo, son los bienes raíces, es decir, los locales de los lavados.

Mucha gente trabaja para alguien más: para su jefe, para el gobierno (a través de los impuestos) y para el banco (a través de las hipotecas). Sin embargo, Ray Kroc y padre rico sabían el Secreto Número 3 de los ricos: Ocúpate de tu propio negocio. Con frecuencia Robert le pregunta a la gente: ¿Cuál es tu negocio?, y la gente le contesta cosas como: "Ah, soy banquero". Luego les pregunta si son dueños del banco y, por lo general, responden: "No, sólo trabajo ahí". En este ejemplo, el empleado confundió su profesión con su negocio. Tal vez el individuo sea banquero, pero de todas formas necesita tener su propio negocio.

Mucha gente se pasa la vida ocupándose del negocio de alguien más y ayudándole a volverse rico.

Aunque algunas personas deciden hacerlo, "ocuparte de tu propio negocio" no en todos los casos significa fundar una empresa. Tu negocio tiene que ver con tu columna de activos, no con la de ingresos.

Obtener un ascenso o un mejor empleo sólo te servirá para tener mayor seguridad financiera si utilizas el dinero adicional para adquirir activos que generen ingresos.

La principal razón por la que la mayoría de la gente pobre y de la clase media maneja sus obligaciones fiscales de manera conservadora es porque no cuenta con bases financieras; porque tiene que aferrarse a su empleo y jugar a la segura. Porque no puede darse el lujo de correr riesgos.

Pero luego, cuando llegan los tiempos difíciles, lo que muchos creían que era un activo no les sirve para sobrevivir a una crisis financiera. Tu coche ya perdió buena parte de su valor. ¿Y tus palos de golf? También.

A menudo, los bancos le permiten a la gente incluir en sus estados financieros una lista de bienes que en realidad no son activos.

En una ocasión a Robert le negaron un préstamo porque al banco no le gustó que hiciera tanto dinero por concepto de rentas. Les preocupaba el hecho de que no tuviera un empleo normal. Sin embargo, no tuvieron problema con que en su lista de activos incluyera trajes de vestir, su colección de arte y otros efectos personales.

El valor neto no es la medida que la gente cree. La mayor parte de los mal llamados activos en los que la gente basa su valor neto no tiene el valor que sus dueños creen, y si acaso llega a adquirirlo, su venta de todas formas te obliga a pagar impuestos.

Por eso Robert le ha dicho a la gente que empiece a ocuparse de su propio negocio. Conserva tu empleo fijo, pero empieza a adquirir verdaderos activos, no pasivos ni efectos personales que no tendrán valor cuando los lleves a casa. Mantén tus gastos bajos, reduce los pasivos y construye una base sólida de activos de manera diligente.

Los padres necesitan enseñarles esto a sus hijos antes de que éstos partan del hogar. De esta forma entenderán lo que es un verdadero activo y no se encontrarán de pronto atrapados en un estilo de vida basado en la deuda.

Robert dice que los activos reales sólo pueden pertenecer a alguna de las siguientes categorías:

1. *Negocios que no requieren su presencia:* Los posee, pero alguien más los administra o los dirige. Si él tiene que trabajar ahí, entonces deja de ser negocio y se convierte en empleo.
2. *Acciones.*
3. *Bonos.*
4. *Bienes raíces que generen ingresos.*
5. *Pagarés (o notas de deuda).*
6. *Regalías por concepto de propiedad intelectual como música, guiones y patentes.*
7. *Cualquier cosa que valga, que genere ingresos o que aumente de valor, y para la que haya un mercado dispuesto a comprar en cualquier momento.*

Adquiere activos que te encanten. A Robert le fascinan los bienes raíces, y por eso pasa mucho tiempo pensando en ellos y comprándolos. Si a ti no te gusta este tipo de activos, no inviertas en él.

A Robert también le gustan las acciones de pequeñas compañías que apenas inician, como las llamadas *start-ups*. Le agradan porque él también es empresario. A algunas personas les da miedo el riesgo que implica participar en empresas de pequeña capitalización, pero él las ve como un lugar ideal para amasar fortunas. Su estrategia consiste en deshacerse de las acciones en un año. La estrategia que aplica para los bienes raíces, en cambio, consiste en empezar con poco y continuar cambiando sus propiedades por otras más grandes cada vez. Al mismo tiempo, esto le permite retrasar el pago de los impuestos sobre las ganancias. Robert conserva los bienes raíces menos de siete años.

Incluso cuando trabajaba para la Marina y para Xerox, ya se ocupaba de su propio negocio. Por un tiempo conservó su empleo fijo, pero siempre se mantuvo activo trabajando en su columna de activos por medio de la compra y venta de bienes raíces y acciones de poco valor.

Conforme mejor fue entendiendo la contabilidad y el manejo del dinero, más afiló su capacidad para analizar inversiones, y finalmente pudo fundar su propia empresa.

Robert no les recomienda a otros fundar una empresa a menos de que realmente deseen hacerlo. Él sugiere conservar el empleo fijo y ocuparse de sus negocios, es decir, construir la columna de activos y conservarla fuerte.

A medida que el flujo de efectivo se acreciente, la gente puede empezar a permitirse lujos, pero sólo si los ingresos lo permiten. Primero construye la columna de activos y luego deja que los ingresos que éstos generen paguen los lujos.

Momento del hemisferio izquierdo: Cuando los activos generen suficiente ingreso para pagar los lujos, entonces podrás comprarlos.

Momento del hemisferio derecho: Piensa de manera creativa respecto a lo que realmente es tu negocio. Recuerda que profesión y negocio no son equivalentes.

Momento subconsciente: Adquiere el tipo de activos que te encanten porque de esa manera los cuidarás mejor y disfrutarás de aprender todo sobre ellos.

¿Qué quiso decir Robert?

Llegó el momento de reflexionar. Pregúntate: "¿*Qué* quiso decir Robert aquí?" Y: "¿*Por qué* dice eso?" En esta sección puedes o no estar de acuerdo con él, pero el objetivo es *entenderlo*.

Recuerda que este plan de estudios está diseñado para cooperar y apoyar. Dos cabezas piensan mejor que una, así que, si no entiendes la cita, no te alejes. Pide ayuda y tómate tu tiempo para discutir cada frase hasta que te quede clara:

"Para tener seguridad financiera, una persona tiene que ocuparse de su propio negocio."

"Los ricos se enfocan en sus columnas de activos, mientras toda la demás gente se concentra en los bienes superfluos de sus estados financieros."

"Las dificultades económicas de la gente son consecuencia de trabajar para alguien más toda la vida. Hay muchas personas que, cuando se retiren, sencillamente no tendrán nada que demuestre lo mucho que se esforzaron."

"Una de las razones principales por las que el valor neto no es preciso es porque en cuanto empiezas a vender tus activos tienes que pagar impuestos sobre las ganancias."

"En cuanto un dólar entre, ya no lo dejes salir. Piénsalo de esta manera: cada dólar que se suma a tu columna de activos se convierte en tu empleado. Lo mejor del dinero es que puede trabajar 24 horas al día y continuar haciéndolo por generaciones."

"La gran diferencia entre la gente rica y la gente pobre y de clase media es que los ricos adquieren los lujos al último, en tanto que los demás lo hacen primero."

"Los pobres y la clase media adquieren lujos con su propia sangre y sudor, y, para colmo, con la herencia de sus hijos."

Preguntas adicionales

Llegó el momento de tomar las historias de este capítulo y la comprensión de lo que Robert dijo, y aplicar ambos a ti y a tu vida. Hazte las preguntas que se presentan a continuación y discútelas con tu compañero o compañera de estudio. Sé honesto contigo y con la otra persona. Si no te gustan algunas de tus respuestas, pregúntate si estás dispuesto a cambiar y a aceptar el desafío de modificar tus pensamientos y tu manera de pensar:

1. ¿Cuál es tu profesión y cuál es tu negocio? ¿En qué se diferencian?

2. Antes de leer este capítulo, ¿qué cosas habrías incluido en tu valor neto? ¿Cómo las ves ahora?

3. ¿Los activos que estás adquiriendo te encantan? Si no es así, ¿qué podrías hacer para cambiar esa situación?

4. Menciona una ocasión en la que hayas comprado un lujo que tu flujo de efectivo no justificara. Menciona una ocasión en que tu flujo de efectivo haya justificado una compra. Compara cómo te sentiste en ambas situaciones, en el momento de la adquisición y más adelante.

5. ¿Hay en tu familia personas que hayan pasado toda su vida trabajando para alguien más y que hayan terminado sin nada? Si hubieras podido recomendarles algo, ¿qué habría sido?

Definiciones

BONO: Fianza de deuda en la que el emisor autorizado les debe a los titulares una deuda y está obligado a volver a pagar el capital y el interés en una fecha posterior llamada vencimiento.

EMPRESARIO: Persona que diseña un sistema para ofrecer un producto o servicio con el objetivo de obtener ganancias. Los empresarios están dispuestos a aceptar cierto nivel de riesgo para alcanzar oportunidades, y la gente los considera importantes en las sociedades capitalistas.

ESTADO FINANCIERO: Resumen de tus ingresos, gastos, activos y pasivos. Ésta es tu "boleta de calificaciones" cuando sales de la escuela, y es lo que tu banquero querrá revisar antes de prestarte dinero.

ACCIONES: Capital reunido por una corporación a través de la distribución de participaciones.

161

NOTAS

LECCIÓN 4: **LA HISTORIA DE LOS IMPUESTOS Y DEL PODER DE LAS CORPORACIONES**

Mi padre rico sólo jugó el juego con inteligencia y a través de corporaciones: el secreto más importante de los ricos.

Recuerdo que en la escuela me contaron la historia de Robin Hood y sus "alegres camaradas". Mi maestra aseguraba que este maravilloso relato era sobre un héroe romántico que les robaba a los ricos para darles a los pobres, pero mi padre rico no lo veía de la misma manera: él pensaba que Robin Hood era un vil ladrón.

Robin Hood se ha ido, pero sus admiradores siguen entre nosotros. Con mucha frecuencia escucho que la gente dice: "¿Por qué no pagan eso los ricos?" o "Los ricos deberían pagar más impuestos y ese dinero se lo deberían dar a los pobres".

Pero la fantasía de Robin Hood, o el sueño de quitarles a los ricos para darles a los pobres, es lo que más daño les ha hecho a estos últimos y a la clase media. De hecho, la clase media tiene las mayores cargas fiscales por culpa de Robin Hood. La verdad es que los ricos no pagan impuestos. Quien en realidad paga lo que les correspondería a los pobres es la clase media y, en especial, la gente con un alto nivel de estudios de la clase media alta.

Para entender bien cómo funciona este mecanismo, tenemos que hacer una revisión de la historia de los impuestos. Mi padre pobre, el renombrado académico, era experto en historia de la educación. Mi padre rico, en cambio, estudió por su cuenta y llegó a ser un experto en la historia de los impuestos.

Padre rico nos explicó a Mike y a mí que al principio no se pagaban impuestos ni en Inglaterra ni en Estados Unidos. Ocasionalmente se llevaban a cabo recaudaciones fiscales para financiar guerras. El rey —o el presidente, cuando las Trece Colonias se independizaron— emitía un aviso pidiéndole a todo mundo que "diera unos centavos". En Gran Bretaña se hizo una recaudación para financiar la guerra contra Napoleón de 1799 a 1816. En Estados Unidos se hizo para pagar la Guerra Civil de 1861 a 1865.

En 1874 Inglaterra decretó la permanencia del impuesto sobre ingresos para los ciudadanos. En 1913 también se hizo permanente un impuesto del mismo tipo en Estados Unidos, a través de la adopción de la Decimosexta Enmienda hecha a la Constitución. En algún momento los estadounidenses estuvieron en contra de los impuestos. Fue precisamente un gravamen sobre el té lo que condujo a la famosa Fiesta del Té en la Bahía de Boston, incidente que propició y encendió la mecha de la guerra de Independencia. A Estados Unidos y a Inglaterra les tomó aproximadamente cincuenta años convencer a los ciudadanos de pagar un impuesto sobre ingresos de manera regular.

Lo que estos datos no nos dicen es que, al principio, estos impuestos sólo se recaudaron entre los ricos. Éste era el punto que padre rico quería que Mike y yo entendiéramos. Nos explicó que la idea de los impuestos se popularizó y fue aceptada por la mayoría porque a los pobres y a la clase media se les dijo que los impuestos habían

164

sido creados para castigar a los ricos. Las grandes masas votaron a favor de la propuesta de ley, y ésta se hizo legal constitucionalmente. A pesar de que el objetivo de gravar los ingresos era castigar a los ricos, el gobierno terminó castigando precisamente a la gente que votó a favor: los pobres y la clase media.

"En cuanto el gobierno tuvo una probadita del dinero, su apetito creció", dijo padre rico. "Tu papá y yo somos exactamente lo contrario. Él es un burócrata del gobierno y yo soy un empresario capitalista. A ambos nos pagan, pero nuestro éxito depende de comportamientos opuestos. A él le pagan por gastar dinero y contratar gente, y entre más gaste y más gente contrate, más crecerá su organización. En el gobierno siempre se respeta a las grandes organizaciones. En contraste, entre menos gente contrate yo, y menos dinero gaste, más respetarán los inversionistas a mi organización. El maestro Kiyosaki me simpatiza, pero no me agradan los burócratas porque tienen objetivos distintos a los de la mayoría de la gente de negocios. A medida que crece el gobierno, más dinero necesita recaudar para mantenerse."

Mi padre pobre creía firmemente que el gobierno tenía la obligación de ayudarle a la gente. Adoraba a John F. Kennedy y, en especial, la idea del Cuerpo de Paz. Le entusiasmaba tanto el concepto, que tanto él como mi madre trabajaron para dicha organización. Ambos entrenaron voluntarios para ir a Malasia, Tailandia y Filipinas. Papá siempre se esforzaba por obtener préstamos adicionales e incrementos en el presupuesto para contratar más gente en sus dos empleos: en el Departamento de Educación y en el Cuerpo de Paz.

Desde que tenía unos 10 años empecé a escuchar a mi padre rico decir que los trabajadores del gobierno eran un grupo de ladrones y holgazanes; y a mi padre pobre quejarse de los ricos y decir que eran disolutos y codiciosos, que debían pagar más impuestos. Ambos tenían argumentos válidos, pero para mí resultaba difícil ir a trabajar durante el día para uno de los capitalistas más influyentes de la comunidad, y luego volver a casa y convivir con el prominente líder de gobierno que era mi padre biológico. No fue nada fácil decidir a cuál padre creerle.

HOY, HACE VEINTE AÑOS...

LOS RICOS NO PAGAN IMPUESTOS

Los ricos jamás pagarán impuestos. Cada vez es más frecuente ver que los gobiernos usan las leyes fiscales para ofrecerles incentivos a los dueños de negocios y a los inversionistas que generan empleos y vivienda. Estos incentivos sirven para reducir los impuestos de los ricos. Por eso a los únicos que el gobierno les puede sacar dinero es a los integrantes de la clase media.

A pesar de la divergencia, sin embargo, si se estudia la historia de los impuestos, siempre surge una perspectiva interesante.

Como ya lo mencioné, la aceptación de los impuestos fue posible sólo porque las grandes masas creían en la teoría económica de Robin Hood: quítales a los ricos para darles a todos los demás. El problema fue que el apetito que el gobierno tenía por el dinero era tan grande que poco después los impuestos tuvieron que recaudarse entre la clase media y, a partir de ahí, continuaron filtrándose hacia abajo, hacia la gente más desprotegida.

Los ricos detectaron la oportunidad de protegerse porque ellos no juegan con las mismas reglas. Sabían, por ejemplo, cómo operaban las compañías, las cuales se volvieron bastante populares en los tiempos en que se aún se nave-

Mi padre rico no consideraba que Robin Hood fuera un héroe. Pensaba que era un vil ladrón.

gaba en barco. Los ricos crearon las empresas como un vehículo para limitar el riesgo que corrían los activos en cada viaje. En pocas palabras, invirtieron su dinero en una empresa para poder financiar la navegación. Luego la compañía contrató a su propia tripulación para navegar al Nuevo Mundo y buscar tesoros ahí. Si el barco se extraviaba, la tripulación perdía la vida, pero la pérdida de los ricos se limitaba al dinero invertido en ese viaje.

El diagrama que se presenta a continuación muestra la forma en que la estructura corporativa se sitúa afuera de tu estado financiero personal y del balance general.

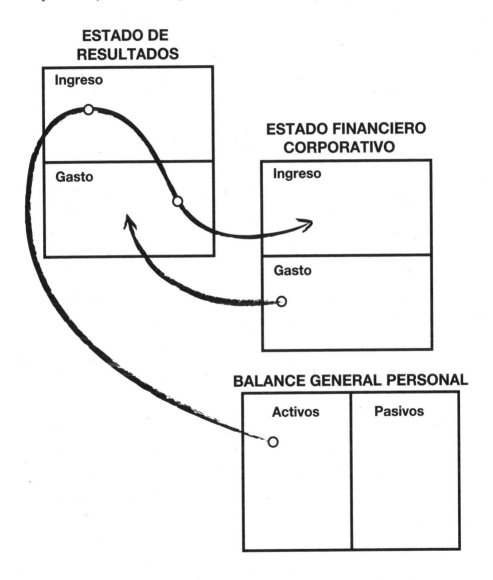

El conocimiento de la estructura legal corporativa es lo que les concede a los ricos una amplia ventaja sobre de los pobres y la clase media. A mí me educaron dos padres, uno socialista y el otro capitalista, pero en muy poco tiempo me di cuenta de que la filosofía del capitalista era la más lógica para mí. En mi opinión, los socialistas terminaron castigándose a sí mismos por su falta de educación financiera. Sin importar con qué saliera la gente que creía que se debía "tomar lo que les pertenecía a los ricos", éstos siempre fueron más astutos. Por eso los impuestos terminaron recaudándose mayoritariamente entre la clase media. Los ricos fueron más hábiles que los intelectuales porque entendieron el poder del dinero: una materia que no se enseña en las escuelas.

¿Cómo aventajaron los ricos a los intelectuales? En cuanto fue aprobado el impuesto para "quitarles a los ricos", el dinero empezó a fluir hacia las arcas del gobierno. La gente estaba muy contenta al principio. El dinero se les entregaba a los trabajadores del gobierno y a los ricos. Los recursos llegaban a los burócratas a través de empleos y pensiones, y a los ricos les tocaba una parte cada vez que sus fábricas y empresas ganaban una licitación pública. El gobierno recibía una enorme cantidad del dinero, lo cual lo metió en apuros cuando se tuvo que enfrentar a su manejo fiscal. Permíteme explicarte por qué. El ideal del gobierno es no tener dinero en exceso porque, si no logra gastar los fondos asignados, corre el riesgo de perder ese dinero cuando se realice el siguiente presupuesto, porque no haberlo ocupado es señal de ineficiencia. A la gente de negocios, en cambio, se le recompensa y aplaude por su eficiencia cuando termina un ejercicio con excedentes. Este ciclo del incremento en el gasto gubernamental continuó y, en consecuencia, también aumentó la necesidad de dinero. Entonces la idea de "cobrarles impuestos sólo a los ricos" se ajustó y empezó a incluir a los niveles de la sociedad que recibían menores ingresos, hasta llegar a la misma gente que votó a favor: los pobres y la clase media.

Los verdaderos capitalistas usaron su conocimiento financiero para encontrar un escape. Volvieron a refugiarse en la protección que te ofrece el hecho de pertenecer a una corporación. Lo que mucha gente que nunca ha formado corporaciones no sabe, es que éstas, en realidad, no son algo tangible. Una corporación es tan sólo un expediente con algunos documentos legales, que permanece en la oficina de algún abogado y que se tiene que registrar en una oficina del gobierno. La empresa no es un gran edificio, una fábrica o un grupo de gente. Es un documento que permite la creación de una entidad legal sin alma. Gracias a este instrumento, los ricos pudieron volver a proteger su dinero. Se volvió muy popular porque la tasa fiscal para las empresas es menor que la que se les aplica a los individuos. Además, ciertos gastos de las empresas se podían cubrir con dinero sobre el que no se habían pagado impuestos aún.

Esta guerra entre el tener y no tener ha prevalecido por cientos de años. La batalla se librará en todo lugar donde se emitan leyes, y durará por siempre. El problema es que siempre pierden quienes no están bien informados: aquéllos que todos los días se levantan y van a trabajar y a pagar impuestos diligentemente. Si entendieran la forma en que los ricos juegan el juego, podrían entrar al mismo e iniciar el camino hacia su independencia financiera. Por eso me molesto cada vez que veo que un padre les recomienda a sus hijos que vayan a la escuela para después conseguir un empleo seguro y permanente. La gente con empleos seguros pero sin aptitudes financieras está destinada a vivir esclavizada por siempre.

En la actualidad, los estadounidenses promedio trabajan entre cuatro y cinco meses para el gobierno, es decir, sólo para pagar sus impuestos. En mi opinión, eso es demasiado. Entre más duro trabajes, más le tendrás que entregar al gobierno. Esta situación me hace pensar que la idea de "quitarles a los ricos" terminó afectando a la gente que la apoyó.

Cada vez que se trata de castigar a los ricos, éstos se defienden. Reaccionan. Porque tienen dinero y poder, y la intención de cambiar las cosas. Los ricos no simplemente se sientan con los brazos cruzados y dispuestos a pagar más impuestos. Ellos buscan maneras de minimizar la carga fiscal. Contratan a abogados y contadores muy hábiles y persuaden a los políticos de cambiar las leyes o de crear lagunas legales. Los ricos utilizan sus recursos para efectuar cambios.

El Código Fiscal de Estados Unidos también permite otras formas de reducir los impuestos. La mayoría de estos vehículos está disponible para cualquier persona, pero los ricos son quienes la aprovechan con mayor frecuencia porque están enfocados en proteger sus negocios. La cifra "1031", por ejemplo, es la forma común de llamarle a la sección 1031 de la Ley de Impuestos Internos. En ella se le permite a un vendedor retrasar el pago de impuestos sobre un bien inmueble vendido para obtener ganancias de capital al intercambiarlo por otro de mayor valor. Los bienes raíces son un vehículo de inversión con grandes ventajas fiscales. Siempre y cuando sigas cambiando tus bienes inmuebles por otros de mayor valor, no tendrás que pagar impuestos sobre las ganancias hasta que liquides. La gente que no aprovecha estos ahorros legales en impuestos está perdiendo una gran oportunidad de hacer crecer su columna de activos.

Por desgracia, los pobres y la clase media no cuentan con los mismos recursos. Sólo se quedan paralizados y permiten que el gobierno les

HOY, HACE VEINTE AÑOS...

EL RECAUDADOR FISCAL

El recaudador fiscal tomará todo lo que tú le permitas. El sistema fiscal es justo en el sentido de que funciona igual para todos los que estén en la misma situación. Si tú estás dispuesto a invertir, las leyes fiscales te favorecerán. Pero si sólo quieres gastar dinero y comprar pasivos, no te dejarán tranquilo, y lo más probable es que termines pagando la mayor cantidad posible de impuestos.

entierre sus agujas fiscales en los brazos para succionarles la sangre. Siempre que veo la enorme cantidad de gente que prefiere pagar más impuestos o que aprovecha menos deducciones por miedo al gobierno, me quedo boquiabierto. Tengo amigos que terminaron cerrando y destruyendo sus negocios, y luego descubrieron que todo se debió a un error del gobierno. Puedo comprender el temor y las reacciones a la intimidación, pero creo que el precio de trabajar de enero a mayo sólo para pagar impuestos es demasiado alto. Mi padre pobre nunca se defendió. Tampoco mi padre rico. La diferencia, sin embargo, es que este último aprendió a jugar con inteligencia a través de las corporaciones: el secreto más importante de los ricos.

Seguramente recuerdas la primera lección que aprendí de padre rico. Tenía nueve años y tuve que sentarme y aguardar a que se dignara a hablar conmigo. Me quedé esperando en su oficina por horas. Me ignoró a propósito porque quería que reconociera su autoridad y que deseara tener el mismo tipo de fuerza algún día. Durante todos los años que estudié y aprendí de él, siempre me recordó que el conocimiento es poder.

Cuando uno tiene dinero también posee un gran poder que exige contar con el conocimiento adecuado para saber conservarlo y multiplicarlo. Si careces de ese conocimiento, todo mundo podrá mangonearte. Padre rico siempre nos recordaba a Mike y a mí que el mayor bravucón no era el jefe o el supervisor, sino el recaudador de impuestos. Él siempre te va a quitar más si se lo permites. La primera lección que te ayuda a hacer que el dinero trabaje para ti en lugar de que tú trabajes para él, tiene que ver con el poder. Si trabajas por dinero, le cedes el poder a tu jefe. Si haces que el dinero trabaje para ti, puedes conservar el poder y controlarlo.

> *Si trabajas por dinero, le cedes el poder a tu jefe. Si haces que el dinero trabaje para ti, puedes conservar el poder y controlarlo.*

En cuanto Mike y yo entendimos la fuerza que podríamos adquirir si lográbamos que el dinero trabajara para nosotros, padre rico se enfocó en el siguiente paso: enseñarnos a movernos en el ámbito económico e impedir que nos mangonearan. Es muy fácil que te manipulen cuando eres ignorante, pero si sabes de lo que estás hablando, tienes más oportunidades de defenderte. Por eso padre rico pagaba tanto dinero para contar con la asesoría de contadores y abogados hábiles y especializados en temas fiscales. En realidad, era mucho más económico pagarles a ellos que al gobierno.

La mejor lección que me dio padre rico fue: "Si eres inteligente y hábil, la gente no podrá mangonearte". Padre rico conocía la ley porque la obedecía y porque sabía que no estar al tanto de la misma podía resultar costoso. "Si sabes que estás en lo correcto, entonces no tendrás miedo de defenderte." Ni siquiera si te enfrentas a Robin Hood y sus "alegres camaradas".

Cada dólar de mi columna de activos se comportaba como un gran empleado. Trabajaba con ganas para producir más empleados y para comprarle un Porsche nuevo al jefe.

Mi otro padre, el celebrado académico, siempre me alentó para que consiguiera un buen empleo en una compañía fuerte. Hablaba mucho de las bondades de "trabajar e ir ascendiendo por la escalera corporativa". Pero lo que él no entendía era que, al confiar por completo en el cheque de nómina de una compañía, se estaba convirtiendo en una dócil vaca deseosa de ser ordeñada.

Cuando le conté a padre rico cuáles eran los consejos de mi padre pobre, se rio. "¿Y por qué no mejor ser el dueño de la escalera?", preguntó.

Como yo era un niño, al principio no entendía bien a lo que se refería cuando hablaba de ser el dueño de tu propia empresa. Era una noción que me parecía imposible e intimidante. A pesar de que me agradaba, mi falta de experiencia me impedía visualizar la posibilidad de que algunos adultos llegaran a trabajar en una empresa mía.

El punto es que, de no haber sido por mi padre rico, seguramente habría seguido los consejos de mi padre pobre. Gracias a los recordatorios ocasionales de padre rico, siempre tuve en mente ser dueño de mi propia empresa y continué en un camino distinto. Para cuando tuve quince o dieciséis años ya estaba convencido de que no iba a seguir los pasos de mi padre pobre. No sabía a ciencia cierta lo que haría, pero estaba decidido a no tomar el mismo camino que mis compañeros de clase. Ésa fue la decisión que cambió mi vida.

Pero no fue sino hasta que tuve veintitantos años que los consejos de padre rico empezaron a cobrar sentido en mi mente. Acababa de salir del Cuerpo de Marina y ya estaba trabajando para Xerox. Ganaba mucho dinero, pero cada vez que revisaba mi cheque me sentía muy desilusionado y molesto porque las deducciones eran demasiadas y, entre más trabajaba, más me quitaban. Cuando tuve más éxito, mis jefes empezaron a hablar de ascensos y aumentos de sueldo. Aunque era muy halagador, en mi mente seguía escuchando la voz de padre rico: "¿Para quién estás trabajando? ¿A quién le estás ayudando a volverse rico?"

En 1974, siendo todavía empleado de Xerox, fundé mi primera compañía y empecé a ocuparme de mis propios negocios. Ya tenía algunos activos en la columna correspondiente, pero decidí hacerla

HOY, HACE VEINTE AÑOS...

SÉ EL DUEÑO DE LA ESCALERA

La tecnología continúa cambiando la manera en que trabajamos y hacemos negocios. Cada vez conozco más gente que se pregunta: ¿Cómo puedo ser el dueño de la escalera? El capitalismo está prosperando, y de acuerdo con el sistema de libre mercado, los empresarios que puedan ofrecer un mejor producto a un mejor precio, tendrán una mayor oportunidad de alcanzar el éxito.

crecer. Los cheques de nómina, con todas aquellas deducciones, hicieron que los consejos de tantos años de padre rico sonaran perfectamente lógicos.

De pronto pude ver cómo sería el futuro si seguía el camino de mi padre pobre, el maestro Kiyosaki.

Muchos empleadores creen que es mala idea recomendarles a sus empleados que tengan un negocio propio, sin embargo, tener una empresa propia y desarrollar activos me convirtió en un mejor empleado porque me permitió tener un objetivo. Llegaba temprano a trabajar a Xerox y lo hacía con muchas ganas. Estaba tratando de juntar la mayor cantidad posible de dinero para invertir en bienes raíces. Hawái estaba a punto de despegar y yo sabía que muchos amasarían grandes fortunas si aprovechaban el momento. Me había dado cuenta de que estábamos en un momento coyuntural, y eso me instaba a vender más copiadoras cada día. Entre más vendía, más dinero ganaba y, claro... más me quitaban por concepto de impuestos. Mi situación era muy inspiradora. Anhelaba tanto salir de la trampa de los empleados, que trabajé aún con más ganas para poder invertir más. Para 1978 ya llevaba varios años de estar entre los cinco mejores vendedores de la empresa, lo cual te dará una idea de lo desesperado que estaba por salir de la Carrera de la Rata.

Gracias a mis bienes raíces, en menos de tres años empecé a ganar más dinero de lo que ganaba en Xerox. Además, lo que ganaba en mi columna de activos a través de mi propia empresa era ya dinero que trabajaba para mí, no ingresos elusivos que me obligaban a seguir vendiendo copiadoras de puerta en puerta. Los consejos de padre rico me parecieron todavía más lógicos y sensatos. El flujo de efectivo proveniente de mis propiedades se fortaleció tanto y en tan poco tiempo que mi propia compañía me compró el primer Porsche que tuve. Mis compañeros vendedores de Xerox creyeron que había usado mis comisiones para darme ese lujo, pero no era así. Las comisiones también las estaba invirtiendo en activos.

El dinero que ganaba estaba trabajando con mucho empeño para generar más dinero. Cada dólar de mi columna de activos se comportaba como si fuera un gran empleado. Trabajaba con ganas para producir más empleados y para comprarle un Porsche nuevo al jefe con dólares sobre los que no se habían pagado impuestos. Todo esto me animó a trabajar todavía más duro para Xerox. El plan funcionaba y mi Porsche era prueba de ello. Usé las lecciones que aprendí de padre rico y pude salir de la Carrera de la Rata siendo aún muy joven.

Este logro fue posible gracias al sólido conocimiento financiero que adquirí en las clases de padre rico.

Sin ese conocimiento, al que yo llamo inteligencia financiera o IQ financiero, mi camino a la independencia económica habría sido mucho más hostil. Hoy en día les enseño a otros con la esperanza de poder compartir con ellos lo que sé.

También le recuerdo a la gente que el IQ financiero incluye conocimiento de varias áreas:

1. Contabilidad

La contabilidad es el alfabetismo financiero o la habilidad de leer números. Si quieres construir un imperio, esta habilidad te será primordial. Entre más dinero tengas bajo tu cuidado, mayor precisión necesitarás. De otra manera, el negocio entero se viene abajo. El lado izquierdo del cerebro se hace cargo de esta actividad, es el que se enfoca en detalles numéricos. El alfabetismo financiero te permite leer y entender estados financieros, lo cual, a su vez, te da la oportunidad de identificar los puntos fuertes y débiles de cualquier negocio.

2. Inversiones

Invertir es la ciencia de "hacer dinero con dinero". Involucra estrategias y fórmulas en las que se aplica la creatividad del lado derecho del cerebro.

3. *Comprensión de los mercados*

Entender a los mercados también es una ciencia. Es la ciencia de la oferta y la demanda. Además de las cuestiones fundamentales y económicas de la inversión, necesitas conocer los aspectos técnicos del mercado, los cuales, por cierto, se manejan en función de emociones. Pregúntate, por ejemplo: "De acuerdo con las condiciones actuales del mercado, ¿esta inversión tiene sentido o no?"

4. *La ley*

Si una corporación que contempla habilidades técnicas como las de la contabilidad, la inversión y el conocimiento de mercados puede contribuir a un crecimiento explosivo, entonces una persona que entiende las ventajas fiscales y la protección que puede brindar una corporación tiene la posibilidad de volverse rica en menor tiempo que un empleado o el dueño único de un pequeño negocio. Es una diferencia similar a la que hay entre caminar y volar. Implica una ventaja grande en lo referente a la adquisición de riqueza a largo plazo.

• **Ventajas fiscales**

Una empresa puede hacer muchas cosas que un empleado no; como cubrir gastos antes de pagar impuestos. Ésta es un área de conocimiento muy emocionante. Los empleados ganan, pero como tienen que pagar impuestos, se ven obligados a sobrevivir con lo que les queda. Una empresa gana, gasta todo lo que puede y nada más paga impuestos sobre el remanente. Ésta es una de las lagunas legales y fiscales que aprovechan los ricos. Son fáciles de usar y, si posees inversiones que produzcan un buen flujo de efectivo, no te costará demasiado trabajo aprovechar los beneficios. Te daré un ejemplo. Si tienes tu propia corporación, podrías tomar vacaciones en tus reuniones de consejo en Hawái. Los pagos de automóviles, seguros, reparaciones y membresías de clubes deportivos también son gastos que cubre la empresa. La mayoría de las comidas en restaurantes se considera gastos parciales. Y sucede lo mismo con otros rubros. Sin embargo, todos estos gastos se pueden solventar de manera legal con dinero sobre el que no has pagado impuestos aún.

- **Protección frente a demandas**

  Vivimos en una sociedad a la que le gusta litigar. Todo mundo quiere una tajada de lo que tú ganas. Los ricos, sin embargo, esconden mucha de su riqueza en vehículos como empresas y fideicomisos con los que protegen a sus activos de los embates de los acreedores. Cuando alguien demanda a una persona que tiene mucho dinero, por lo general se llevan a cabo reuniones con abogados especializados en protección de bienes y, al final, se descubre que la persona demandada no tiene nada en realidad. Lo controla todo pero no es poseedora de nada. Los pobres y la clase media, en cambio, tratan de ser los dueños de todo y terminan perdiéndolo porque se lo tienen que ceder al gobierno o a otros ciudadanos debido a una demanda. Y todo porque mucha gente sigue aplicando la estrategia de Robin Hood: quitarles a los ricos para darles a los pobres.

El propósito de este libro no es analizar los detalles específicos de lo que implica ser dueño de una empresa, pero debo señalar que si ya tienes algún tipo de activos legítimos, deberías pensar en averiguar, lo antes posible, más sobre los beneficios y la protección que ofrece el formar una corporación. Se han escrito muchos libros que, además de detallar los beneficios de tener una corporación, te indican los pasos necesarios para fundarla. Los libros de Garret Sutton sobre este tema ofrecen reflexiones maravillosas acerca de la fuerza de las corporaciones personales.

Por otra parte, debo recordarte que el IQ financiero es en realidad la sinergia de muchas habilidades y talentos. De hecho, yo diría que lo que conforma la inteligencia financiera básica es la combinación de las cuatro habilidades técnicas que mencioné anteriormente. Si aspiras a tener gran riqueza, requerirás de todas ellas.

En resumen:

Dueños de negocios corporativos	Empleados que trabajan para corporaciones
1. Ganan	1. Ganan
2. Gastan	2. Pagan impuestos
3. Pagan impuestos	3. Gastan

Como parte de tu estrategia financiera general, te recomiendo aprender acerca de la protección que las entidades legales les pueden proveer a los negocios y los activos.

SESIÓN DE ESTUDIO

Capítulo cuatro

LECCIÓN 4: LA HISTORIA DE LOS IMPUESTOS Y DEL PODER DE LAS CORPORACIONES

Capítulo cuatro
LECCIÓN 4: LA HISTORIA DE LOS IMPUESTOS Y DEL PODER DE LAS CORPORACIONES

Resumen

Mucha gente ve a Robin Hood como un héroe que les quitaba a los ricos para darles a los pobres, pero Padre Rico no comparte esta opinión. Él decía que Robin Hood era un vil ladrón.

Aunque el sentimiento de la población en general es que los ricos deben pagar más impuestos y darles a los pobres, quienes en realidad tienen la mayor carga fiscal son los integrantes de la clase media, y en particular de la clase media alta educada.

Para entender por qué sucede esto, Robert nos ofrece una breve historia de los impuestos. Al principio no se pagaban impuestos en Inglaterra ni en Estados Unidos; sólo se llevaban a cabo recaudaciones temporales de vez en vez para fondear actividades como la guerra.

En 1874 Inglaterra decretó la permanencia del impuesto sobre ingresos para los ciudadanos. En 1913, en Estados Unidos —la tierra en donde los impuestos sobre el té condujeron a la protesta conocida como la Fiesta del té de Boston y ayudaron a iniciar la guerra de Independencia—, se hizo permanente un impuesto del mismo tipo, a través de la adopción de la Decimosexta Enmienda hecha a la Constitución.

Estos países lograron que la mayoría aceptara el pago de impuestos porque, al principio sólo se recaudaban en detrimento de los ricos. Pero, aunque el impuesto por ingreso estaba diseñado para castigar a la gente más adinerada, terminó castigando a quienes votaron por él: los pobres y la clase media.

Padre rico explicó que él y padre pobre operaban de manera contraria. Padre pobre, que era empleado del gobierno, recibía recompensas si gastaba dinero y contrataba gente para hacer crecer su organización. En cambio, entre menos gente contratara padre rico, y entre menos dinero gastara, más lo respetaban sus inversionistas.

Conforme el gobierno crece, más grande es la cantidad de dólares que se necesita recaudar fiscalmente para mantenerlo.

Padre pobre de verdad creía que el gobierno debía ayudarle a la gente. Él y la mamá de Robert trabajan para los Cuerpos de Paz; entrenaban voluntarios para ir a Malasia, Tailandia y Filipinas. Siempre estaban en busca de más apoyos e incrementos de presupuesto para poder contratar más gente.

Para Robert fue un gran desafío trabajar para uno de los capitalistas más influyentes de la comunidad y luego volver a casa a convivir con un prominente líder del gobierno. Se le dificultaba decidir a quién creerle.

No obstante, Robert siguió estudiando la historia de los impuestos y poco después descubrió una perspectiva interesante: el apetito que el gobierno tenía por el dinero era tan grande que poco después los impuestos tuvieron que recaudarse entre la clase media y, a partir de ahí, continuaron filtrándose hacia abajo, hacia la gente más desprotegida.

Pero entonces los ricos detectaron la oportunidad de protegerse porque no juegan con las mismas reglas. Las corporaciones, que se volvieron populares en el tiempo de la navegación marina, ofrecieron una manera de eludir el pago de impuestos. La comprensión de la estructura legal corporativa les dio a los ricos una ventaja pronunciada y les permitió superar a los intelectuales.

El ideal del gobierno es evitar un exceso de dinero porque, cuando las entidades no logran gastar los fondos que les son asignados, se arriesgan a perderlos en el siguiente presupuesto. La gente que se dedica a los negocios, en cambio, sólo recibe recompensas y halagos por su eficiencia cuando tiene excedentes. En este caso, conforme el gobierno continuó trabajando en pos de su ideal y gastó más y más dinero, más se necesitó recaudar impuestos, pero esta vez entre la clase media y los pobres.

Una corporación es solamente un documento que forma una entidad legal. En realidad no es un objeto, no es una fábrica ni un grupo de gente. Sin embargo, te permite acceder a una tasa de intereses menor que la que se les aplica a los contribuyentes individuales. Además, en este esquema ciertos gastos se pueden cubrir con dinero sobre el que aún no se han pagado impuestos.

Si la gente que se levanta todos los días para ir a trabajar y pagar impuestos entendiera la forma en que los ricos se manejan, podría entrar al juego también.

El problema es que, entre más empeño le pongas a tu trabajo, más le tendrás que pagar al gobierno. Los impuestos terminan castigando a la misma gente que votó por ellos.

Los intentos por sancionar a los ricos rara vez funcionan porque ellos siempre encuentran maneras de minimizar su carga fiscal. La Sección 1031 de la Ley de Impuestos Internos es una de esas maneras. Esta herramienta le permite al vendedor retrasar el pago de impuestos sobre un bien inmueble vendido para obtener ganancias de capital si se intercambia por otro de mayor valor. Siempre y cuando sigas cambiando tus bienes inmuebles por otros de mayor valor, no tendrás que pagar impuestos sobre las ganancias sino hasta que liquides la transacción. Quienes no aprovechan estos ahorros se pierden de una oportunidad para construir su columna de activos.

A lo largo de todos los años que guió a Robert, padre rico trató de enseñarle que el conocimiento era poder. Tener dinero otorga un gran poder, lo cual, a su vez, exige del conocimiento adecuado para conservarlo y multiplicarlo. Sin ese conocimiento, la vida sólo te seguirá dando empujones.

El recaudador de impuestos es un abusador que siempre te quitará más si se lo permites. No dejes que lo haga. En vez de eso, haz que tu dinero trabaje para ti.

Los consultores fiscales y los abogados inteligentes valen su peso en oro porque siempre será más económico pagarles a ellos que al gobierno. No conocer las leyes es costoso.

Cuando Robert tenía veintitantos años se salió del Cuerpo de Infantería de Marina y empezó a trabajar para Xerox. Al llegar ahí le desilusionó ver lo mucho que le descontaban de sus cheques de nómina. Esto lo motivó a formar su primera corporación en 1974 y a trabajar con mucho más ahínco en su empleo fijo para ganar la mayor cantidad de dinero posible e invertir en bienes raíces.

Robert se convirtió en uno de los mejores vendedores de Xerox, y en menos de tres años ya estaba ganando más con su corporación de bienes raíces que en la empresa de fotocopiadoras. Gracias a lo que obtuvo con su compañía pudo comprar su primer Porsche, prueba de que el plan estaba funcionando.

Las lecciones que aprendió de padre rico le ayudaron a liberarse de la común Carrera de la Rata a una edad temprana, y ahora quiere ayudar a otros a que hagan lo mismo.

Lo que hace esto posible es el IQ financiero o inteligencia financiera. El IQ se compone de cuatro elementos: contabilidad (educación financiera o capacidad de leer números y evaluar los puntos fuertes y débiles de cualquier negocio); inversiones (ciencia y estrategias de la generación de dinero a través del dinero mismo); comprensión de los mercados (ciencia de la oferta y la demanda, y de las condiciones de los mercados); y la ley o derecho fiscal (ventajas fiscales y protección frente a demandas).

Cuando se trata de crear riqueza a largo plazo, entender las ventajas legales se vuelve fundamental. Por ejemplo, una corporación puede pagar gastos antes de pagar impuestos, en tanto que un empleado tiene que cumplir con sus obligaciones fiscales primero, y luego ver qué gastos puede cubrir con lo que le quede. Los gastos de una corporación que se pueden cubrir con dinero sobre el que aún no se han pagado impuestos incluyen: reuniones del consejo directivo en Hawái, mensualidades para comprar automóviles, seguros y membresías a clubes de salud.

Las corporaciones también ofrecen protección legal ante demandas. Cuando alguien demanda a un individuo rico, generalmente se topa con varias capas de protección legal, y a menudo descubre que, en realidad, el demandado no posee nada. Lo controla todo pero no posee nada.

Robert exhorta a la gente que tiene activos legítimos a que investigue más respecto a los beneficios y la protección que les puede ofrecer una corporación. Los libros de Garret Sutton se encuentran entre los muchos textos de referencia que pueden servir este propósito.

En resumen:

Dueños de negocios corporativos
1. Ganan
2. Gastan
3. Pagan impuestos

Empleados que trabajan para corporaciones
1. Ganan
2. Pagan impuestos
3. Gastan

Momento del hemisferio izquierdo: La contabilidad es el alfabetismo financiero o la habilidad de leer números. Si quieres construir un imperio, esta habilidad te será primordial. Entre más dinero tengas a tu cuidado, mayor precisión necesitarás. De otra manera, el negocio entero se vendrá abajo.

Momento del hemisferio derecho: Invertir es la ciencia de "hacer dinero con dinero". Involucra estrategias y fórmulas en las que se aplica la creatividad del lado derecho del cerebro.

Momento subconsciente: La comprensión de los mercados implica entender la oferta y la demanda. Además de las cuestiones fundamentales y económicas de la inversión, necesitas conocer los aspectos técnicos del mercado, los cuales se manejan en función de las emociones.

¿Qué quiso decir Robert?

Llegó el momento de reflexionar. Pregúntate: "¿*Qué* quiso decir Robert aquí?" Y: "¿*Por qué* dice eso?" En esta sección puedes o no estar de acuerdo con él, pero el objetivo es *entenderlo*.

Recuerda que este plan de estudios está diseñado para cooperar y apoyar. Dos cabezas piensan mejor que una, así que, si no entiendes la cita, no te alejes. Pide ayuda y tómate tu tiempo para discutir cada frase hasta que te quede clara:

> "Mi padre rico sólo jugó el juego con inteligencia y lo hizo a través de corporaciones: el secreto más importante de los ricos."
>
> "La verdad es que los ricos no pagan impuestos. Quienes pagan por los pobres son quienes pertenecen a la clase media y, en especial, la gente con preparación académica de la clase media alta."
>
> "Cada vez que se trata de castigar a los ricos, éstos se defienden. Reaccionan. Porque tienen dinero y poder, y la intención de cambiar las cosas. Los ricos no se cruzan de brazos y aceptan pagar más impuestos."
>
> "Si trabajas por dinero, le cedes el poder a tu jefe. Si haces que el dinero trabaje para ti, puedes conservar el poder y controlarlo."
>
> "Una persona que entiende las ventajas fiscales y la protección que puede brindar una corporación tiene la posibilidad de volverse rica en mucho menos tiempo que un empleado

o el dueño único de un pequeño negocio. Es una diferencia similar a la que hay entre caminar y volar."

"Los empleados ganan, pero como tienen que pagar impuestos se ven obligados a sobrevivir con lo que les queda. Una empresa gana, gasta todo lo que puede y sólo paga impuestos sobre el remanente. Ésta es una de las más grandes lagunas legales y fiscales que aprovechan los ricos."

Preguntas adicionales

Llegó el momento de tomar las historias de este capítulo y la comprensión de lo que Robert dijo, y aplicar ambos a ti y a tu vida. Hazte las preguntas que se presentan a continuación y discútelas con tu compañero o compañera de estudio. Sé honesto contigo y con la otra persona. Si no te gustan algunas de tus respuestas, pregúntate si estás dispuesto a cambiar y a aceptar el desafío de modificar tus pensamientos y tu manera de pensar:

1. ¿Estás de acuerdo en que Robin Hood era un vil ladrón, como opinaba padre rico? ¿Por qué sí? ¿Por qué no?

2. ¿Los impuestos han generado un problema mayor debido al gasto del gobierno?

3. ¿Crees que la gente de clase media y los pobres ya se hayan percatado de que la carga fiscal recayó en ellos? ¿Qué efectos crees que tenga esto?

4. ¿Tus creencias se inclinan más al capitalismo o al socialismo? ¿Cuáles son las ventajas y las desventajas de cada una de estas formas de pensar?

5. ¿Están los ricos haciendo lo correcto al aprovechar las ventajas de las corporaciones para evitar el pago de impuestos? ¿Crees que si más gente entendiera el sistema mejor también lo haría?

6. Enlista las maneras específicas en las que te podrías beneficiar del uso de una corporación para proteger tus activos.

Definiciones

1031: Forma coloquial para referirse a la Sección 1031 de la Ley de Impuestos Internos, la cual le permite al vendedor retrasar el pago de impuestos sobre un bien inmueble vendido para obtener ganancias de capital si se intercambia por otro bien inmueble de mayor valor.

CORPORACIÓN: Es sólo un documento que permite la creación de una entidad legal sin alma. No es un edificio, una fábrica ni un grupo de gente. Los ricos la usan para proteger su riqueza.

IQ FINANCIERO: Inteligencia financiera producto de la educación financiera. La gente con IQ financiero alto aprende a usar el dinero de otras personas para volverse rica.

ALFABETISMO FINANCIERO: Habilidad de leer y entender los estados financieros. Te permite identificar las ventajas y desventajas de cualquier negocio.

NOTAS

NOTAS

Capítulo cinco

LECCIÓN 5: **LOS RICOS INVENTAN EL DINERO**

Con frecuencia, quienes prosperan en el mundo real no son los inteligentes sino los temerarios.

Anoche, después de escribir un buen rato, me tomé un descanso y vi un programa de televisión en que se narraba la historia de un muchacho llamado Alexander Graham Bell. El joven inventor acababa de patentar su teléfono y estaba teniendo problemas porque su nuevo invento provocó una demanda demasiado fuerte. Como necesitaba una compañía más grande se acercó a Western Union, uno de los gigantes de su época. Graham Bell le pidió a la empresa que adquiriera su patente y su pequeña compañía. Quería 100 000 dólares por todo el paquete. El presidente de Western Union se rio de él y se negó a su petición. Argumentó que el precio era ridículo. El resto es historia. Tiempo después surgió una industria multimillonaria y nació AT&T.

En cuanto terminó el programa biográfico sobre Graham Bell, comenzaron a transmitir las noticias. En ellas hablaron de otro recorte de personal en una compañía local. Los trabajadores estaban molestos y se quejaban de que los dueños de la compañía estaban siendo injustos. Lo más triste fue ver a un gerente de aproximadamente 45 años, al que habían despedido, llegar a las puertas de la planta con su esposa y sus dos bebés, e implorarles a los guardias de seguridad que le permitieran hablar con los dueños para convencerlos de que volvieran a contratarlo. Acababa de comprar una casa y tenía miedo de perderla. La cámara se enfocó en su súplica para que el mundo entero fuera testigo. Naturalmente, este reporte llamó mucho mi atención.

He impartido educación financiera desde 1984. Es una experiencia maravillosa y muy gratificante, pero al mismo tiempo perturbadora. Verás, les he enseñado a miles de personas en las que he detectado un rasgo específico que también tengo yo. Aunque contamos con un gran potencial y fuimos bendecidos con dones, a todos nos detienen hasta cierto punto las dudas que tenemos sobre nosotros mismos. No se trata tanto de una falta de información técnica, sino de una falta de confianza. Este rasgo, claro está, les afecta más a unos que a otros.

En cuanto dejamos la escuela nos damos cuenta de que los títulos académicos y las buenas calificaciones no son lo que más importa. En el mundo real, más allá de las universidades, se requiere de algo más. He escuchado a la gente llamarle de muchas formas: agallas, pantalones, valor, temeridad, audacia, desenfado, tenacidad o inteligencia. Este factor, como quiera que se llame, es el que determina tu futuro por encima de las calificaciones escolares.

Creo que en el fondo todos tenemos agallas, valor, inteligencia y audacia; pero por desgracia, también somos el otro lado de la moneda: ese perdedor capaz de arrodillarse y suplicar de ser necesario. Tras pasar un año en Vietnam como piloto del Cuerpo de Marina, llegué a conocer muy bien las dos personalidades que convivían dentro de mí, y me di cuenta de que ninguna era superior a la otra.

Mi actividad como maestro me permitió descubrir que el miedo excesivo y la falta de confianza en uno mismo eran los dos elementos que más limitaban el genio de cada individuo. Me rompió el corazón ver a estudiantes que sabían las respuestas pero carecían del valor para responder y actuar. Al ver eso confirmé que quienes avanzan en el mundo real no son los inteligentes sino los temerarios.

Por experiencia personal puedo decir que tu genio financiero exige tanto conocimiento técnico como valentía. Porque si el miedo es demasiado fuerte, logra inhibir al genio. En mis clases les recomiendo mucho a mis alumnos que aprendan a correr riesgos y a permitir que su genio transforme el miedo en poder y lucidez. A unos les funciona y a otros les aterra. Me he llegado a dar cuenta de que, en lo referente al dinero, la mayoría de la gente prefiere jugar a la segura. Muchas veces he tenido que enfrentarme a preguntas como: "¿Para qué arriesgarse?" "¿Por qué debería tomarme la molestia de desarrollar mi IQ financiero?" "¿Por qué tengo que recibir educación financiera?" Y en esos casos siempre respondo: "Sencillamente para tener más opciones".

Verás, el futuro nos depara muchos cambios. En los próximos años habrá más gente como el joven inventor Alexander Graham Bell. También habrá cientos de personas como Bill Gates, y cada año surgirán en todo el mundo empresas de éxito abrumador como Microsoft. Asimismo, habrá más gente y negocios que terminarán quebrando y, por supuesto, los despidos y recortes abundarán.

HOY, HACE VEINTE AÑOS...
OPORTUNIDAD

La lista de historias de éxito empresarial continúa creciendo, y apellidos como Jobs, Zuckerberg, Bezos y Brin son ahora reconocidos en todo el mundo. Las start-ups como Uber están de moda... en la Tierra de la Oportunidad y de la economía global.

Entonces, ¿para qué tomarte la molestia de desarrollar tu IQ financiero? Sólo tú puedes responder a eso, pero de todas formas quiero darte mis razones personales para hacerlo. Yo lo hago porque vivimos en una era de sorpresas, giros geniales y avances perturbadores, y creo que es preferible abrirle los brazos al cambio que temerle. Prefiero alegrarme por la perspectiva de hacer millones que preocuparme por no conseguir un aumento. El periodo que estamos atravesando es muy emocionante e inusitado en la historia mundial. Dentro de varias generaciones la gente mirará hacia atrás, verá este momento y señalará lo fascinante que debió haber sido: la era en que murió lo viejo y nació lo nuevo. Una época llena de agitación y pasión.

Pero volviendo a la pregunta, ¿por qué tomarte la molestia de desarrollar tu IQ financiero? Porque si lo haces prosperarás, y si no, tu futuro puede llegar a ser aterrador. Verás a algunos moverse con osadía mientras los demás se quedan aferrados a viejos y desgastados salvavidas.

Hace 300 años la tierra era la mayor riqueza. Quien poseía tierras ya era rico. Más adelante la riqueza la conformaron las fábricas y la producción, y entonces empezó a dominar un solo país, Estados Unidos, y los industriales se convirtieron en los poseedores de la riqueza. Hoy en día todo se centra en la información. El problema es que ésta vuela por el mundo a la velocidad de la luz. A la nueva riqueza no la pueden limitar las fronteras de la misma manera que sucedía con la tierra y las fábricas. Los cambios serán cada vez más rápidos y dramáticos. Habrá un incremento brutal en el número de nuevos multimillonarios y también habrá muchos que se queden atrás.

Hoy en día veo a mucha gente que se pasa la vida teniendo problemas económicos. Que trabaja más sólo por aferrarse a ideas rancias. Se resiste al cambio y quiere que las cosas sean como antes. Sé de personas que pierden sus empleos o sus casas, y culpan a la tecnología, a la economía o a sus jefes. Por desgracia, no se dan cuenta de que el problema son ellas mismas. Las ideas viejas se vuelven su mayor pasivo, pues no logran ver que, aunque alguna vez esas mismas nociones fueron activos, ahora no tienen ningún valor.

Una tarde le estaba enseñando a un grupo de estudiantes a invertir, usando una herramienta que yo mismo inventé: el juego de mesa *CASHFLOW®*. Una amiga trajo a una conocida suya a la clase. Esta mujer se acababa de divorciar y había quedado muy mal económicamente tras la firma de su convenio. Ahora estaba en busca de respuestas. Nuestra amiga en común creyó que mi clase le ayudaría.

Diseñé el juego para enseñarle a la gente cómo funciona el dinero. Jugándolo puedes entender la interacción entre el estado financiero y el balance general. Primero las personas entienden cómo se desliza el flujo de efectivo entre ambos, y luego descubren que si quieren volverse ricas, deben concentrarse en incrementar el flujo de efectivo mensual de la columna de activos, hasta que exceda los gastos de ese mismo periodo. En cuanto alguien logra lo anterior, está listo para escapar de la Carrera de la Rata y meterse al Carril de Alta.

Como ya dije antes, algunos odian el juego y otros lo adoran. Algunos más, de plano, no lo entienden. Esta mujer perdió una oportunidad invaluable de aprender algo aquella noche. En la primera ronda sacó una de las tarjetas que te dan una "baratija". En ella aparecía un yate. Al principio la recién divorciada se puso feliz. "Oh, ¡tengo un yate!", dijo. Pero luego, cuando su amiga trató de explicarle cómo funcionaban los números en su estado financiero y en el balance general, se sintió frustrada porque nunca le gustaron las matemáticas. El resto de los participantes esperó mientras la amiga continuaba explicando la relación entre el estado financiero, el balance general y el flujo de efectivo. De repente, cuando se dio cuenta de cómo funcionaban los números, comprendió que el yate se la estaba comiendo viva. Más adelante la despidieron de su empleo y tuvo un hijo en el juego. Fue una experiencia espantosa para la pobre.

Después de la clase su amiga se acercó y me dijo que la divorciada estaba molesta. Había ido a la clase a aprender sobre inversiones y no le gustó la idea de desperdiciar tanto tiempo en un juego tonto.

La amiga trató de instarla a mirar dentro de sí misma y reconocer si el juego reflejaba lo que le pasaba en la vida real de alguna manera, pero la divorciada no escuchó porque estaba furiosa y exigió que le devolvieran su dinero. Dijo que la mera idea de que un juego pudiera ser reflejo de su vida era ridícula. Le devolvimos su dinero y se fue.

Desde 1984 he ganado millones de dólares haciendo algo que el sistema escolar no hace. En las escuelas los maestros se la pasan hablando, por eso odiaba mis clases cuando era estudiante. Eran aburridas y, en vez de obligarme a pensar, me hacían divagar o de plano me dormían.

En 1984 empecé a enseñar con material como juegos de mesa y simuladores. Mi enseñanza se apoya en estas herramientas hasta la fecha, porque me gusta que los estudiantes adultos se den cuenta de que los juegos reflejan lo que ya saben y lo que necesitan aprender. Lo más importante es que los juegos son como un espejo del comportamiento o, como a mí me gusta llamarles: sistemas de retroalimentación instantánea. En tanto que el maestro te da un sermón, el juego te ofrece una clase personalizada, hecha a la medida para ti.

Tiempo después de la sesión de *CASHFLOW*® me llamó la amiga de la mujer divorciada para darme noticias. Me dijo que se encontraba bien y que estaba más calmada. En el periodo que aprovechó para apaciguarse, detectó una ligera relación entre el juego y su vida.

Aunque su esposo y ella nunca fueron dueños de un yate, sí tuvieron todo lo demás imaginable. La mujer se quedó muy enojada después del divorcio porque él huyó con una mujer más joven y descubrió que, después de veinte años de matrimonio, contaban con muy pocos activos. Realmente no había nada que dividir en la separación. Sus veinte años de casados fueron increíblemente divertidos, pero lo único que tenían al final era una tonelada de cachivaches.

La mujer divorciada descubrió que su molestia al hacer cuentas —en el estado financiero y el balance general— era producto de la vergüenza que sentía por-

Puedes jugar CASHFLOW® en el sitio web www.richdad.com y aprender cómo funciona el dinero.

que no entendía nada. Siempre creyó que las finanzas eran asunto de hombres. Ella cuidaba la casa y cocinaba para los invitados, mientras él se encargaba de lo económico. Para colmo, la pobre pudo comprobar que los últimos cinco años de matrimonio él ocultó dinero para que ella no supiera que lo tenía. Estaba enojada consigo misma por no haber estado al tanto del destino de los recursos, ni haber notado la existencia de la otra mujer.

Al igual que el juego de mesa, el mundo nos ofrece retroalimentación instantánea todo el tiempo. Si prestáramos más atención, nos percataríamos de mucho más. Un día, hace no mucho, me quejé con mi esposa de que mis pantalones se habían encogido en la tintorería. Ella sonrió y me dio un codazo en el estómago para informarme que los pantalones no se encogieron, que quien se había expandido ¡era yo!

El juego de mesa *CASHFLOW®* fue diseñado para ofrecerle retroalimentación personalizada a cada jugador. Su propósito es brindarte opciones. Si sacas la tarjeta del yate y eso te mete en deudas, la pregunta es: "¿Qué puedes hacer ahora?" "¿Cuántas opciones financieras distintas puedes mencionar?" Ése es el propósito: enseñarles a los jugadores a pensar y a diseñar varias opciones financieras nuevas y distintas. Miles de personas en todo el mundo ya lo jugaron. Quienes logran salir de la Carrera de la Rata más rápido entienden de números, tienen mentes creativas en lo referente al dinero y reconocen las distintas opciones. No es raro que la gente rica sea más imaginativa y corra riesgos bien calculados. A quienes les toma más tiempo salir de la Carrera, por lo general no están familiarizados con los números y no entienden las bondades de la inversión.

Algunas de las personas que juegan *CASHFLOW*® ganan mucho dinero en el juego, pero no saben qué hacer con él. A pesar de que lo tienen, los otros jugadores parecen avanzar más. Es algo que también sucede en la vida real. Hay mucha gente que cuenta con muchos recursos pero está estancada económicamente.

Limitar tus opciones es lo mismo que aferrarte a las ideas viejas. Tengo un amigo de la preparatoria que actualmente tiene tres empleos. Hace años era el más rico de todos mis compañeros, pero después, cuando cerró la plantación local de azúcar, la compañía para la que trabajaba se vino abajo. En su mente sólo tenía una opción, la típica: trabajar muy duro. El problema fue que jamás encontró un empleo equivalente en el que le reconocieran el tiempo que llevaba en la otra compañía. La consecuencia es que ahora está sobrecalificado para los trabajos que consigue, y sus salarios son más bajos. Tiene que trabajar en tres lugares distintos y sólo gana lo suficiente para irla pasando.

En muchas ocasiones he visto que algunas personas que juegan *CASHFLOW*® se quejan de que nunca les salen las tarjetas con buenas oportunidades, y por eso sólo se cruzan de brazos y se quedan esperando. Parece una locura, pero esto también sucede en la vida real. Muchos se quedan esperando a que les llegue su gran oportunidad.

También me ha tocado ver a gente a la que le llega la oportunidad perfecta pero no tiene dinero para aprovecharla. Son precisamente los mismos que luego se quejan de que ya habrían salido de la Carrera de la Rata si hubieran tenido los recursos necesarios, pero que también se quedan cruzados de brazos. Y claro, también en la vida real hay gente que se topa con grandes propuestas, pero no tiene dinero en el momento indicado.

Para colmo, también he visto a quienes sacan una tarjeta con una gran oportunidad, la leen en voz alta y se quedan en blanco porque no tienen ni idea de lo que tienen en las manos. Cuentan con el dinero, el momento es idóneo, la tarjeta se presenta, pero, aun así, no identifican lo que tienen enfrente. No se percatan de que coincide a la perfección con su plan financiero para escapar de la Carrera de la Rata. En la vida real conozco a más gente de este último tipo que de todos los demás en conjunto. La oportunidad de su vida les pasa por enfrente y no la ven. Un año después se enteran, pero es demasiado tarde y ya todo mundo se volvió rico excepto ellos.

La inteligencia financiera se trata solamente de tener más opciones. Si las oportunidades no se te presentan, ¿qué más puedes hacer para mejorar tu situación económica? Si una oportunidad te cae en el regazo y no tienes dinero, y el banco no quiere ni dirigirte la palabra, ¿qué puedes hacer para aprovechar esa oportunidad? Si tu corazonada es incorrecta y aquello con lo que has estado contando no sucede, ¿cómo puedes transformar un limón en millones? Eso es inteligencia financiera. No se trata tanto de lo que sucede a tu alrededor, sino de cuántas soluciones distintas se te pueden ocurrir para volverte rico. Se trata de cuán creativo puedes ser para resolver problemas económicos.

La mayoría de la gente sólo conoce una solución: trabajar duro, ahorrar y pedir prestado. Pero volviendo a mi pregunta, ¿para qué tomarte la molestia de incrementar tu inteligencia financiera? Porque quieres ser el tipo de persona que está interesada en crear su propia suerte. Porque así podrás tomar lo que te llegue y mejorarlo. Muy pocos se dan cuenta de que la suerte, al igual que el dinero, se crea. Y si tú quieres ser más afortunado y generar más dinero en lugar de seguir trabajando como burro, es fundamental que desarrolles tu inteligencia financiera. Si eres el tipo de persona que está esperando a que suceda lo correcto, podrías quedarte así toda la vida.

Es como esperar a que todos los semáforos se pongan en verde antes de iniciar un viaje de ocho kilómetros.

Cuando Mike y yo éramos niños, padre rico nos repetía constantemente que el dinero no era real. A veces nos recordaba cuán cerca estuvimos de descubrir el secreto aquel día que nos juntamos y nos pusimos a "fabricar moneditas" con plomo y yeso de París. "Los pobres y la clase media trabajan por dinero", decía. "Los ricos lo inventan." Entre más real creas que es el dinero, más duro trabajarás para obtenerlo. Pero si llegas a asimilar que no es real, te volverás rico en menos tiempo.

"¿Entonces qué es?", le preguntábamos sin cesar. "¿Qué es el dinero si no es real?"

"Aquello que creemos que es", era su respuesta.

La mente es el activo más poderoso que tenemos. Si la entrenamos bien puede producir enorme riqueza en lo que parecerá sólo un instante. Una mente no entrenada, en cambio, puede provocar el tipo de pobreza extrema que destruye a una familia entera por generaciones.

En la Era de la Información, el dinero crece de manera exponencial, por eso algunas personas se están volviendo ridículamente millonarias de la nada. Sólo manejan ideas y contratos.

> *La mente es el activo más poderoso que tenemos. Si la entrenamos bien, puede producir enorme riqueza en lo que parecerá sólo un instante.*

Mucha de la gente que maneja acciones o hace otro tipo de inversiones para vivir te podría decir que ve esto todo el tiempo porque, efectivamente, es posible hacer millones instantáneamente de la nada… ¡y a partir de nada! Es decir, sin intercambio físico de dinero. Todo se hace por medio de contratos y acuerdos: una señal con la mano en un piso de la bolsa de valores, un parpadeo en la pantalla de los operadores de piso en Lisboa enviado desde la pantalla de alguien en Toronto, y luego de vuelta a Lisboa; una llamada a mi corredor para que compre acciones y las venda unos instantes después. El dinero no cambió de manos, sólo se realizaron acuerdos.

Pero entonces, ¿para qué desarrollar tu genio financiero? Te repito que sólo tú puedes responder a eso, pero te diré por qué yo me he enfocado en desarrollar esta área de mi inteligencia. Lo hago porque quiero hacer dinero en poco tiempo. No porque lo necesite, sino porque quiero tener la experiencia creativa. Es un proceso de aprendizaje fascinante. Desarrollo mi IQ financiero porque quiero participar en el juego más rápido e importante del mundo, y porque, muy a mi discreta manera, me gustaría ser parte de esta inusitada evolución de la humanidad: la era en que los humanos trabajan solamente con su mente y no con su cuerpo. Además, ahí es en donde está la acción. Esto es lo que está sucediendo. Está de moda. Es aterrador, pero también muy divertido.

Éstas son las razones por las que invierto en mi inteligencia financiera y desarrollo el activo más poderoso que tengo. Quiero estar con la gente que se mueve con osadía hacia el futuro. No me quiero quedar con los rezagados.

Te daré un ejemplo sencillo de cómo se "inventa" el dinero. A principios de los noventa la economía de Phoenix, Arizona, era deplorable. Yo estaba viendo un programa de televisión cuando, de pronto, apareció un asesor financiero y

HOY, HACE VEINTE AÑOS...
POR QUÉ LOS AHORRADORES SON PERDEDORES

En la década de los setenta podíamos "ahorrar para el retiro". Las libretas de cuentas de ahorros otorgaban intereses de dos dígitos, y las cuentas de ahorro realmente podían hacer crecer nuestra riqueza. Pero esos tiempos ya quedaron atrás hace mucho. Lo de hoy son las TIN: tasas de interés negativas o tasas por debajo de cero. Actualmente muchos bancos les cobran a los "ahorradores" por cuidarles su dinero... y así es como los ahorradores se convierten en los verdaderos perdedores.

empezó a pronosticar destrucción y tinieblas: ¡el apocalipsis, vaya! Su consejo fue ahorrar dinero. "Guarden 100 dólares cada mes y en 40 años serán multimillonarios", recomendó.

Ahorrar dinero cada mes es buena idea y es la opción que elige la mayoría. El problema es que ahorrar le cierra los ojos al ahorrador y no le permite ver lo que en realidad sucede. Hace que la gente pierda oportunidades importantes que le servirían para hacer crecer su dinero de una manera significativa. El mundo los va a pasar de largo.

Como ya lo mencioné, la economía era deplorable en aquel momento, lo que significaba que las condiciones del mercado eran perfectas para los inversionistas. Yo tenía buena parte de mi capital invertido en el mercado de valores y en edificios de departamentos; casi no tenía liquidez. Me encontraba comprando todo el tiempo porque la gente no dejaba de vender sus propiedades. No podía ahorrar, sólo invertir. Kim y yo teníamos más de un millón de dólares invertidos en un mercado que crecía con rapidez. Era la mejor oportunidad para hacer dinero. La economía era terrible y yo no podía dejar pasar esos pequeños negocios.

Casas que alguna vez valieron 100 000 dólares, se vendían por sólo 75 000. Sin embargo, en lugar de comprar con los agentes de bienes raíces locales, empecé a adquirir los bienes inmuebles en las oficinas de abogados especializados en bancarrotas y en la entrada a los juzgados. En esos lugares, una casa de 75 000 dólares podía llegar a ser comprada por 20 000 o menos. Con 2 000 dólares que le pedí prestados a un amigo por 90 días con interés de 200 dólares, pude darle un cheque de caja a un abogado para que lo tomara como enganche. Mientras se llevaba a cabo el proceso de adquisición, puse un anuncio en el periódico en el que ofrecía una casa con un valor de 75 000 dólares por sólo 60 000 y sin enganche. El teléfono no dejó de sonar. Estudié a los posibles compradores y, en cuanto la propiedad fue legalmente mía, les mostré la casa. Fue una locura. El inmueble se vendió en minutos. Pedí 2 500 dólares por concepto de papeleo y trámites, el comprador lo pagó con gusto, y a partir de ahí el depositario y la compañía de títulos de propiedad se hicieron cargo de la transacción. Le pagué los 2 000 dólares a mi amigo con los 200 adicionales, y se puso feliz de recuperarlos tan pronto. El comprador de la casa estaba loco de contento, el abogado también, y yo, por supuesto, no dejaba de saltar de alegría. Acababa de vender una casa que me costó 20 000 dólares en 60 000; y los 40 000 dólares de diferencia se produjeron a partir de dinero que tenía en la columna de activos en forma de una carta promesa, o pagaré, del comprador. Tiempo invertido: cinco horas.

Ahora que estás en camino de tener una mejor educación financiera y ser más hábil en la lectura de números, te explicaré por qué el anterior es un ejemplo de dinero creado de la nada.

40 000 dólares se crean en la columna de activos. El dinero se inventa sin pagar impuestos sobre él. Con un interés de 10 por ciento, a los ingresos se añaden 4 000 dólares al año en flujo de efectivo.

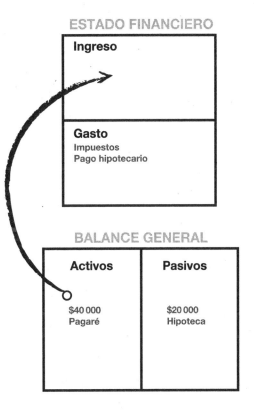

ESTADO FINANCIERO

Ingreso

Gasto
Impuestos
Pago hipotecario

BALANCE GENERAL

Activos	**Pasivos**
$40 000 Pagaré	$20 000 Hipoteca

En el contexto de ese mercado tan deprimido, Kim y yo pudimos hacer seis de estas sencillas transacciones en nuestro tiempo libre. Mientras la mayor parte de nuestro dinero estaba invertido en propiedades grandes y en el mercado de valores, generamos más de 190 000 dólares en activos (con pagarés a 10 por ciento de interés), con esas transacciones a las que llamo "compra, crea y vende". Esto asciende a un ingreso anual de 19 000 dólares, gran parte del cual está protegido por nuestra corporación privada. También una parte sustancial de los 19 000 dólares sirve para pagar los automóviles, gasolina, viajes, seguros, comidas con clientes y otros gastos de nuestra compañía. Para cuando el gobierno tiene la oportunidad de gravar ese ingreso, nosotros ya lo usamos para cubrir gastos de una manera legal y permitida, con dinero antes de impuestos.

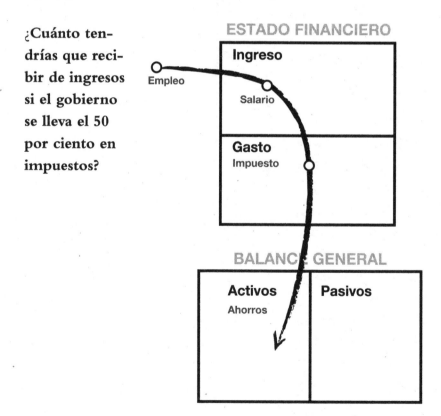

¿Cuánto tendrías que recibir de ingresos si el gobierno se lleva el 50 por ciento en impuestos?

Éste fue un ejemplo sencillo de cómo se puede inventar dinero, crearlo y protegerlo con tan sólo aplicar inteligencia financiera.

Ahora pregúntate: ¿cuánto tiempo me tomaría ahorrar 190 000 dólares? ¿El banco te pagaría 10 por ciento de interés sobre tu dinero? El pagaré tiene validez de treinta años, así que espero que nunca me paguen los 190 000 dólares. Porque si me dan el capital, yo tendría que pagar impuestos. Además, 19 000 dólares pagados en treinta años equivalen a un poco más de 500 000 dólares en ingresos.

Mucha gente me pregunta qué sucede si alguien no paga —porque puede llegar a pasar—, pero te tengo buenas noticias. Esa casa de 60 000 dólares se puede recuperar para venderse por 70 000, más otros 2 500 dólares que se cobran por comisión del proceso de préstamo. Desde la perspectiva del nuevo comprador, seguiría siendo una transacción sin enganche, y el proceso continuaría sin riesgos.

La primera vez que vendí la casa pagué los 2 000 dólares que debía, así que, técnicamente, la segunda vez ya no metí dinero en la transacción. Mi retorno sobre inversión (*Return on investment*, o ROI) es infinito. Éste es un ejemplo de cómo generar mucho dinero sin invertir ni un centavo.

En la segunda transacción, al volver a vender la casa, habría ganado 2 000 dólares y habría vuelto a extender el préstamo a treinta años. ¿A cuánto ascendería mi ROI si me pagaran por hacer dinero? No lo sé, pero estoy seguro de que superaría por mucho lo que conseguiría si

HOY, HACE VEINTE AÑOS...

COLAPSOS

En los últimos treinta años ha habido tres colapsos importantes. El primero fue la caída de 1989-1990, cuando los bienes raíces bajaron de precio como nunca antes. El segundo fue en 2001-2002, cuando estalló la burbuja dot-com, y el tercero fue en 2008-2009, cuando estalló la burbuja del mercado inmobiliario. Cada uno de estos colapsos se convirtió en una oportunidad de invertir dinero.

ahorrara 100 dólares al mes que, en realidad, tendrían que ser 150 al principio porque ése sería el ingreso después de impuestos, por 40 años de recibir intereses bajos. Para colmo, en este caso también tienes que pagar impuestos sobre los intereses. No me parece algo muy inteligente. Tal vez sea seguro, pero inteligente, no.

Unos años después, cuando el mercado de bienes raíces de Phoenix se fortaleció, esas mismas casas que se vendieron por 60 000 dólares llegaron a valer 110 000. Aún quedaban algunas oportunidades de remate, pero eran cada vez más raras, y para encontrarlas tuve que invertir parte del activo más valioso que tengo: mi tiempo. Había miles de compradores en busca de algunas buenas ofertas disponibles porque el mercado había cambiado. Era hora de avanzar y buscar por otras oportunidades que nos permitieran hacer crecer la columna de activos.

"Aquí no se puede hacer eso", "Va en contra de la ley", "Mientes". Éste es el tipo de comentarios que escucho con frecuencia. Pero ¿qué hay de "¿Me puedes enseñar a hacerlo?"? La lógica es muy sencilla, no necesitas saber álgebra ni de cálculo y, además, la compañía de títulos de propiedad maneja la transacción legal y el servicio por los pagos. Yo no tengo techos que reparar ni inodoros que destapar: eso lo hacen los propietarios porque es su casa. A veces sucede que alguien no paga, pero eso es todavía mejor porque así puedes cobrar cargos por morosidad, y si los inquilinos no los cubren, tienen que abandonar la propiedad y tú puedes volver a venderla. El sistema legal se encarga de eso.

Tal vez esta estrategia no funcione en tu entorno porque las condiciones del mercado son distintas, pero el ejemplo ilustra la manera en que un sencillo proceso financiero puede generar cientos de miles de dólares con una inversión modesta y poco riesgo. Es una demostración de lo que sucede cuando el dinero sólo tiene la opción de comportarse bien. Además, cualquiera que haya terminado la preparatoria puede hacerlo.

A pesar de todas las ventajas, mucha gente no hará algo así porque casi todo mundo prefiere escuchar los consejos tradicionales que dicen: "Trabaja mucho y ahorra dinero".

En mi ejemplo se generaron aproximadamente 190 000 dólares en la columna de activos en 30 horas de trabajo y, además, no hubo necesidad de pagar impuestos.

¿Qué te parece más difícil?

1. **Trabajar duro. Pagar 50 por ciento de impuestos. Ahorrar lo que te quede. Que tus ahorros ganen 5 por ciento, cantidad por la que también pagarás impuestos.**

o

2. **Invertir tiempo para desarrollar tu inteligencia financiera. Dominar el poder de tu cerebro y de la columna de activos.**

Si eliges la primera opción, asegúrate de registrar cuánto tiempo te tomará ahorrar 190 000 dólares, ya que el tiempo es uno de tus activos más valiosos.

Ahora tal vez entiendes por qué sacudo la cabeza en silencio cuando escucho a muchos padres decir:

HOY, HACE VEINTE AÑOS...

QUÉ DÍAS AQUELLOS...

¿Ganar 5 por ciento en una cuenta de ahorros? ¡Qué días aquellos!

En los últimos años han cambiado muchas cosas, por lo que actualmente, muchos de los que solían ser buenos consejos se han vuelto viejos y obsoletos. Así como sucede con la leche que ya tiene mucho tiempo, la recomendación de "ahorrar dinero" ya caducó.

"A mi hijo le va bien en la escuela y está recibiendo una buena educación". Tal vez sea buena, pero, ¿es adecuada?

Sé que la estrategia de inversión que se describió anteriormente es modesta, pero la usé para ilustrar cómo se puede crecer a partir de algo pequeño. Insisto en que mi éxito refleja la importancia de tener cimientos financieros fuertes, lo cual siempre empieza con una educación sólida.

Sé que ya lo mencioné, pero vale la pena repetir que a la inteligencia financiera la conforman las siguientes habilidades técnicas:

1. Contabilidad

La contabilidad es el alfabetismo financiero o la habilidad de leer números. Es un talento fundamental y necesario para quien quiere construir negocios o hacer inversiones.

2. Inversiones

Invertir es la ciencia de hacer dinero con dinero.

3. Comprensión de los mercados

La comprensión de los mercados se refiere a la ciencia de la oferta y la demanda. Alexander Graham Bell le dio al mercado lo que éste quería. También Bill Gates lo hizo. Vender una casa de 75 000 dólares que se ofrece a 60 000, y que costó 20 000, también es resultado de lo que sucede cuando se aprovecha una oportunidad creada por el mercado. Alguien quería comprar, y alguien más quería vender.

4. La ley

La ley es el conocimiento de la contabilidad, el sistema corporativo, y de las regulaciones estatales y federales. Te recomiendo que obedezcas las reglas del juego.

Ya sea por medio de la adquisición de casas modestas, edificios de departamentos, empresas, acciones, bonos, metales preciosos, tarjetas de beisbol o cualquier cosa similar, para tener éxito en tu búsqueda de la riqueza necesitarás estos cimientos básicos o, digamos, la combinación de las habilidades mencionadas.

Unos años después de la experiencia que relaté, el mercado de los bienes raíces repuntó, y todo mundo quiso participar. La bolsa de valores estaba en auge y todos quisieron beneficiarse. La economía estadounidense se estaba recuperando. Empecé a vender, y en ese entonces los negocios me llevaban a Perú, Noruega, Malasia y Filipinas. El panorama de las inversiones había cambiado y ya no adquiríamos bienes raíces. Ahora sólo observo cómo va aumentando el valor en el interior de la columna de activos, y lo más probable es que empiece a vender. Sospecho que algunos de esos seis negocios de casitas se venderán, y que el pagaré de 40 000 dólares se convertirá en efectivo. Tengo que llamar a mi contador y prepararme para recibir dinero y encontrar las maneras adecuadas de protegerlo.

Quiero enfatizar que las inversiones van y vienen. El mercado baja y sube. Las economías repuntan y colapsan. El mundo te ofrece todo el tiempo oportunidades únicas, lo hace todos los días, pero con frecuencia no las identificamos. Las oportunidades, sin embargo, están ahí de cualquier manera, y entre más cambien el mundo y la tecnología, más probabilidades habrá de que tú y tu familia alcancen seguridad económica por muchas generaciones más.

Entonces, ¿por qué tomarte la molestia de desarrollar tu inteligencia financiera? Te repito que sólo tú puedes responder a eso. Yo sé bien por qué sigo aprendiendo y desarrollándome. Lo hago porque sé que los cambios son inminentes y porque prefiero recibirlos con los brazos abiertos que aferrarme al pasado. Sé que habrá auges en el mercado y también colapsos. Quiero desarrollar mi inteligencia financiera de manera continua porque con cada transformación del mercado algunas personas terminarán de rodillas, suplicando que no les quiten el trabajo, mientras otros tomarán los limones que la vida les ofrece —a todos nos regala algunos de vez en cuando—, y los transformarán en una limonada de millones. Eso es la inteligencia financiera.

Con frecuencia me preguntan por limones que he convertido en millones, pero no me agrada usar las inversiones que yo he hecho como ejemplo, porque parece que estoy presumiendo. Mi intención no es ésa. Utilizo los ejemplos sólo como ilustraciones numéricas y cronológicas de casos simples y reales. Lo hago porque quiero que sepas que es sencillo. Y porque entre más te familiarices con los cuatro pilares de la inteligencia financiera más fácil te será hacerlo por cuenta propia.

En lo personal uso dos vehículos principales para el crecimiento financiero: bienes raíces y acciones de baja capitalización. Los bienes raíces son mi base porque, día tras día, las propiedades me proveen un flujo de efectivo, e incluso incrementos repentinos en su valor. Las acciones de baja capitalización las uso para el crecimiento acelerado.

Debo enfatizar que no estoy recomendando que me imites. Los ejemplos son eso: ejemplos. Si la oportunidad es demasiado compleja y no entiendo bien la inversión, no participo. Lo único que necesitas para que te vaya bien económicamente es manejar un nivel sencillo de matemáticas y contar con sentido común.

Hay cinco razones por las que uso ejemplos.
1. Para inspirar a la gente a que aprenda más.
2. Para hacerle saber que si los cimientos son sólidos el proceso es sencillo.
3. Para demostrar que cualquier persona puede adquirir gran riqueza.
4. Para demostrar que hay millones de formas de alcanzar tus objetivos.
5. Para demostrar que esto no es física nuclear.

En 1989 solía trotar en los alrededores de un encantador vecindario de Portland, Oregón. El vecindario estaba en los suburbios y tenía casitas como salidas de cuento de hadas. Todas ellas eran pequeñas y lindas. De hecho, en cualquier momento esperaba encontrarme a Caperucita roja saltando por la acera, camino a casa de su abuelita.

A pesar de lo agradable del lugar, por todos lados se veían anuncios que decían: "Se vende". El mercado maderero estaba en terribles condiciones, la bolsa de valores acababa de colapsar y la economía estaba en depresión. Un día noté un viejo y desgastado letrero, más alargado que los demás. Pasé trotando por ahí y me encontré al dueño. Lucía abrumado.

"¿Cuánto pide por su casa?", le pregunté.

El hombre volteó y sonrió discretamente. "Hágame una oferta", contestó. "Lleva todo el año en venta. Ya nadie se acerca a verla siquiera."

"Yo quiero echarle un vistazo", dije.

Media hora después compré el inmueble por 20 000 dólares menos de lo que pedía el dueño.

Era una adorable casita de dos habitaciones con coloridos marcos en las ventanas. Era de color azul con acentos grises y databa de la década de los treinta. En el interior había una hermosa chimenea. Las habitaciones eran pequeñitas. Era perfecta para rentarse.

Le di 5 000 dólares al dueño como enganche por una casa de 45 000 dólares que, en realidad, valía 65 000. El problema era que nadie quería comprarla. El dueño se mudó una semana después, feliz de haberse liberado de la propiedad. A continuación la ocupó mi primer inquilino: un profesor universitario. Después de cubrir los gastos de hipoteca, mantenimiento y administración, comencé a recibir unos modestos 40 dólares al final de cada mes. Lo sé, no era muy alentador.

Un año después, sin embargo, el abatido mercado de bienes raíces de Oregón comenzó a repuntar. Muchos inversionistas de

California —cargados con el dinero que estaban recibiendo gracias a su próspero mercado inmobiliario— se apresuraron a ir al norte y comprar todo lo posible en Oregón y Washington. Le vendí la casita a una joven pareja de California por 95 000 dólares. Estaban convencidos de que era una ganga. Las ganancias de capital, de 40 000 dólares aproximadamente, participaron en un intercambio de impuestos diferidos que ofrece la sección 1031 de Impuestos Internos. Después de eso fui a buscar un lugar seguro para guardar mi dinero.

> *El problema de las inversiones "seguras" es que, con frecuencia, están prácticamente esterilizadas; es decir, son tan seguras que las ganancias son casi nulas.*

Un mes después encontré un edificio de doce departamentos junto a la planta de Intel en Beaverton, Oregón. Los dueños vivían en Alemania y no tenían idea de lo que valía el lugar. Como en los casos anteriores, sólo querían deshacerse del inmueble. Les ofrecí 275 000 dólares por un edificio de 450 000. Aceptaron vendérmelo por 300 000. Lo compré y lo conservé dos años. Haciendo uso del mismo proceso de intercambio de la sección 1031, lo vendimos por 495 000 y adquirimos un edificio de 30 departamentos en Phoenix, Arizona. Para ese entonces Kim y yo ya nos habíamos mudado allá con el objetivo de librarnos de la lluvia. Además, de todas formas necesitábamos vender. Al igual que el mercado de bienes raíces de Oregón, el de Phoenix se encontraba deprimido. El edificio de treinta departamentos tenía un valor de 875 000 y el enganche era de 225 000. El flujo de efectivo que generaban los treinta departamentos era de poco más de 5 000 dólares mensuales.

Poco después, el mercado de Arizona comenzó a activarse y, unos años más tarde, un inversionista de Colorado nos ofreció 1.2 millones por la propiedad.

El punto central de este ejemplo es la forma en que una cantidad pequeña puede convertirse en una mucho mayor. Pero, insisto: todo depende de entender estados financieros, de estrategias de inversión, y de tener conocimiento del mercado y de la ley.

Si la gente no domina estos temas, tiene que apegarse al dogma de siempre, es decir, jugar con certeza, diversificarse e invertir en oportunidades garantizadas. El problema de las inversiones "seguras" es que, con frecuencia, están prácticamente esterilizadas, es decir, son tan seguras que las ganancias son casi nulas.

Para protegerse a sí mismas y a sus clientes, la mayoría de las grandes agencias de corretaje no se involucran en transacciones de especulación. Y creo que es una política inteligente. Las oportunidades de negocio más prometedoras nunca se las ofrecen a los novatos. A menudo, los negocios que permiten que los ricos se vuelvan más ricos están reservados para aquellos que entienden bien el juego. De hecho es técnicamente ilegal ofrecerle negocios de especulación a alguien que carece de preparación financiera, pero por supuesto, llega a suceder. En mi caso, entre más sofisticado se vuelve mi conocimiento financiero, más oportunidades se me presentan.

Otra razón para desarrollar tu inteligencia financiera a lo largo de tu vida es que, si lo haces, recibirás más oportunidades. Entre mayor sea tu capacidad de análisis y tu conocimiento de las reglas, más sencillo te será verificar si el negocio que te ofrecen es bueno. Sólo tu inteligencia puede darse cuenta de que el trato es malo o, incluso, puede transformar un trato malo en uno bueno. Entre más aprendo —y, claro, hay mucho por aprender—, más dinero gano por la sencilla razón de que obtengo más experiencia y sabiduría con el paso de los años. Tengo amigos que siempre juegan a la segura, trabajan duro en su profesión y no se procuran una visión financiera amplia que, como ya sabemos, exige cierto tiempo de desarrollo.

Mi filosofía general consiste en plantar semillas en la columna de activos. Ésa es la fórmula. Comienzo con poquito y planto semillas. Algunas de ellas crecen y otras, no. En nuestra corporación de bienes raíces tenemos propiedades que llegan a valer varios millones de dólares. Son nuestro fondo de inversión inmobiliaria, o REIT, por sus siglas en inglés.

Lo que trato de decir es que buena parte de esos millones comenzaron siendo inversiones de entre 5 000 y 10 000 dólares. Todos los enganches tuvieron la suerte de participar en un mercado que crecía con rapidez, y de incrementarse libres de impuestos. Durante muchos años continuamos intercambiando inmuebles.

También tenemos un portafolio de acciones protegido por una corporación a la que Kim y yo llamamos nuestro "fondo mutualista personal". Tenemos amigos que hacen negocios con inversionistas que, como nosotros, reciben algo de dinero extra cada mes y desean invertirlo. Nosotros compramos compañías de alto riesgo, privadas y especulativas, que están a punto de empezar a cotizar en la Bolsa de Valores de Estados Unidos o de Canadá. Ahora te daré un ejemplo de la rapidez con que se pueden generar ganancias. En principio puedes comprar 100 000 acciones a 25 centavos cada una, antes de que la compañía empiece a cotizar en la bolsa. Seis meses después, cuando la compañía ya cotiza, las 100 000 acciones alcanzan un precio de dos dólares cada una. Si la compañía está bien administrada, el valor continúa subiendo y las acciones pueden llegar a valer 20 dólares. Ha habido años en que nuestros 25 000 dólares de inversión inicial se convierten en un millón en menos de doce meses.

Si sabes bien lo que haces, entonces no es como si estuvieras apostando. Apostar es meter dinero a un negocio y ponerse a rezar para que el azar te favorezca. En cualquier ámbito tienes que aprovechar tu conocimiento técnico, tu sabiduría y tu amor por el juego para minimizar los riesgos y las probabilidades de que algo malo suceda. Como es de esperarse, siempre hay riesgos, pero la inteligencia financiera los reduce. Es por ello que constantemente motivo a la gente a que invierta más en su educación que en acciones, bienes raíces o productos de otros mercados. Entre más preparado estés, mayores oportunidades tendrás de vencer los malos pronósticos.

Las acciones en que yo invertí eran extremadamente riesgosas para la mayoría de la gente, por eso no te las recomiendo. He estado en este juego desde 1979 y he pagado caro mis errores, pero si tú continúas leyendo e investigando las características de este tipo de inversiones que son tan riesgosas para muchos, llegarías a entenderlas y podrías organizar tu vida de una forma distinta y lograr que la habilidad para hacer que 25 000 dólares se conviertan en un millón en un año no te suponga tantos riesgos.

Como ya dije anteriormente, nada de lo que menciono en este libro es una recomendación. Sólo son ejemplos de procesos sencillos y posibles.

Lo que hago en realidad es una nimiedad si se compara con lo que sucede en otros contextos. Para el individuo promedio, sin embargo, un ingreso pasivo de más de 100 000 dólares al año puede resultar muy conveniente y fácil

> *Si sabes bien lo que haces, entonces no es como si estuvieras apostando. Apostar es meter dinero a un negocio y ponerse a rezar para que el azar te favorezca.*

de obtener. Dependiendo del mercado y de tu capacidad, podrías alcanzar un ingreso similar entre cinco y diez años. Si tus gastos cotidianos son bajos, 100 000 dólares de ingresos adicionales pueden resultar muy atractivos, independientemente de si trabajas o no. Puedes mantenerte activo, pero también puedes tomarte tiempo libre si lo deseas y utilizarlo para estudiar el sistema fiscal del gobierno. De esta manera sabrás cómo hacer que te favorezca en lugar de dañarte.

Mi base personal son los bienes raíces. Me encantan los inmuebles porque son estables y se mueven con lentitud. Siempre mantengo mis cimientos sólidos. El flujo de efectivo es bastante constante y, si se les administra de la manera correcta, existe la posibilidad de que se incremente su valor. Lo mejor de contar con una base fuerte de bienes raíces es que me permite correr riesgos mayores, como lo hago con las acciones especulativas.

Si obtengo ganancias fuertes en el mercado de valores, pago mis impuestos por ganancias de capital y luego reinvierto el resto en bienes raíces. De esa manera voy asegurando aún más mis activos fundamentales.

Debo mencionar algo más sobre los inmuebles. Yo he viajado por todo el mundo para enseñar sobre inversión, y en cada ciudad que visito, la gente me dice que no es posible adquirir bienes inmuebles baratos. Según mi experiencia, sí lo es. Incluso en Nueva York, en Tokio y en los límites de toda urbe hay tremendas gangas que la gente sencillamente no ve. En Singapur, a pesar de los elevados precios de los inmuebles, es posible encontrar buenas ofertas a poca distancia. Es por ello que, cada vez que alguien me dice "Aquí no se puede hacer eso", le recuerdo que tal vez lo que quiso decir fue: "No sé cómo hacer eso aquí. Aún".

Las grandes oportunidades no se ven con los ojos sino con la mente. La mayoría de la gente no se vuelve rica nunca porque no está entrenada en el arte de las finanzas y no puede identificar las oportunidades que tiene justo enfrente.

Con frecuencia me preguntan: "¿Cómo empiezo?"

En el capítulo final de este libro se ofrecen diez pasos que yo tomé en el camino hacia mi libertad financiera. Son actividades sumamente serias, pero recuerda que es fundamental que te diviertas y goces del proceso.

> *Las grandes oportunidades no se ven con los ojos sino con la mente.*

Creo que cuando aprendas las reglas y el vocabulario del ámbito de la inversión, y comiences a construir tu columna de activos, descubrirás que es tan divertido como el mejor juego en que hayas participado en tu vida. Algunas veces ganas y otras, aprendes. Hay quienes nunca ganan porque tienen más miedo de perder. Por eso me parecía tan tonta la escuela. Ahí nos enseñan que los errores son malos e incluso nos castigan cuando los cometemos. Sin embargo, si observas la manera en que aprendemos los humanos, te darás cuenta de que fuimos diseñados para asimilar la información a través de las equivocaciones. A caminar aprendemos cayéndonos: no existe otra manera de hacerlo. Sucede lo mismo cuando empezamos a andar en bicicleta; de hecho todavía tengo cicatrices en las rodillas, pero ahora puedo andar en bicicleta sin siquiera pensarlo. Bueno, pues es lo mismo con el proceso de volverse rico. Por desgracia, mucha gente no llega a hacer dinero porque le aterra perder. Los ganadores logran lo que quieren porque, a diferencia de quienes nunca tienen éxito, ellos no temen perder. El fracaso es parte del proceso de triunfar, y por eso la gente que lo elude se mantiene a salvo, pero no llega a ningún lugar.

Yo veo el proceso de hacer dinero de la misma manera que veo el juego de tenis. Juego fuerte, cometo errores, los corrijo; cometo más errores, los vuelvo a corregir y mejoro. Si pierdo el juego, me acerco a la red, estrecho la mano de mi oponente, sonrío y digo: "Te veo el próximo sábado".

Existen dos tipos de inversionistas:

1. El primer tipo, que es el más común, es el de las personas que adquieren inversiones en paquete. Le llaman a un distribuidor —que en este caso equivaldría a una empresa de bienes raíces, a un corredor de bolsa o un asesor financiero— y compran algo. Puede ser un fondo mutualista, un REIT, acciones o bonos. Ésta es una forma limpia y sencilla de invertir. Es algo parecido al comprador que va a una tienda de computadoras y adquiere una directamente de los exhibidores.

2. El segundo es el de los inversionistas que crean inversiones. Por lo general, este inversionista arma un negocio de la misma manera que alguien que compra componentes para construir una computadora. No tengo idea de lo que se necesita para ensamblar componentes, pero sí sé muy bien cómo juntar

oportunidades. Y si algo me sobrepasa, también conozco a gente que puede ayudarme.

El segundo tipo de inversionista es el más profesional. A veces le puede tomar varios años reunir todas las piezas, e incluso, podría no terminar jamás. Sin embargo, éste es el tipo de inversionista que mi padre rico quería que yo fuera. Es fundamental aprender a reunir las piezas porque sólo así se pueden obtener enormes ganancias, y a veces, incluso pérdidas terribles, si es que la marea se pone en tu contra.

Si deseas ser inversionista del segundo tipo, necesitas desarrollar tres habilidades:

1. *Encuentra una oportunidad que nadie más haya detectado.*
Recuerda que debes ver con la mente lo que los otros no detectan con la vista. Un amigo mío, por ejemplo, compró una casa vieja y destartalada. Daba miedo verla y todo mundo se preguntaba por qué la habría adquirido. Pero lo que él alcanzó a ver y nosotros no, fue que la casa incluía cuatro lotes baldíos. Eso lo descubrió cuando visitó la compañía de títulos de propiedad. Poco después de adquirir la casa, la demolió y le vendió los cinco lotes a una constructora por tres veces el valor de lo que había pagado por todo el paquete. En dos meses de trabajo obtuvo 75 000 dólares. Tal vez no sea una fortuna, pero sí supera al salario mínimo por mucho. Además, el proceso no presentó dificultades técnicas.

2. *Reúne dinero.*
La persona promedio sólo va al banco. En cambio, este segundo tipo de inversionista necesita saber cómo reunir capitales, y entender que existen varias maneras de hacerlo sin necesidad de acudir a una institución bancaria. Para empezar, yo aprendí a comprar casas sin ese tipo de ayuda.

Lo más valioso de este proceso, más allá de la adquisición misma de las casas, fue aprender a reunir dinero.

A menudo escucho a la gente decir: "El banco no me va a prestar dinero", "no tengo dinero para comprarlo." Pero si quieres ser un inversionista del segundo tipo, tienes que aprender a hacer lo que le impide avanzar a la demás gente. En otras palabras, la gran mayoría permite que su falta de dinero le impida hacer negocios. Si tú puedes vencer ese obstáculo, estarás a millones de distancia de quienes nunca adquieren las habilidades necesarias. En muchas ocasiones he comprado casas, acciones y otros inmuebles sin tener un centavo en el banco. Una vez adquirí un edificio de departamentos con valor de 1.2 millones de dólares. Por medio de un contrato escrito entre vendedor y comprador hice lo que se conoce como "inmovilización de bienes inmuebles".

Luego reuní el depósito de 100 000 dólares, con lo que conseguí 90 días para juntar el resto del dinero. ¿Por qué lo hice? Pues porque sabía que la propiedad tenía un valor de dos millones. Pero nunca junté el dinero. En lugar de eso, la persona que puso los 100 000 dólares me dio 50 000 por haber dado con aquella oportunidad y luego tomó mi lugar y me permitió salir del trato. Tiempo total trabajado: tres días. En este caso, como en los anteriores, se trata más de lo que sabes que de lo que adquieres: Invertir no significa comprar, en realidad tiene que ver con tener conocimiento.

3. *Organiza a gente inteligente.*

La gente inteligente es la que trabaja con, o contrata a una persona más inteligente que ella misma. Si necesitas consejos, asegúrate de elegir bien a tus asesores.

Como verás, hay mucho que aprender, pero la recompensa puede ser astronómica. Si no quieres aprender estas habilidades, te recomiendo ampliamente que sólo seas inversionista del tipo uno. Pero recuerda que la mayor riqueza radica en lo que sabes, y que, por ende, lo que no sabes supone tu mayor riesgo.

Siempre pueden surgir contingencias, por eso lo mejor es que aprendas a manejar los riesgos en lugar de eludirlos.

SESIÓN DE ESTUDIO

Capítulo cinco

LECCIÓN 5: LOS RICOS INVENTAN EL DINERO

Capítulo cinco
LECCIÓN 5: LOS RICOS INVENTAN EL DINERO

Resumen

Robert ofrece dos ejemplos contrastantes. Primero, la historia de Alexander Graham Bell, quien se vio abrumado por la demanda que hubo por su producto y trató de venderle su compañía a Western Union por 100 000 dólares. Western Union no supo apreciar la oportunidad, rechazó la oferta y, más adelante, esto dio pie al nacimiento de una industria multimillonaria.

El segundo ejemplo es el reporte noticioso acerca de una empresa local que tuvo que hacer un recorte de personal. El gerente despedido apareció ante las cámaras suplicando que le devolvieran su trabajo porque acababa de comprar una casa y estaba aterrado de perderla.

Todos tenemos miedos y dudas. Robert ha enseñado profesionalmente desde 1984 y ha visto esto en miles de personas. Todos tenemos un potencial tremendo pero también dudamos de nosotros mismos.

El valor es lo que puede hacer la diferencia y permitirnos tener una vida exitosa. Robert dijo que, como maestro, le rompía el corazón ver a estudiantes que sabían las respuestas pero tenían miedo de actuar y hacer algo con ellas.

El genio financiero exige conocimiento técnico y valentía. Corre riesgos, sé temerario y permite que tu genio convierta ese miedo en poder y habilidad. Este consejo seguramente aterra a algunas personas porque, en lo que se refiere al manejo de su dinero, mucha gente prefiere jugar a la segura.

Es cierto que nos esperan muchos cambios en este mundo, pero desarrollar tu IQ financiero te permitirá ver ese futuro de renovación desde una perspectiva de emoción, no de miedo. Este crecimiento intelectual te permitirá detectar las oportunidades y hacer algo al respecto en lugar de dejar que el miedo te obligue a mantenerte al margen y a sólo observar a los temerarios seguir adelante.

Hace trescientos años la tierra significaba riqueza. Más adelante la riqueza se transfirió a las fábricas y a la producción y actualmente se encuentra en la información. La información, sin embargo, viaja en el mundo a la velocidad de la luz, y eso implica cambios más rápidos y dramáticos. Pronto habrá un impresionante incremento en el número de gente que se vuelva multimillonaria, pero también muchos se quedarán rezagados.

Algunas personas se aferran a las ideas rancias, y cuando empiezan a tener problemas culpan a la tecnología o a la economía. Lo que esta gente no ve es que las ideas viejas son su mayor pasivo porque, aunque en el pasado hayan sido un activo, ahora sólo son un lastre.

Robert da el ejemplo de una mujer que fue a una clase en la que él estaba usando *CASHFLOW*®, un juego de mesa de su propia invención. El juego le enseña a la gente cómo funciona el dinero y de qué manera interactúan el estado financiero y el balance general.

Algunos lo adoran, otros lo odian, y algunos más de plano no le entienden. La mujer del ejemplo tuvo problemas para comprender que las cosas que normalmente consideraría activos, como un bote, afectan su flujo de efectivo de manera negativa. Luego le salieron varias tarjetas con problemas ficticios y tuvo un juego terrible. Al final se enojó, exigió que le regresaran su dinero y se negó a aceptar que el juego la reflejaba.

Los juegos sirven para enseñar de una manera muy intensa porque son un espejo del comportamiento y porque son sistemas de retroalimentación instantánea. Más adelante Robert recibió noticias de la mujer enfurruñada. Ya se había calmado e incluso había logrado ver una ligera relación entre el juego y su vida. Notó que nunca les había prestado atención a sus finanzas ni a las de su marido, y debido a eso, sus recursos se desvanecieron.

El propósito del juego *CASHFLOW®* es enseñarles a los jugadores a pensar y a crear varias opciones financieras nuevas. A algunos se les da fácilmente y otros batallan para lograrlo, pero al final, quienes tienen mentes creativas en el aspecto financiero escapan de la Carrera de la Rata más rápido.

Algunas de las personas que juegan el juego tienen mucho dinero pero no saben qué hacer con él, lo cual también sucede en la vida real.

A veces la gente se queja de que no le llegan buenas tarjetas y sólo se queda sentada sin hacer nada. Otros reciben una tarjeta con una gran oportunidad, pero no tienen dinero para aprovecharla; y otros cuentan con los recursos y sacan una tarjeta increíble, pero no son capaces de ver la oportunidad que ésta representa. Todos estos comportamientos son reflejo de la vida real.

La inteligencia financiera significa, simplemente, tener más opciones, encontrar maneras de crear oportunidades, o alterar las situaciones para que te beneficien.

La suerte se crea, así que empieza a crear la tuya.

Nuestro activo más importante en este juego no es el dinero —que, por cierto, no es real—, sino la mente. Así que entrénala bien, porque, a partir nada más de ideas y acuerdos, puedes generar millones.

Ahorrar algo de dinero al mes es una buena idea, sin embargo, te puede cegar frente a lo que en realidad sucede y hacer que pierdas oportunidades de crecer de una manera mucho más significativa.

A principios de los noventa, la economía en Phoenix, Arizona, era deplorable. Robert y Kim, su esposa, aprovecharon la situación y empezaron a invertir en bienes raíces. Robert ofreció el ejemplo de una casa que compró. El inmueble valía 75 000 dólares pero lo adquirió por 20 000. Para pagar el enganche usó 2 000 dólares que un amigo le había prestado con un interés de 200. Mientras el proceso de compraventa se llevaba a cabo, Robert puso un anuncio en el periódico ofreciendo una casa de 70 000 dólares a sólo 60 000 y sin necesidad de pagar enganche. En cuanto la casa fue legalmente suya, la mostró y la vendió en minutos. Todo mundo quedó feliz, y los 40 000 dólares de diferencia se produjeron a partir de dinero que tenía en la columna de activos en forma de una carta promesa o pagaré del comprador. Con un interés del 10 por ciento, a los ingresos se añaden 4 000 dólares al año en flujo de efectivo. Total de tiempo trabajado: cinco horas.

Si el comprador no pudiera pagar, Robert sólo recupera la casa y la revende. Las matemáticas siguen venciendo a la costumbre de ahorrar cada mes dinero sobre el que ya pagaste impuestos.

Todo esto es legal; la empresa que recibió el depósito se hace cargo de las tareas de mantenimiento, y Robert y Kim no tienen que reparar ni techos ni baños porque el comprador es el dueño de la casa.

Algunos años más tarde, el mercado de Phoenix se fortaleció, las casas subieron de precio, y como ya no tuvo sentido que la pareja invirtiera tiempo en buscar ofertas ahí, tomaron otra dirección y avanzaron.

Tal vez lo anterior no funcione en tu entorno porque ahí las condiciones del mercado son distintas, pero el ejemplo ilustra la manera en que un sencillo proceso financiero puede generar cientos de miles de dólares con una inversión modesta y poco riesgo. En este caso, el dinero funcionó únicamente a manera de acuerdo.

¿Qué preferirías? ¿Trabajar duro, pagar impuestos y tratar de ahorrar con lo que te quede, tomando en cuenta que también tendrás que pagar impuestos si llegas a tener algún crecimiento financiero? ¿O tomarte el tiempo necesario para desarrollar tu inteligencia financiera?

Los mercados suben y bajan; las inversiones van y vienen. El mundo siempre te está ofreciendo oportunidades únicas, pero tienes que ser capaz de detectarlas.

Robert nos ofrece otro ejemplo en el que compró una casa por 45 000 dólares en medio del deprimido mercado de Portland, Oregón, y luego la rentó, pero por un precio bastante modesto. Un año después, sin embargo, el mercado remontó y Robert vendió la casa por 95 000. Las ganancias de capital las reinvirtió en un complejo de doce departamentos en Beaverton, Oregón, el cual le costó 300 000. Dos años después vendió esa propiedad e invirtió las ganancias en un complejo de treinta departamentos en Phoenix. Este inmueble costó 875 000 dólares. Años más tarde, un inversionista le ofreció 1.2 millones por la propiedad. Éste es un ejemplo de cómo una cantidad modesta puede convertirse en mucho dinero.

Desarrollar la inteligencia financiera toma tiempo, pero entre más lo hagas, más oportunidades se te presentarán.

La filosofía de Robert consiste en plantar semillas en su columna de activos. Empieza con poco y planta semillas. Algunas crecerán y otras no. Algunas, sin embargo, pueden comenzar como inversiones modestas y transformarse en millones.

Robert y Kim también tienen un portafolio de inversiones a través del cual compran compañías privadas y especulativas de alto riesgo que están a punto de empezar a cotizar en la Bolsa de Valores. Naturalmente, el riesgo es alto, pero desarrollando tu inteligencia financiera cada vez más, puedes aprender a minimizarlo. Entre más inteligente seas, más probabilidades tendrás de ganar a pesar de la adversidad.

Algunas personas argumentarán que en donde viven no hay gangas de bienes raíces, pero Robert mencionó que hay opciones excelentes en todos lados, sólo es necesario abrir bien los ojos porque la mayoría de la gente no está entrenada para identificar las oportunidades aunque las tenga enfrente.

Recuerda tratar de divertirte a medida de que desarrolles tu IQ financiero y lo pongas en práctica. A veces ganarás y otras perderás, pero siempre trata de pasártela bien. No tengas miedo de perder, porque el fracaso es parte del proceso para alcanzar el éxito.

Existen dos tipos de inversionistas: 1) los que le compran una inversión en paquete a un distribuidor que puede ser un asesor financiero; y 2) los que crean inversiones, conocidos también como inversionistas profesionales.

Si quieres pertenecer a la segunda categoría, tienes que desarrollar tres habilidades principales. En primer lugar, la de encontrar oportunidades que todos los demás soslayen. En segundo lugar, la de juntar dinero. Y en tercero, la de organizar a gente inteligente y contratar a quienes son más hábiles que tú.

Claro, siempre hay riesgos, pero en lugar de eludirlos, tienes que aprender a manejarlos.

Momento del hemisferio izquierdo: Las cantidades modestas se pueden transformar en cantidades grandes a través de inversiones astutas y oportunas.

Momento del hemisferio derecho: Robert siempre anima a los estudiantes adultos a que utilicen los juegos para detectar lo que ya saben y lo que necesitan aprender. Lo más importante es que los juegos reflejan el comportamiento y son sistemas de retroalimentación instantánea. En lugar de que un maestro te dé una letanía, el juego te ofrece una conferencia personalizada, es decir, hecha a tu medida.

Momento subconsciente: Todos tenemos un potencial tremendo y fuimos bendecidos con distintos dones, sin embargo, siempre hay cierto nivel de duda que nos impide actuar. Lo que nos mantiene rezagados no es tanto la falta de información técnica sino de confianza en nosotros mismos.

¿Qué quiso decir Robert?

Llegó el momento de reflexionar. Pregúntate: "¿*Qué* quiso decir Robert aquí?" Y: "¿*Por qué* dice eso?" En esta sección puedes o no estar de acuerdo con él, pero el objetivo es *entenderlo*.

Recuerda que este plan de estudios está diseñado para cooperar y apoyar. Dos cabezas piensan mejor que una, así que, si no entiendes la cita, no te alejes. Pide ayuda y tómate tu tiempo para discutir cada frase hasta que te quede clara:

"Con frecuencia, quienes prosperan en el mundo real no son los inteligentes sino los temerarios."

"Como maestro descubrí que el miedo excesivo y la falta de confianza en uno mismo eran los dos elementos que más limitaban al genio de cada individuo. Me rompió el corazón ver a estudiantes que sabían las respuestas pero carecían del valor para responder y actuar."

"Las ideas viejas se vuelven el mayor pasivo de algunas personas porque no se dan cuenta de que, si bien en el pasado esas mismas nociones eran activos, el pasado se ha ido ya."

"La gente rica suele ser creativa y correr riesgos bien calculados."

"¿Para qué tomarte la molestia de incrementar tu inteligencia financiera? Porque quieres ser el tipo de persona que está interesada en crear su propia suerte."

"La mente es el activo más poderoso que tenemos. Si la entrenamos bien, puede producir enorme riqueza en lo que parecerá sólo un instante. Asimismo, una mente no entrenada puede producir el tipo de pobreza extrema que podría destruir a una familia por generaciones."

"Lo único que necesitas para que te vaya bien en el aspecto económico es manejar un nivel sencillo de matemáticas y contar con sentido común."

"El problema de las inversiones 'seguras' es que, con frecuencia, están prácticamente esterilizadas, es decir, son tan seguras que las ganancias son casi nulas."

"Las grandes oportunidades no se ven con los ojos sino con la mente."

"Recuerda que la mayor riqueza radica en lo que sabes y, por ende, lo que no sabes supone tu mayor riesgo."

Preguntas adicionales

Llegó el momento de tomar las historias de este capítulo y la comprensión de lo que Robert dijo, y aplicar ambos a ti y a tu vida. Hazte las preguntas que se presentan a continuación y discútelas con tu compañero o compañera de estudio. Sé honesto contigo y con la otra persona. Si no te gustan algunas de tus respuestas, pregúntate si estás dispuesto a cambiar y a aceptar el desafío de modificar tus pensamientos y tu manera de pensar:

1. Robert dice que lo que nos mantiene rezagados no es tanto la falta de información técnica, sino de confianza en nosotros mismos. ¿Puedes dar un ejemplo de tu vida o de la de alguien más en el que la duda se haya interpuesto en el camino de una gran oportunidad?
2. Algunas personas tienen mucho dinero pero no avanzan en el aspecto financiero. ¿Por qué?
3. ¿De qué manera te ha ayudado desarrollar tu inteligencia financiera para determinar con mayor facilidad si un negocio es bueno o no?
4. La filosofía de Robert radica en plantar semillas en su columna de activos, empezar con poco y ver qué funciona. ¿De qué manera estás haciendo tú eso ahora? Si no has comenzado, ¿qué necesitarías para poner manos a la obra?
5. Robert dice que hay dos tipos de inversionistas: los que compran inversiones en paquete y los que crean inversiones. ¿A qué categoría perteneces tú? ¿Es ése el tipo de inversionista que quieres ser?
6. ¿Cómo se ha manifestado el fracaso en tu vida? ¿Cómo te impidió aprovechar oportunidades? ¿Qué puedes hacer para dominar ese miedo en el futuro?

NOTAS

NOTAS

LECCIÓN 6: TRABAJA PARA APRENDER – NO TRABAJES POR DINERO

La seguridad en el empleo lo era todo para mi padre pobre.
Para mi padre rico lo más importante era el aprendizaje.

Hace algunos años le concedí una entrevista a un periódico en Singapur. La joven reportera llegó a tiempo y la entrevista comenzó de inmediato. Nos sentamos en el vestíbulo de un lujoso hotel, en donde bebimos café y hablamos sobre el propósito de mi visita a ese país. Yo iba a compartir el escenario con Zig Ziglar, quien hablaría sobre el tema de la motivación. Yo daría una conferencia llamada "Los secretos de los ricos".

"Me gustaría llegar a ser una autora de bestsellers como usted", dijo la reportera. Yo ya había leído algunos de sus artículos para la revista, los cuales me impresionaron bastante. La chica tenía un estilo claro y contundente, y sus artículos mantenían despierto el interés del lector.

"Tiene un estilo muy bueno", señalé. "¿Qué le impide alcanzar su sueño?"

"Parece que mi trabajo no va en ninguna dirección", me explicó en voz baja. "Todo mundo dice que mis novelas son excelentes, pero no pasa nada. Por eso no he renunciado a mi empleo en el periódico. Con él, por lo menos puedo cubrir mis gastos. ¿Tiene usted alguna sugerencia?"

"Sí, claro", le dije, feliz de que pidiera mi opinión. "Tengo un amigo aquí en Singapur que dirige una escuela. En ella le enseñan a la gente a vender. Mi amigo dirige cursos de ventas para muchas de las corporaciones más importantes del país. Creo que si tomara uno de ellos, su carrera mejoraría bastante porque podría promover sus novelas."

La chica se puso algo tensa. "¿Está diciendo que debería ir a una escuela para aprender a vender?"

Asentí.

"No habla en serio, ¿verdad?"

Volví a asentir. "¿Qué hay de malo en ello?" Me estaba echando para atrás. La noté ofendida por algo y deseé no haber dicho nada. Por querer ser útil, de pronto me encontré defendiendo mi sugerencia. "Tengo una maestría en literatura inglesa. ¿Por qué querría ir a la escuela para aprender a vender? Soy una profesional. Asistí a la universidad para tener una profesión y no verme obligada a tocar de puerta en puerta. Odio a los vendedores, lo único que hacen es molestar y tratar de sacarte dinero. Dígame, ¿para qué necesitaría estudiar ventas?" La reportera ya estaba cerrando su portafolios. La entrevista había terminado.

Sobre la mesa había una copia de uno de mis bestsellers anteriores. Lo levanté junto con las notas que ella había hecho en su libreta.

"¿Ve esto?", le pregunté, señalando sus notas.

Ella las miró. "¿Qué tienen?", preguntó, confundida. Deliberadamente las volví a señalar. La ambiciosa reportera había escrito: "Robert Kiyosaki, autor de bestsellers".

"Aquí dice, autor de bestsellers, no autor de los mejores libros", le dije en voz baja.

Ella abrió bien los ojos.

"Soy un escritor terrible", confesé. "Usted, en cambio, seguramente es una gran escritora. Yo fui a la escuela para aprender a vender. Usted tiene una maestría en letras. Si junta esos elementos, podría tener como resultado, 'autora de bestsellers' y 'autora de los mejores libros'."

La reportera me fulminó con la mirada. "Nunca me rebajaría tanto como para aprender a vender. La gente como usted no tiene por qué escribir. Yo soy una escritora con un entrenamiento especializado. Usted es un vendedor. No es justo", refunfuñó. Estaba que echaba chispas.

Tomó el resto de sus notas y salió por las grandes puertas de vidrio para enfrentarse a la húmeda mañana de Singapur.

Debo admitir que la joven me sorprendió con un justo y favorable reportaje a la mañana siguiente. El mundo está repleto de gente inteligente, talentosa, educada y con dones; están por donde quiera que mires.

Hace algunos días, por ejemplo, mi automóvil comenzó a fallar. Entré a un centro de servicio y un joven mecánico lo reparó en minutos. Con tan sólo escuchar el motor supo qué andaba mal. En varias ocasiones me he encontrado con gente brillante y sumamente preparada que gana menos de 20 000 dólares al año. Un asesor de negocios que se especializa en el ramo médico me contó acerca de la enorme cantidad de doctores, dentistas y quiroprácticos que tienen problemas económicos. Toda mi vida creí que los dólares les llovían desde el momento que se graduaban. Fue este mismo asesor quien me dijo: "Sólo les falta una habilidad más para alcanzar la riqueza".

Esta frase significa que a la mayoría de la gente sólo le hace falta aprender y dominar una habilidad más para lograr que sus ingresos se incrementen de manera exponencial. Creo que ya mencioné que la inteligencia financiera es la sinergia de contabilidad, inversión, conocimiento de mercados y conocimiento de la ley. Si se combinan estas cuatro habilidades técnicas, hacer dinero con el dinero se vuelve una actividad mucho más sencilla de lo que la gente creería. Por desgracia, en lo referente al tema económico, la gente sólo sabe trabajar más duro para tratar de ganar más dinero.

El ejemplo clásico de la sinergia de las habilidades que mencioné, me lo da aquella joven reportera. Si fuera diligente y adquiriera habilidades de ventas y conocimiento de mercados, sus ingresos se incrementarían dramáticamente. Si yo fuera ella tomaría algunos cursos de publicidad y de redacción promocional, y varios de ventas. Luego, en lugar de trabajar en un periódico, buscaría un empleo en una agencia de publicidad. Incluso si el cambio implicara una disminución en ingresos, ahí aprendería a comunicarse con ciertas fórmulas que son muy exitosas en la publicidad. Así también pasaría algún tiempo aprendiendo el mecanismo de las relaciones públicas, otra habilidad de gran importancia. De paso, la joven aprendería a ganar millones por medio de la publicidad gratuita. Al mismo tiempo, podría escribir su gran novela por las noches y los fines de semana. Así, cuando la terminara, podría venderla mejor. Estoy seguro de que poco después se convertiría en una exitosa "autora de bestsellers".

Cuando se publicó mi primer libro, *Si quieres ser rico y feliz, no vayas a la escuela*, un editor me sugirió que le cambiara el título por: *La economía de la educación*. Le dije que con un título como ése sólo vendería dos copias: una a mi familia y la otra a mi mejor amigo. Lo peor de todo es que tanto mi familia como mi amigo esperarían que yo se los regalara de todas maneras.

Elegimos el ofensivo título *Si quieres ser rico y feliz, no vayas a la escuela* porque sabíamos que con él el libro tendría muchísima publicidad. Yo estoy a favor de la educación y creo en las reformas educativas. Si no fuera así, ¿por qué seguiría insistiendo en modificar nuestro anticuado sistema escolar? Sin embargo, elegí un título que me garantizara una mayor presencia en programas de televisión y radio porque estaba dispuesto a enfrentar la controversia. Mucha gente creyó que estaba loco de remate, pero el libro se vendió, se vendió y se vendió.

En 1969, cuando me gradué de la Academia de la Marina Mercante de Estados Unidos, mi padre pobre, el maestro Kiyosaki, se puso muy feliz. Poco después, su alegría se desbordó cuando supo que la empresa Standard Oil de California me había contratado como tercer oficial para su flota de petroleros.

Padre rico sugiere: "Es importante que sepas un poco acerca de todo".

El sueldo era bajo en comparación con lo que ganaban mis compañeros de clases, pero era adecuado para un primer empleo real tras salir de la universidad. La paga inicial era de unos 42 000 dólares al año, incluyendo horas extras. Además, sólo tenía que trabajar siete meses; los otros

HOY, HACE VEINTE AÑOS...

POR QUÉ ESTÁ FALLANDO

LA EDUCACIÓN

La mayoría de los maestros carece de experiencia en la vida real, es decir, no han hecho lo que enseñan. No han experimentado realmente lo que predican, no han cometido errores, no han aprendido de esos errores y tampoco han aplicado lo que aprendieron para seguir practicando y ser cada vez mejores. Las escuelas nos enseñan a leer y memorizar. Creo que "estudiar" es la clave para aplicar lo que aprendemos. Kim y yo nos reunimos con nuestros asesores varias veces al año y elegimos libros para leer y estudiar juntos.

Como lo ilustra el Cono del Aprendizaje (página 49), la discusión y la cooperación son excelentes maneras de aprender.

---

cinco eran de vacaciones. Si hubiera querido, en lugar de descansar esos cinco meses, habría podido ir a Vietnam con una compañía subsidiaria de transporte, y así habría duplicado mi salario.

Tenía una carrera muy prometedora frente a mí, sin embargo, seis meses después renuncié a la Standard Oil y me uní al Cuerpo de Marina para aprender a volar. Mi padre pobre quedó devastado. Padre rico, en cambio, me felicitó.

En la escuela y en los lugares de trabajo, la mayoría de la gente apoya la especialización, es decir, es muy popular pensar que para ganar más dinero o ser ascendido, es necesario enfocarse en una sola actividad. Ésta es la razón por la que, desde el principio, los médicos buscan un área de especialización como ortopedia o pediatría. Sucede lo mismo con los contadores, arquitectos, abogados, pilotos y miembros de otras profesiones.

Mi padre pobre también era partidario de esta idea, y por eso le emocionó mucho obtener su doctorado. A menudo admitía que las escuelas recompensan a quienes estudian más y más sobre menos y menos temas.

Padre rico me alentó a hacer exactamente lo contrario. "Es importante que sepas un poco acerca de todo", solía decir. Por esa razón, durante muchos años trabajé en distintas áreas de sus compañías. Por algún tiempo trabajé en el departamento de contabilidad porque, aunque tal vez yo jamás habría sido contador, padre rico quería que aprendiera como por ósmosis. Él sabía que me era fácil aprender términos especializados y que tenía una intuición natural de lo que era importante y lo que no. También trabajé como botones y albañil, y en ventas, reservaciones y marketing. Padre rico nos estaba preparando a Mike y a mí, y por eso insistía en que asistiéramos a las reuniones que sostenía con sus banqueros, abogados, contadores y corredores. Quería que supiéramos un poco acerca de cada uno de los aspectos de su imperio.

En cuanto renuncié a mi muy bien remunerado empleo en la Standard Oil, mi padre pobre tuvo una conversación muy honesta conmigo. Estaba azorado; no comprendía por qué había tomado la decisión de renunciar a una carrera que ofrecía una gran paga, prestaciones espectaculares, mucho tiempo libre y la oportunidad de recibir ascensos. La noche que me preguntó: "¿Por qué renunciaste?", no pude explicárselo a pesar de que me esforcé mucho por hacerlo. Mi lógica no era compatible con la suya porque yo ya pensaba más como mi padre rico.

La seguridad en el empleo lo era todo para mi padre pobre. Para mi padre rico, lo más importante era el aprendizaje. Padre pobre creía que iría a la escuela para aprender a ser oficial de un barco, pero padre rico sabía que iba para estudiar comercio internacional. Por eso, mientras fui estudiante hice viajes para entregar mercancía, navegué en grandes buques cargueros, en petroleros y en barcos de pasajeros al Lejano Oriente y al Pacífico Sur. Padre rico insistió en que me quedara en el Pacífico en lugar de ir en barco a Europa porque sabía que las naciones emergentes estaban en Asia. Mientras la mayoría de mis compañeros de clase, Mike incluido, se pasaba el tiempo en las fiestas de las fraternidades, yo me enfocaba en estudiar comercio, gente, estilos de negocios y rasgos culturales en Japón, Taiwán, Tailandia, Singapur, Hong Kong, Vietnam, Corea, Tahití, Samoa y Filipinas. También me iba de fiesta, claro, pero no en los dormitorios de las fraternidades. Tuve la suerte de madurar con mucha rapidez.

Mi padre pobre no entendía por qué decidí renunciar y unirme al Cuerpo de Marina. Le dije que quería aprender a volar, pero en realidad quería aprender a dirigir tropas. Padre rico me explicó que lo más difícil de dirigir una compañía era el manejo de la gente. Él había pasado tres años en el Ejército. Mi padre pobre, en cambio, estuvo exento del servicio. Padre rico valoraba mucho la posibilidad de aprender a dirigir a otros hombres en situaciones peligrosas. "Lo siguiente que tienes que aprender es liderazgo", me dijo. "Si no eres un buen líder te van a disparar en la espalda de la misma forma que lo hacen en los negocios."

A pesar de que me fascinaba volar, cuando regresé de Vietnam en 1973 renuncié a mi puesto. Conseguí un empleo en la Corporación

Xerox. Entré a trabajar ahí por una razón que no eran las prestaciones. Como era muy tímido, la idea de vender me resultaba aterradora, y Xerox contaba con uno de los mejores programas de entrenamiento de ventas del mundo.

Padre rico estaba orgulloso de mí. Padre pobre, en cambio, estaba avergonzado porque, como era un intelectual, pensaba que los vendedores estaban por debajo de su nivel. Trabajé en Xerox cuatro años: hasta que superé mi miedo a tocar puertas y ser rechazado. En cuanto me pude mantener de manera constante entre los cinco mejores vendedores, volví a renunciar y continué mi camino. Dejé atrás otra gran carrera en una excelente compañía.

La palabra "empleo" en inglés es "job". Y "JOB" es acrónimo de just over broke: *a punto de quebrar.*

En 1977 fundé mi primera empresa. Padre rico nos preparó a Mike y a mí para hacernos cargo de compañías pero había llegado el momento de aprender a darles forma, a armarlas.

Lo primero que fabriqué fueron carteras de nylon y velcro. Las manufacturaban en el Lejano Oriente y luego eran enviadas a una bodega en Nueva York, cerca de la escuela en la que estudié cuando era más joven. Como mi educación formal ya había terminado para ese entonces, sentí que había llegado el momento de poner a prueba mis alas. Si fallaba, iría directo a la quiebra. Padre rico creía que lo mejor era quebrar antes de cumplir treinta años. "Así todavía tienes tiempo para recuperarte", solía decir. Mi primer cargamento de carteras salió de Corea hacia Nueva York en la víspera de mi cumpleaños número treinta.

Hoy en día concreto negocios a nivel internacional, y tal como me alentó mi padre rico a hacerlo, continúo buscando en las naciones en desarrollo. Mi compañía de inversión se enfoca en países de Sudamérica y Asia, así como en Noruega y Rusia.

Por ahí se dice que la palabra "empleo" en inglés es "job", y que JOB es acrónimo de *just over broke*: "a punto de quebrar".

Por desgracia, hay millones de personas que pueden constatar lo anterior. Como en la escuela no se considera que realmente exista una inteligencia financiera, o que haya más de una, para empezar, los trabajadores tienen que vivir por debajo de sus posibilidades y pasarse la vida persiguiendo un cheque de nómina que difícilmente alcanza para cubrir sus recibos y facturas.

También hay otra terrible teoría de administración que asegura: "Los empleados trabajan sólo lo suficiente para no ser despedidos, y los dueños pagan sólo lo suficiente para que los empleados no renuncien". Si observas los tabuladores de pago de la mayoría de las empresas, te darás cuenta de que hay algo de verdad en esta aseveración.

La consecuencia de este esquema es que los empleados nunca avanzan. Nada más hacen lo que les enseñaron: conseguir un empleo seguro y tratar de conservarlo. Casi todos se enfocan en trabajar para obtener el sueldo y los beneficios que los recompensan a corto plazo pero que, a la larga, siempre resultan desastrosos.

Yo les recomiendo a los jóvenes que, en lugar de someterse a esta existencia miserable, busquen trabajo para aprender, y no para ganar dinero. Antes de elegir una profesión específica y de quedar atrapado en la Carrera de la Rata, piensa en las habilidades que deseas adquirir.

En cuanto una persona cae presa del eterno proceso de pagar cuentas, se convierte en una especie de hámster, como los que corren sin

HOY, HACE VEINTE AÑOS...
¿QUIÉNES SON TUS MAESTROS?
Una de las lecciones de padre rico que se ha vuelto cada vez más evidente en los últimos veinte años es aquella sobre la importancia de elegir maestros que en verdad HAYAN HECHO lo que quieres aprender a hacer.

parar en las rueditas de metal y plástico de las jaulas. Sus peludas patitas corren con furia y la rueda gira sin parar pero, a la mañana siguiente, seguirán en la misma jaula. ¡Qué gran trabajo!

En la película *Jerry Maguire*, protagonizada por Tom Cruise, hay muchas buenas frases, entre las cuales tal vez la más memorable sea: "Muéstrame el dinero". Sin embargo, hay otra que me parece profundamente realista. La dicen en la escena en que Tom Cruise abandona la agencia donde trabaja. Lo acaban de despedir, y él les pregunta a todos los empleados. "¿Quién quiere acompañarme?" En ese momento la gente se queda paralizada y en silencio. Sólo una mujer dice en voz alta: "A mí me gustaría pero me van a ascender en tres meses".

Esta frase es, quizá, la más realista de toda la película. Es el tipo de aseveración que la gente utiliza para mantenerse ocupada y seguir pagando lo que debe. Yo sé que, año tras año, mi padre pobre esperaba con ansia su aumento de sueldo y que, año tras año, se llevaba una desilusión. Por eso volvía a la escuela para estudiar y acumular más certificados que le permitieran obtener otro aumento. Luego, una vez más, volvían a decepcionarlo ofreciéndole una bicoca.

Con mucha frecuencia le pregunto a la gente: "¿Adónde te llevará el trabajo que realizas incansablemente todos los días?" Lo hago porque me intriga si los demás saben adónde se dirigen o sólo son como los hámsters. ¿Qué les depara el futuro?

En su libro, *El mito del retiro*, Craig S. Karpel, dice: "Visité las oficinas centrales de una empresa de

HOY, HACE VEINTE AÑOS...

EL MIEDO #1

Esto vale la pena repetirlo: El miedo #1 entre los estadounidenses que están envejeciendo es durar más que su dinero. Muchos planes de pensiones han sido modificados de un "beneficio definido" a un "plan de contribución definida con límite sobre el total de dólares disponibles", y eso también ha cambiado las reglas que la gente sigue para planear su jubilación. Lo más probable es que estas modificaciones también ejerzan presión sobre los programas de asistencia gubernamental y los subsidios.

consultoría nacional de pensiones y me reuní con la directora, una profesional que se especializa en diseñar exuberantes planes de retiro para ejecutivos de alto nivel. Cuando le pregunté qué podrían esperar en términos de ingresos por pensiones quienes nunca llegaron a ser ejecutivos de alto nivel, me respondió con una sonrisa contundente: 'La bala de plata' ".

"¿Qué es 'La bala de plata'?", inquirí.

La ejecutiva se encogió de hombros y dijo: "Si los *baby boomers* descubren que no tienen suficiente dinero para vivir cuando sean adultos mayores, siempre tendrán la opción de volarse los sesos".

A continuación Karpel explica la diferencia entre los antiguos planes de retiro con prestaciones definidas y los nuevos planes 401(k) que son más riesgosos y, por lo que se ve, el panorama para la gente que se encuentra trabajando en la actualidad, no es nada alentador. Esto, claro, sólo en relación con el retiro. También habría que añadir honorarios médicos y cuidado profesional en casa a largo plazo. La visión es en verdad aterradora.

De hecho, ya en muchos hospitales de países con sistemas médicos socializados se tienen que tomar decisiones como: "¿Quién vive y quién muere?" Para colmo, estas decisiones se toman con base en la edad y la cantidad de dinero que tienen los pacientes. Si el paciente es demasiado anciano, por lo general lo ignorarán por atender a

HOY, HACE VEINTE AÑOS...

EL AUMENTO EXCESIVO DE LOS COSTOS MÉDICOS

La gente está viviendo más tiempo y el costo del cuidado médico es cada vez más alto.

Los fabricantes de medicamentos cobran más y las compañías de seguros pagan menos. Casi todo mundo está sintiendo los efectos de esto. Aunque los datos específicos y las estadísticas varían, la mayoría de las investigaciones apuntan al hecho de que una gran mayoría de las quiebras en Estados Unidos son resultado de costos médicos desenfrenados.

alguien más joven, es decir, lo harán a un lado. Como los ricos tienen acceso a mejor educación y también a mejor atención, podrán mantenerse. Los más pobres fallecerán por falta de recursos.

Esto me ha llevado a preguntarme: ¿los trabajadores miran hacia el futuro o su perspectiva sólo llega al siguiente cheque de nómina? ¿Alguna vez se preguntarán adónde se dirigen?

Cuando hablo con adultos que quieren ganar más, siempre les recomiendo lo mismo: que contemplen con detenimiento qué ha sido su vida. En lugar de sólo trabajar por dinero y seguridad —conceptos cuya importancia reconozco—, les sugiero que consigan un segundo empleo que les permita adquirir otra habilidad. Si quieren aprender a vender, les sugiero unirse a una empresa de mercadeo de redes, también conocido como mercadeo de multinivel. Algunas de estas empresas tienen excelentes programas de entrenamiento que le ayudan a la gente a enfrentar su miedo al fracaso y el rechazo, factores que siempre impiden tener éxito. A largo plazo, la educación siempre es más valiosa que el dinero.

Desafortunadamente, cada vez que sugiero lo anterior me responden con cosas como: "¡Ay, no, eso es demasiado problema!" o "Sólo quiero dedicarme a las actividades que me interesan y me complacen".

Si me dicen "¡Ay, no, eso es demasiado problema!", yo les pregunto: "¿Entonces usted preferiría trabajar toda su vida y cederle el 50 por ciento de lo que gane al gobierno?" Y si me dicen: "Sólo quiero dedicarme a las actividades que me interesan y me complacen", respondo: "Bueno, a mí no me interesa ir al gimnasio pero lo hago porque quiero sentirme mejor y vivir más tiempo".

Por desgracia es bastante cierto el antiguo refrán: "No puedes enseñarle trucos nuevos a un perro viejo". A menos de que una persona esté acostumbrada al cambio, es muy difícil que lo acepte.

A aquellos que titubean respecto a tratar de aprender algo nuevo les puedo decir lo siguiente para que se animen: vivir la vida es algo muy parecido a ir al gimnasio. Lo más difícil es decidirse a empezar, pero cuando se supera esa etapa es mucho más sencillo. En muchas ocasiones me ha dado flojera ir a hacer ejercicio, pero una vez que estoy en movimiento en el gimnasio, comprendo que es un gran placer, y para cuando termina la rutina me siento muy satisfecho y feliz de haberme convencido de ir.

Si no estás dispuesto a trabajar para aprender algo nuevo, y en lugar de eso insistes en especializarte a un alto nivel en tu ramo, asegúrate de que en la empresa para la que trabajes haya sindicato. Los sindicatos fueron creados para proteger a los especialistas. Después de que mi padre se enemistó con el gobernador, asumió el puesto de líder del sindicato de maestros de Hawái. Alguna vez me dijo que era el puesto más difícil que había tenido en su vida. Padre rico, en cambio, se pasó la vida esforzándose para evitar que surgieran sindicatos en sus empresas. Tuvo éxito porque, aunque los sindicatos fueron una amenaza constante, siempre tuvo la capacidad de enfrentarlos.

En lo personal no me inclino por ninguna de las dos opciones porque puedo entender las necesidades y beneficios de ambas. Si haces lo que te recomiendan en la escuela y te enfocas en alcanzar un alto grado de especialización, trata de conseguir protección sindical. Por ejemplo, si yo hubiera continuado mi carrera como piloto, habría tenido que buscar una empresa con un sindicato fuerte. ¿Por qué? Porque habría dedicado mi vida entera a obtener conocimientos y habilidades que son útiles en una sola industria, y si me viera obligado a salir de ésta, no sería valioso en ningún otro campo. Si un piloto ya mayor de edad —con cien mil horas de transporte en vuelos de aerolínea y un sueldo de 150 000 dólares al año— se quedara sin trabajo, le resultaría muy difícil encontrar un empleo con un sueldo igual de alto dando clases en una escuela. Las habilidades no necesariamente son transferibles entre las distintas industrias. Es decir, las habilidades por las que les pagan a los pilotos en la industria de las aerolíneas comerciales no son tan importantes en el ámbito de la enseñanza.

Sucede lo mismo con los médicos. Debido a todos los cambios en el área de la salud, muchos especialistas están teniendo que conformarse con trabajar a través de organizaciones como las que proveen servicios médicos en paquete para las aseguradoras. Los maestros que siempre han trabajado en escuelas, definitivamente también tienen que pertenecer al sindicato correspondiente que, por cierto, actualmente es el más poderoso de Estados Unidos y el que más recursos tiene. Además, la Asociación Nacional de la Educación (NEA, por sus siglas en inglés) tiene una tremenda influencia política. Los maestros necesitan la protección de su sindicato porque sus habilidades tienen un valor demasiado limitado fuera del ramo de la educación. Por todo lo anterior, la regla a seguir es: "Si te especializas a alto nivel, también te debes sindicalizar". Es lo más inteligente que puedes hacer.

Cada vez que les pregunto a mis alumnos: "¿Cuántos de ustedes pueden cocinar mejores hamburguesas que las de McDonald's?", casi todos levantan la mano. Luego les pregunto: "Si la mayoría puede cocinar mejor que en McDonald's, ¿por qué ellos hacen más dinero que ustedes?"

La respuesta es obvia: porque McDonald's es excelente en lo que se refiere a sistemas de negocios. Mucha gente con talento continúa siendo pobre porque se enfoca en

HOY, HACE VEINTE AÑOS...
SISTEMAS = TI

En el mundo de hoy, los sistemas son tu TI... Es decir, tu tecnología de internet. ¿Qué tan bien estás usando las herramientas del presente? Éste es otro ejemplo de que debes elegir a tus asesores y a tus maestros con inteligencia. Actualmente, el presidente de The Rich Dad Company es un genio de TI y ha construido un equipo que aprovecha la tecnología de hoy para mejorar nuestros sistemas, procesos y comunicaciones... al mismo tiempo que mantiene la vista puesta en el futuro y en las nuevas herramientas que éste nos ofrecerá a todos.

crear una mejor hamburguesa, pero no sabe nada respecto a sistemas de negocios.

Tengo un amigo en Hawái que es un gran artista y gana una cantidad bastante respetable de dinero. Un día recibió la llamada del abogado de su madre, quien le dijo que ella le había heredado 35 000 dólares, que fue lo que quedó de la herencia después de que el gobierno y el mismo abogado tomaran su tajada. Mi amigo vio de inmediato la oportunidad de mejorar su negocio con algo del dinero que acababa de heredar. Lo usaría para anunciarse. Dos meses después, su primer anuncio a cuatro tintas en plana completa apareció en una costosa revista para gente de mucho dinero. El anuncio salió tres meses, pero nadie lo contactó y la herencia se esfumó. Ahora mi amigo quiere demandar a la revista por haberlo representado mal.

Éste es el caso típico de alguien que puede hacer hamburguesas maravillosas, pero que no sabe nada de negocios. Cuando le pregunté qué había aprendido, su única respuesta fue: "Que los vendedores de publicidad son unos estafadores". Luego le pregunté si estaría dispuesto a tomar un curso de ventas y de mercadeo directo. "No tengo tiempo y no quiero desperdiciar mi dinero", me dijo.

El mundo está repleto de personas pobres con gran talento. Muy a menudo carecen de medios, tienen muchos problemas económicos o ganan menos de lo que podrían; no por lo que saben, sino por lo que ignoran. Se enfocan en perfeccionar las habilidades que les sirven para crear mejores hamburguesas, pero no desarrollan las que les permitirían venderlas y hacerlas llegar a sus clientes. Tal vez las hamburguesas de McDonald's no sean las mejores, pero la empresa sí es la más competente en lo que se refiere a ventas y distribución de un alimento básico y promedio.

Padre pobre quería que yo me especializara porque creía que ésa era la manera de obtener un mejor sueldo. Incluso después de que el gobernador de Hawái le dijera que ya no podía trabajar en el gobierno, él siguió alentándome para que me especializara. Luego se adhirió a la lucha sindical de los maestros e hizo campaña para conseguir mayor protección y prestaciones para estos profesionales tan altamente preparados. Aunque padre pobre y yo discutíamos con frecuencia, él nunca admitió que entre más te especializas, más difícil te resulta desempeñarte en cualquier otro campo, y más dependes de tu único empleo.

Padre rico nos recomendó a Mike y a mí que siguiéramos entrenándonos. Es lo mismo que hacen muchas empresas: encuentran a un joven y genial estudiante que acaba de salir de la escuela de negocios y empiezan a prepararlo para que se haga cargo de la empresa algún día. Estos inteligentes jóvenes no se especializan en una sola área. Los van pasando de departamento en departamento para que aprendan todos los aspectos de los sistemas de negocios. Con frecuencia los ricos entrenan a sus hijos o a los de alguien más. Al hacerlo, éstos adquieren un conocimiento general de las operaciones del negocio y de la forma en que se relacionan los distintos departamentos.

Entre la gente de la generación de la Segunda Guerra Mundial se consideraba mala idea andar saltando de empresa en empresa. Ahora, sin embargo, se piensa que es una estrategia inteligente. Y ya que todo mundo va de empresa en empresa en lugar de tratar de especializarse, ¿por qué no tratar de aprender, en vez de querer tener sueldos más altos? Es posible que a corto plazo se gane menos, pero a largo plazo habrá mayores beneficios.

Las principales habilidades de dirección que se requieren para alcanzar el éxito son:
1. Manejo de flujo de efectivo
2. Manejo de sistemas
3. Manejo de gente

Las habilidades especializadas más importantes son ventas y *marketing*. La habilidad de vender —es decir, de comunicarse con otro ser humano, ya sea un cliente, empleado, jefe, esposo o hijo— es la base del éxito personal. Las habilidades de comunicación como escribir, hablar y negociar son fundamentales para triunfar en la vida. De hecho, yo mismo trabajo constantemente en mejorar mi desempeño en estos campos: voy a cursos o compro material educativo para ampliar mi conocimiento.

HOY, HACE VEINTE AÑOS...

VENTAS = INGRESO

Blair Singer es asesor de Rich Dad y un gran amigo, pero también es el especialista en ventas de nuestro equipo. Blair lleva treinta años metiéndome en la cabeza lo siguiente: Ventas = Ingreso. Tu habilidad de vender, es decir, de comunicar y de posicionar tus fortalezas, tiene un impacto directo en tu éxito.

Como mencioné anteriormente, mi padre pobre trabajó con cada vez más ahínco y se hizo más competente, pero también se fue quedando atrapado a medida que se fue especializando. A pesar de que su sueldo aumentó, las opciones disminuyeron. Poco después de que lo vetaron de los puestos en el gobierno, descubrió lo vulnerable que era en el aspecto profesional. Fue algo similar a cuando los atletas se lesionan o se vuelven demasiado viejos para continuar jugando. Se quedan sin el trabajo que les daba un altísimo sueldo y ya no pueden contar con sus habilidades y talentos. Creo que ésa fue la razón por la que mi padre, el maestro Kiyosaki, apoyó tanto a los sindicatos después de su fracaso profesional: porque comprendió lo mucho que le habría beneficiado pertenecer a uno desde antes.

Padre rico nos alentó a Mike y a mí a aprender un poco acerca de todo, a trabajar con gente más inteligente que nosotros y a invitarla a colaborar en nuestros equipos. Es a lo que hoy en día se le llamaría sinergia de especialidades profesionales.

Conozco a exmaestros de escuela que ganan cientos de miles de dólares al año porque poseen habilidades especializadas en su ramo, así como otro tipo de conocimientos y capacidades. Pueden enseñar, pero también vender y comerciar. En lo personal, creo que estas últimas habilidades son las más importantes. A casi todo mundo se le dificulta vender y comerciar porque la gente le tiene mucho miedo al rechazo, pero entre mejor sepas comunicarte, negociar y manejar tu miedo, más sencilla será tu vida. Por esta razón, a toda la gente le doy el mismo consejo que le di a aquella reportera que me entrevistó y que quería llegar a ser una autora de bestsellers.

Ser un especialista técnico tiene ventajas y desventajas. Tengo amigos que son verdaderos genios, pero no se pueden comunicar con otros seres humanos de una manera efectiva y, en consecuencia, obtienen ganancias miserables. A ellos les aconsejo que pasen un año aprendiendo a vender porque, incluso si no ganan nada, sus habilidades para comunicarse mejorarán, y eso es algo muy valioso de por sí.

Además de ser buenos para aprender, vender y comerciar, tenemos que ser buenos maestros y estudiantes. Para ser verdaderamente ricos necesitamos ser capaces de dar y de recibir. En muchos casos, la gente enfrenta dificultades económicas o profesionales porque tiene un problema de generosidad y de saber recibir. Conozco a muchos que son pobres porque no son buenos estudiantes ni buenos maestros.

Mis dos padres eran hombres generosos. Ambos tenían la costumbre de brindar antes de pedir, y su forma de compartir con otros se manifestaba a través de la enseñanza. Mientras más daban, más recibían. En lo referente al dinero, sin embargo, tenían maneras muy distintas de pensar. Padre rico regalaba mucho. Donaba a la iglesia, a caridades y a su fundación. Sabía que para recibir se tiene que dar. Dar dinero a otros es uno de los secretos de las familias que poseen grandes fortunas. Por eso existen organizaciones como la

Fundación Rockefeller o la Fundación Ford. Estos grupos fueron creados para tomar la riqueza, incrementarla y compartirla de manera permanente.

Mi padre pobre siempre decía: "Daré dinero cuando me sobre un poco". El problema era que nunca le sobraba. Por eso, en lugar de enfocarse en la ley más importante del dinero, "si das, recibirás", se enfocaba en trabajar como loco para tratar de tener más. Mi padre pobre prefería pensar lo contrario: "Si recibes, podrás dar".

En conclusión, podría decir que me convertí en mis dos padres. Una parte de mí es un capitalista acérrimo que adora el juego de hacer dinero con el dinero, y la otra parte es un maestro con responsabilidad social que se preocupa profundamente por la creciente brecha entre la gente que tiene recursos económicos y la que no. Debo añadir, sin embargo, que creo que nuestro arcaico sistema educativo es el culpable de este abismo social.

HOY, HACE VEINTE AÑOS...

LOS VIENTOS DEL CAMBIO

Los vientos del cambio relacionados con la educación y los sistemas educativos están soplando... debido a los nuevos bríos en Washington, al nuevo ímpetu relacionado con la manera de elegir escuela, y con el hecho de que los estudiantes están inclinándose por, e incluso exigiendo, maestros con experiencia en el mundo real. Siempre he creído que para que las cosas cambien primero tengo que cambiar yo. Actualmente muchas personas están eligiendo cambiar y ser partícipes de lo nuevo... pero en un sistema anticuado y obsoleto. Los verdaderos ganadores serán los niños, quienes tal vez por fin puedan aprender en la escuela cómo manejar su dinero.

SESIÓN DE ESTUDIO

Capítulo seis

LECCIÓN 6: TRABAJA PARA APRENDER — NO TRABAJES POR DINERO

Capítulo seis
LECCIÓN 6: TRABAJA PARA APRENDER — NO TRABAJES POR DINERO

Resumen

Hace algunos años, una reportera entrevistó a Robert en Singapur. Durante la conversación la joven le reveló que quería convertirse en autora de bestsellers como él. Sin embargo, aunque todo mundo le decía que sus novelas eran excelentes, nunca logró nada con ellas.

Robert le sugirió que tomara un curso de ventas, pero eso ofendió a la reportera. La chica le dijo que contaba con una maestría en Literatura inglesa y que no veía de qué manera aprender a vender podría ayudarle. De hecho, odiaba a los vendedores. Cuando Robert señaló que él era autor de bestsellers, no de los mejores libros, ella contestó que nunca se rebajaría tanto como para aprender a vender y dio por terminada la entrevista.

Hay gente talentosa que, de todas maneras, tiene problemas financieros, como esa reportera. Pero, como lo dijo un asesor de negocios: "Sólo les falta una habilidad más para alcanzar la riqueza".

Muchos decidimos especializarnos, sin embargo, si aprendiéramos y domináramos tan sólo una habilidad más, nuestro ingreso tendría un crecimiento exponencial. En lo referente al tema económico, lo único que casi todo mundo sabe hacer es trabajar más duro.

Si esa reportera tomara algunos cursos de redacción promocional y ventas, y luego consiguiera un trabajo en una agencia de publicidad, aprendería a generar millones con publicidad gratuita. Todo esto le serviría para convertir su siguiente novela en un bestsellers.

Cuando Robert publicó su primer libro, *Si quieres ser rico y feliz, no vayas a la escuela,* un editor le sugirió cambiar el título a *La economía de la educación,* pero Robert sabía que ese título no vendería. A pesar de que él está a favor de la educación, eligió un título controversial porque sabía que eso le permitiría recibir más invitaciones a programas de radio y televisión. Y el libro se vendió.

Después de graduarse de la Academia de la Marina Mercante de Estados Unidos, en 1969, Robert fue contratado como tercero al mando en una flota de petroleros de la empresa Standard Oil. La paga era buena, pero además tenía cinco meses de vacaciones al año. Pudo ser una buena carrera, pero seis meses después renunció y se unió al Cuerpo de Marina para aprender a volar.

En lugar de especializarse —como mucha gente lo hace, entre ellos padre pobre—, Robert trató de adquirir nuevas habilidades. Padre rico lo apoyó en eso y le dijo que tenía que aprender un poco sobre todo. Por eso Robert y Mike, su amigo, tuvieron tantos empleos en su niñez y su adolescencia: para acumular una variedad amplia de experiencias.

Padre pobre no entendió por qué había renunciado a la Standard Oil. Pensó que Robert había decidido regresar a la escuela para convertirse en un oficial de barco. No obstante, padre rico sabía que regresó para aprender sobre comercio internacional y que se había unido al Cuerpo de Marina para aprender a guiar tropas. Esa habilidad de liderazgo le serviría mucho en cualquier negocio que hiciera más adelante.

En 1973 Robert renunció a su puesto y, a pesar de que era una persona tímida, consiguió un empleo de ventas en Xerox. Esta empresa tenía uno de los mejores programas de entrenamiento en ventas del país; ahí Robert superó su miedo a tocar puertas y ser rechazado. Luego de ocupar de manera constante un lugar entre los mejores vendedores de la empresa, renunció.

Robert fundó su primera empresa en 1977. Vendía carteras que se fabricaban en el Lejano Oriente y luego eran enviadas a una bodega en Nueva York. Había llegado el momento de poner a prueba sus alas. Hasta la fecha sigue haciendo negocios a nivel internacional.

La mayoría de la gente trabaja muy duro para conseguir un trabajo fijo, y se enfoca en el sueldo y las prestaciones a corto plazo. Pero lo que en realidad debería hacer es buscar un empleo que le permita aprender las habilidades que necesitará.

¿La gente tendrá claro adónde se dirige o sólo se concentrará en eso hasta que llegue el siguiente cheque de nómina? En su libro *El mito del retiro*, Craig S. Karpel habla de los muchos desafíos que le esperan a la gente al jubilarse, y del aterrador panorama que se avecina.

Robert recomienda una visión a largo plazo: en lugar de sólo trabajar por dinero y seguridad, busca un segundo empleo para aprender otra habilidad. Mucha gente se resistirá a esto porque no está lista para el cambio, pero es como ir al gimnasio. Lo más difícil es decidirse a empezar, pero en cuanto termine el entrenamiento, estarás contento de haber ido.

Si no quieres trabajar para aprender algo nuevo e insistes en alcanzar un alto nivel de especialización en tu ramo, asegúrate de que la empresa para la que trabajes tenga un sindicato porque, de otra manera, tus habilidades únicas podrían no servirte de nada fuera de ahí.

Robert les pregunta a sus alumnos cuántos de ellos pueden hacer una hamburguesa mejor que McDonald's, y la mayoría levanta la mano. Sin embargo, la razón por la que McDonald's hace millones de dólares y los alumnos no, es porque esta empresa tiene excelentes sistemas de negocios.

El mundo está lleno de gente talentosa y pobre. Para poder alcanzar el éxito, estas personas necesitan tomarse el tiempo necesario para adquirir más habilidades, como el manejo de los sistemas de negocios de McDonald's, por ejemplo.

Padre pobre quería que Robert se especializara, a pesar de que eso no le funcionó a él. Nunca entendió que la especialización puede convertirse en una trampa y obligarte a depender de ella.

Padre rico, en cambio, animó a Mike y a Robert a separarse y a aprender todo lo posible acerca de las distintas áreas de negocios.

La generación de la Segunda Guerra Mundial consideraba que era un error saltar de una empresa a otra, pero en la actualidad es algo recomendable porque te permite aprender más y obtener beneficios a largo plazo.

Las principales habilidades de *management* que se requieren son: 1) manejo del flujo de efectivo, 2) manejo de sistemas y 3) manejo de gente. Por otra parte, las habilidades especializadas más necesarias son: ventas y marketing. Por último, recuerda que para tener una vida exitosa es crucial saber escribir, saber negociar y saber desempeñarse como orador. Robert trabaja constantemente en todas estas áreas. Asiste a cursos o adquiere herramientas educativas para acrecentar su conocimiento.

A la mayoría de la gente se le dificulta vender y hacer *marketing* porque no le gusta que le digan que no. Por eso, entre mejor seas para comunicarte, negociar y manejar tu miedo al rechazo, más sencilla será tu vida.

Especializarse en el aspecto técnico tiene ventajas y desventajas. La gente que pertenece a esta categoría necesita acrecentar sus habilidades de comunicación.

Todos tenemos que aprender a ser buenos maestros y buenos alumnos porque, para ser ricos de verdad, debemos ser capaces tanto de dar como de recibir.

Padre rico y padre pobre compartían algo con la demás gente por medio de la enseñanza, sin embargo, padre rico también hacía donaciones a su iglesia, a caridades y a su fundación. Él sabía recibir dinero, pero también darlo. Padre pobre siempre decía que donaría si pudiera, si le sobrara, pero nunca le sobró. En vez de creer en "da y se te multiplicará", era partidario de "recibe y, si te sobra, da".

Robert se convirtió en sus dos padres, es decir, un capitalista acérrimo que adora el juego de hacer dinero, y un maestro con responsabilidad social que se preocupa profundamente por la creciente brecha entre la gente que tiene recursos económicos y la que no. No obstante, le atribuye esta brecha al arcaico sistema educativo.

Momento del hemisferio izquierdo: Tal vez si haces cuentas, no te parecerá lógico renunciar a un empleo promisorio para irte a trabajar a otro lado, pero las habilidades que adquirirás te harán ganar mucho más dinero a largo plazo.

Momento del hemisferio derecho: Adquirir habilidades que no pertenecen a lo que consideras tu profesión te beneficiará.

Momento subconsciente: Esa situación que más miedo te da es justo la que necesitas dominar para aprender y vencer. Tal vez te tengas que forzar a enfrentarla, pero como sucede cuando uno empieza a ir al gimnasio, al final te dará gusto haberlo hecho.

¿Qué quiso decir Robert?

Llegó el momento de reflexionar. Pregúntate: "¿*Qué* quiso decir Robert aquí?" Y: "¿*Por qué* dice eso?" En esta sección puedes o no estar de acuerdo con él, pero el objetivo es *entenderlo*.

Recuerda que este plan de estudios está diseñado para cooperar y apoyar. Dos cabezas piensan mejor que una, así que, si no entiendes la cita, no te alejes. Pide ayuda y tómate tu tiempo para discutir cada frase hasta que te quede clara:

> "La seguridad en el empleo lo era todo para mi padre pobre. Para mi padre rico, lo más importante era el aprendizaje."
>
> "Constantemente me sorprendo al ver lo poco que gana la gente talentosa."
>
> "La palabra 'empleo' en inglés es 'job'. Y JOB es acrónimo de *just over broke*: 'A punto de quebrar'. Por desgracia, hay millones de personas que pueden constatar lo anterior."
>
> "Les recomiendo a los jóvenes que busquen trabajo para aprender, no para ganar dinero."

"Vivir la vida es algo muy parecido a ir al gimnasio. Lo más difícil es decidirse a empezar, pero cuando se supera esa etapa es mucho más sencillo."

"El mundo está repleto de personas pobres con gran talento. Muy a menudo carecen de medios, batallan en el aspecto económico o ganan menos de lo que podrían, no por lo que saben, sino por lo que ignoran."

"Especializarse en el aspecto técnico tiene ventajas y desventajas."

"Dar dinero a otros es uno de los secretos de la mayoría de las familias que poseen grandes fortunas."

Preguntas adicionales

Llegó el momento de tomar las historias de este capítulo y la comprensión de lo que Robert dijo, y aplicar ambos a ti y a tu vida. Hazte las preguntas que se presentan a continuación y discútelas con tu compañero o compañera de estudio. Sé honesto contigo y con la otra persona. Si no te gustan algunas de tus respuestas, pregúntate si estás dispuesto a cambiar y a aceptar el desafío de modificar tus pensamientos y tu manera de pensar:

1. ¿Conoces a gente extremadamente talentosa que gana muy poco dinero? ¿Qué podrían hacer para cambiar esa situación?
2. ¿Has tratado de adquirir habilidades adicionales más allá de tu campo de especialización? ¿Cuál fue el resultado?
3. ¿En alguna ocasión te has quedado en un trabajo seguro en lugar de buscar un nuevo empleo que te habría podido dar más a la larga? ¿En qué te basaste para tomar tu decisión?
4. Si alguien te preguntara cuáles son las habilidades más importantes para la vida laboral, ¿qué le dirías?

5. ¿Qué papel ocupa en tu vida el donar dinero o ayudar a otros? ¿Consideras que es parte importante de tu éxito?

6. ¿Cómo podrías ayudar o dar a otros de una manera distinta a como lo haces actualmente?

NOTAS

CÓMO VENCER LOS OBSTÁCULOS

La principal diferencia entre una persona rica y una pobre es la forma en que manejan el miedo.

En su camino a la independencia económica, la gente puede enfrentarse a obstáculos a pesar de haber estudiado y de contar con una educación financiera sólida. Existen cinco razones por las que ciertas personas podrían verse imposibilitadas para desarrollar abundantes columnas de activos que les generen un flujo de efectivo considerable. Éstas son:

1. El miedo
2. El cinismo
3. La pereza
4. Los malos hábitos
5. La arrogancia

Cómo vencer el miedo

Nunca he conocido a alguien a quien de verdad le guste perder dinero, y tampoco he conocido a ninguna persona rica que nunca haya perdido. Sin embargo, sí he conocido a mucha gente pobre que se jacta de jamás haber perdido un centavo. Naturalmente, estoy hablando de las inversiones.

El miedo a perder capital es muy real y todo mundo lo tiene, incluso los ricos. De hecho, el mayor problema no es tener miedo, sino saber manejarlo. Todo tiene que ver con la forma en que confrontamos las pérdidas, en nuestra actitud y en la manera en que lidiamos con el fracaso. Esto te parecerá sorprendente, pero la principal diferencia entre una persona rica y una pobre radica en la forma en que cada una confronta el temor.

No hay nada de malo en tener miedo; de hecho, está bien ser cobarde cuando se trata de dinero. Incluso así se puede llegar a ser rico. Todos somos héroes en algunos aspectos y cobardes en otros. La esposa de un amigo, por ejemplo, es enfermera en una sala de emergencias. En cuanto ve sangre se pone en acción, pero cada vez que menciono el concepto de inversión, sale huyendo disparada. Yo, en cambio, cada vez que veo sangre, me desmayo.

Padre rico entendía bien las fobias que existen en relación con el dinero. "A algunas personas les aterran las serpientes. A otras les aterra perder dinero. Ambos casos son fobias", decía. Su solución al terror a perder dinero se resumía en esta frase: "Si odias el riesgo y las preocupaciones, más te vale comenzar a ocuparte desde ahora".

Si empiezas siendo joven, es más sencillo volverse rico. No pienso entrar en detalles sobre el tema, pero puedo decir que hay una diferencia abrumadora entre una persona que comienza a invertir a los veinte años y otra que lo hace a los treinta. Existe el rumor de que la compra de la Isla de Manhattan fue producto de una de las mayores gangas de todos los tiempos. Nueva York se compró por 24 dólares en baratijas y cuentitas. Sin embargo, si esos 24 dólares se hubieran invertido a un 8 por ciento anual, para 1995 habrían llegado a valer más de 28 billones de dólares. Manhattan podría ser vuelta a comprar, y aún quedaría dinero para adquirir buena parte de Los Ángeles.

Pero, ¿qué sucede si no cuentas con mucho tiempo o quieres retirarte pronto? ¿Cómo puedes manejar tu miedo a perder dinero?

Mi padre pobre no hizo nada al respecto. Sólo eludió el asunto y se negó a discutir el tema.

Mi padre rico, en cambio, me sugirió pensar como texano. "Me encanta Texas y me agradan los texanos", solía decir. "En Texas todo es más grande. Cuando los texanos ganan, lo hacen en grande, y cuando pierden… lo hacen de una manera espectacular."

"¿Les gusta perder?", inquirí.

"No, yo no dije eso. A nadie le gusta perder. Preséntame a alguien que se ponga feliz cuando le va mal, y sabré que estoy frente a un verdadero perdedor", me explicó padre rico. "Me refiero a la actitud que tienen los texanos respecto al riesgo, la recompensa y el fracaso. Es la manera en que enfrentan la vida. La viven en grande, y no como las personas de por aquí que se comportan como cucarachas en lo que se refiere al dinero: les aterra que alguien pueda hacerles ver la luz, y lloriquean cuando algún empleado del supermercado les da veinticinco centavos de menos al entregarles el cambio."

Padre rico continuó: "Lo que más me gusta es la actitud texana: se enorgullecen de ganar y alardean cuando pierden. Los texanos tienen el siguiente dicho: 'Si te vas a la quiebra, vete en grande'. Pero claro, hay quienes jamás admitirían que cayeron en bancarrota por culpa de una casita dúplex".

Padre rico nos repetía constantemente a Mike y a mí que muchos no

HOY, HACE VEINTE AÑOS…

EL ARTE DE GANAR

El concepto de ganar y nuestro deseo de hacerlo en todas las áreas de nuestra vida fueron el tema de la elección presidencial de Estados Unidos en 2016. Éste es un estado mental, un objetivo al que todos podemos aspirar; algo que nos motiva a aceptar nuestros errores, a aprender de ellos y a mantenernos enfocados en el éxito.

tenían éxito financiero porque, sencillamente, siempre jugaban a la segura. "A la gente le da tanto miedo perder, que de todas formas pierde antes de jugar", nos decía.

Fran Tarkenton, quien alguna vez fue un gran mariscal de campo de la NFL, lo enuncia de otra forma: "Ganar es no tener miedo a perder".

A través de mis experiencias he aprendido que el éxito llega después de haber perdido.

La gente no tiene éxito económico porque su miedo a perder dinero es mucho mayor que su anhelo de volverse rica.

Antes de aprender finalmente a andar en bicicleta, tuve que caerme muchas veces. Por otra parte, jamás he conocido a un golfista absolutamente invicto. Tampoco he conocido a alguien que haya encontrado al "amor de su vida" sin que le hubieran roto el corazón varias veces antes. ¡Ah, y tampoco he conocido a alguien rico que nunca haya perdido dinero!

Por eso la gente no tiene éxito económico, porque su miedo a perder dinero es mucho mayor que su anhelo de volverse rica.

En Texas tienen otro dicho: "Todo mundo quiere irse al cielo, pero nadie quiere morir". La mayoría de la gente sueña con volverse rica, pero como la idea de perder dinero le aterra, nunca llegará al paraíso financiero.

Padre rico solía contarnos a Mike y a mí historias de sus viajes a Texas. "Si de verdad quieren aprender la actitud correcta para enfrentar el riesgo, la pérdida y el fracaso, vayan a San Antonio y visiten El Álamo. La del Álamo es una gran historia sobre gente valiente que eligió luchar a pesar de que sabía que no tenía oportunidad de ganar. Prefirieron morir que rendirse. Es una narración inspiradora que vale mucho la pena analizar a pesar de que en realidad se trata de una trágica derrota militar. Porque, admitámoslo: a los texanos les patearon el trasero. Pero ¿cómo lidiaron con el fracaso? Pues gritando: '¡Recuerden el Álamo!'"

Mike y yo escuchamos esta historia en muchas ocasiones. Padre rico nos la contaba cada vez que estaba a punto de participar en un negocio importante y se encontraba un poco nervioso. En cuanto terminaba de hacer toda la tarea correspondiente a la transacción en puerta y llegaba el momento de poner el dinero o decidir no participar, nos recordaba la historia del Álamo. También lo hacía cada vez que tenía miedo de cometer un error o de perder dinero. La anécdota le daba fuerza porque le recordaba que siempre podía transformar una pérdida financiera en un éxito.

Padre rico sabía que cada fracaso lo fortalecía y lo hacía más inteligente. Por supuesto, no quería perder, pero sabía quién era y de qué forma confrontaría la pérdida: la tomaría y la convertiría en un triunfo. Eso era lo que lo hacía un ganador y, a los otros, perdedores. Su actitud le daba el valor de cruzar la línea cuando los otros se echaban para atrás. "Por eso me gusta tanto Texas", decía. "Ahí tomaron un fuerte fracaso y, con un poco de inspiración, lo transformaron en... un destino turístico con el que ganan millones de dólares."

Perder inspira a los ganadores. A los perdedores, los vence.

Pero quizá las palabras de padre rico que más continúan haciendo eco en mi memoria son: "Los texanos no entierran sus fracasos: se inspiran en ellos. Los toman y los convierten en aullidos de ánimo renovado. El fracaso inspira a los texanos a volverse ganadores. Por suerte esta fórmula no les pertenece sólo a ellos, sino a todos los que saben ganar".

Ya comenté que para aprender a andar en bicicleta tuve que caer varias veces, pero recuerdo que cada caída fortaleció mi decisión de aprender a andar en ella. También mencioné que jamás he conocido a un golfista invicto. Esto se debe a que cuando los golfistas

267

profesionales del más alto nivel pierden una pelota o un torneo, se sienten inspirados a ser mejores, a practicar con más ganas y a estudiar más. Eso es lo que los hace superiores. Perder inspira a los ganadores. A los perdedores, los vence.

Me gusta mucho citar a John D. Rockefeller, quien dijo: "Siempre he tratado de transformar cada desastre en una nueva oportunidad".

Como soy japonés-estadounidense, me identifico plenamente con esta filosofía. Mucha gente dice que Pearl Harbor fue un error por parte de los estadounidenses, pero yo creo que fueron los japoneses quienes se equivocaron. En la película *Tora, Tora, Tora* un sombrío almirante japonés les dice a sus subordinados en medio de la celebración: "Me temo que acabamos de despertar a un gigante dormido". La frase "recuerden Pearl Harbor" también se convirtió en un grito de fortalecimiento y transformó una de las mayores derrotas de los estadounidenses en una razón para ganar. Este gran fracaso les dio fuerza y, gracias a ello, en poco tiempo Estados Unidos resurgió y se transformó en una potencia mundial.

El fracaso inspira a los ganadores y vence a los perdedores, pero esto sólo lo saben quienes triunfan; es un secreto que los timoratos jamás entenderán. El fracaso te puede inspirar a ganar y despojarte por completo del temor a perder. Recuerda la frase de Fran Tarkenton: "Ganar es no tener miedo a perder". La gente como él no tiene miedo a perder porque se conoce bien a sí misma. Odia que le vaya mal, y por eso sabe que la derrota sólo la alentará a ser mejor. Hay una gran diferencia entre odiar y tener miedo de perder. A la gente le da tanto miedo perder que de todas formas lo hace antes de siquiera jugar. Muchos caen en bancarrota por culpa de una casita dúplex. Siempre van a la segura en las apuestas económicas y nunca juegan en grande. Compran casas y automóviles ostentosos, pero no invierten en serio. El 90 por ciento de los estadounidenses tienen problemas económicos porque juegan con la intención de no perder, nunca para ganar.

Casi todos se acercan a asesores financieros, contadores o corredores, y compran un portafolio balanceado. La mayoría tiene mucho dinero en certificados de depósito, bonos de bajo rendimiento, fondos mutualistas que pueden ser intercambiados dentro de la misma familia de fondos, y algunas acciones individuales. Es un portafolio seguro y prudente, pero no sirve para ganar en serio. Es lo que compraría alguien que juega con la intención de no perder.

Pero no me malinterpretes. El que acabo de describir es tal vez un mejor portafolio que el que tiene el 70 por ciento de la población, y eso es lo que más me asusta. Digamos que es una combinación perfecta para alguien que disfruta de la seguridad. Sin embargo, jugar sin riesgos y de una manera equilibrada con un portafolio de inversiones no es la manera en que los inversionistas exitosos se lanzan a la batalla. Si tienes poco dinero y quieres volverte rico, primero tienes que enfocarte, es decir, dejar de ser equilibrado. La gente equilibrada no llega a ningún lado, sólo permanece en un lugar. Para avanzar, primero tienes que desbalancearte un poco, dejarte ir. Tan sólo observa la forma en que avanzas al caminar.

Thomas Edison, más que ser una persona equilibrada, se enfocaba bien en ciertos aspectos. Bill Gates, Donald Trump, George Soros, se mueven en esta misma categoría. George Patton no abrió la alineación de sus tanques: los enfocó e hizo volar los puntos vulnerables de la ofensiva alemana. Los franceses extendieron la Línea Maginot, y, bueno, ya sabes lo que les sucedió.

Si deseas llegar a ser rico, tienes que enfocarte. No hagas lo mismo que los pobres y la clase media, que ponen algunos huevos en distintas canastas. Coloca muchos huevos en pocas canastas y ENFÓCATE. Recuerda el significado de las siglas FOCUS en inglés: *follow one course until succesful* (sigue un solo camino hasta alcanzar el éxito).

Si odias perder, entonces juega a la segura. Si perder te debilita, no te arriesgues. Sólo invierte de manera equilibrada. Si tienes más de 25 años y te aterra la idea de correr riesgos, no cambies. Juega a la segura pero empieza pronto. Comienza a acumular huevos en el nido lo antes posible, porque te tomará más tiempo que a otros.

Pero si acaso sueñas con la libertad, con escapar de la Carrera de la Rata, lo primero que tienes que preguntarte es: "¿Cómo reacciono ante el fracaso?" Si el fracaso te inspira a ganar, tal vez debas lanzarte, pero sólo tal vez. Si, en cambio, te debilita o te hace perder la cordura como a los niños malcriados que les hablan a sus abogados para interponer una demanda cada vez que las cosas no salen como esperaban, entonces juega a la segura. No renuncies a tu empleo. O compra bonos y fondos mutualistas. Pero recuerda que estos instrumentos también presentan riesgos financieros a pesar de lo inocuos que parecen ser.

Te digo todo esto, y mencioné a Texas y a Fran Tarkenton, porque creo que acumular activos es algo sencillo. Es un juego que no exige de grandes aptitudes ni de mucha educación. Puedes hacerlo con las matemáticas que aprendiste hasta quinto de primaria, pero eso sí: vas a necesitar mucha actitud. Se requiere de agallas, paciencia y una personalidad dispuesta a lidiar con el fracaso. Los perdedores siempre evitan perder, pero el fracaso es lo que templa el espíritu de los ganadores. ¡Recuerda El Álamo!

Cómo vencer el cinismo

"¡El cielo se cae! ¡El cielo se cae!" Casi todos conocemos la historia del pollito de la fábula —mejor conocido como Chicken Little— que corrió por todo el corral para advertir a los otros de la inminente catástrofe. También conocemos a gente que se comporta de esa manera porque, en realidad, todos tenemos un Chicken Little en nuestro interior. Como ya lo mencioné, el cínico es ese pollito en el que todos nos convertimos cuando el miedo y la duda empañan nuestros pensamientos.

Claro, todos dudamos: "No soy inteligente", "No soy suficientemente bueno", "Fulanito es mejor que yo". Todas estas dudas nos paralizan y nos hacen jugar el juego del ¿Y si…? "¿Y si la economía colapsa justo después de que yo invierta?", "¿Y si pierdo el control y no puedo devolver el dinero prestado?", "¿Y si las cosas no salen como las planeé?" También tenemos amigos y seres queridos que nos recuerdan nuestras limitaciones diciéndonos cosas como: "¿Qué te hace pensar que puedes lograr algo así?", "Si es tan buena idea, ¿por qué nadie más la ha llevado a cabo?", "Eso nunca va a funcionar, no sabes de lo que hablas".

A veces, estas manifestaciones de duda se vuelven tan fuertes que nos impiden actuar y nos provocan una espantosa sensa-

HOY, HACE VEINTE AÑOS…

LOS ERRORES SON OPORTUNIDADES DE APRENDER

La escuela nos ha condicionado a evitar los errores. De hecho, castiga a los estudiantes que los cometen. En la vida real, sin embargo, he aprendido que si los reconocemos, los evaluamos y los utilizamos como una herramienta para tomar mejores decisiones en el futuro, los errores pueden convertirse en algo invaluable. A veces, un poquito de miedo puede resultar sano, pero no debemos tener temor de equivocarnos. Los errores pueden ser algo bueno si sabemos identificar la lección que cada uno nos enseña.

ción en el estómago. No nos dejan dormir ni seguir adelante, así que decidimos quedarnos en un lugar seguro y permitir que las oportunidades nos pasen de largo. Nos quedamos contemplando la vida, sentados e inmóviles, con un nudo en la garganta. Creo que todos hemos pasado por esto alguna vez, pero hay para quienes la experiencia es más frecuente.

Peter Lynch, del fondo mutualista Fidelity Magellan, dice que esas advertencias de que el cielo se va a caer son sólo "ruido", pero que toda la gente las escucha.

Este ruido puede generarse en nuestra mente o provenir del exterior, es decir, de amigos, familiares, compañeros de trabajo y medios de comunicación. Lynch recuerda que en la década de los cincuenta, cuando en las noticias prevalecía la amenaza de una guerra nuclear, la gente empezó a construir refugios y a almacenar agua y comida. Si hubieran invertido su dinero sabiamente en el mercado en lugar de construir refugios nucleares, tal vez ahora gozarían de la libertad financiera.

Cada vez que la violencia surge en una ciudad, las ventas de armas se incrementan en todo el país. Si una persona muere por comer una hamburguesa con carne término medio en Washington, el Departamento de Salud de Arizona ordena que todos los restaurantes sirvan la carne de res bien cocida. Si una empresa farmacéutica pasa en febrero un comercial de televisión de gente enfermándose de gripe, aumenta el número de gente agripada, y las ventas de medicinas para el virus se acrecientan.

La mayoría de la gente es pobre porque el mundo está lleno de pollitos que andan por ahí corriendo y gritando: "¡Se cae el cielo! ¡Se cae el cielo!" Por desgracia, estos gritos de alarma resultan efectivos porque vivimos atemorizados. A veces se requiere de mucho valor para no permitir que los rumores y los comentarios negativos y pesimistas te llenen de dudas y vacilaciones. Pero un inversionista experimentado sabe que los que parecen ser los peores tiempos son en realidad los mejores para hacer dinero. Cuando toda la demás gente tiene demasiado miedo de actuar, los inversionistas jalan el gatillo y reciben su recompensa.

Hace algún tiempo, un amigo llamado Richard vino de Boston para visitarnos a Kim y a mí en Phoenix, y quedó muy impresionado con lo que vio que habíamos logrado con acciones y bienes raíces. Los precios de los inmuebles en Phoenix se encontraban deprimidos. Pasamos dos días mostrándole lo que nos pareció que eran excelentes oportunidades para conseguir flujo de efectivo y apreciación de capital.

Ni mi esposa ni yo somos corredores de bienes raíces: somos inversionistas. Tras encontrar una casita en una comunidad vacacional, llamamos a un agente que se la terminó vendiendo a Richard esa misma tarde. El precio era de 42 000 dólares por una propiedad de dos habitaciones. Había otros inmuebles de características similares que ofrecían por 65 000. Richard había encontrado una ganga. Emocionado, adquirió la casita y volvió a Boston.

Dos semanas después nos llamó el corredor para avisarnos que nuestro amigo se había echado para atrás. Lo llamé de inmediato para preguntarle la razón, y lo único que me dijo fue que había hablado con su vecino y que éste le había dicho que era un mal negocio, que estaba pagando demasiado. Le pregunté a Richard si su vecino era inversionista. Me dijo que no. Entonces le pregunté por qué le había prestado atención, y él sólo se puso a la defensiva y dijo que quería seguir buscando.

El mercado de bienes raíces de Phoenix dio un revés y, unos años más tarde, esa misma casita se rentaba por mil dólares al mes, y 2 500 en los meses pico de invierno. El inmueble había llegado a costar 95 000 dólares. Richard sólo habría tenido que dar 5 000 dólares para comenzar a salir de la Carrera de la Rata. Hasta la fecha no ha hecho nada.

La verdad es que no me sorprendió que se retractara. A eso se le llama arrepentimiento del comprador y nos afecta a todos. El pollito ganó y la oportunidad de alcanzar la libertad se esfumó.

Te daré otro ejemplo. Tengo una pequeña parte de mis activos en certificados de gravamen impositivo en lugar de en certificados de depósito. De esta manera obtengo una tasa de 16 por ciento anual por mi dinero, que ciertamente es superior a las tasas que ofrecen los bancos sobre los certificados. A los certificados de gravamen impositivo los respaldan y aseguran los bienes raíces, y cuentan con el refuerzo de la legislación estatal. Todo esto también es mejor que lo que ofrecen los bancos. La fórmula con que se adquieren los hacen seguros. Lo único que les hace falta es liquidez, por eso los veo como certificados de depósito en un esquema de dos a siete años.

Casi cada vez que le digo a alguien que tengo mi dinero en esta modalidad, y en especial si ese alguien tiene certificados de depósito, me dice que lo que hago es peligroso y que debería buscar otra opción. Entonces yo le pregunto a esa persona de dónde sacó su información, y su respuesta es que la obtuvo de un amigo o de una revista de inversiones. Es decir, es algo que jamás han hecho y están tratando de decirle a alguien más —que ha decidido aventurarse de una manera informada— que no debería hacerlo. El rendimiento más bajo que acepto es 16 por ciento, pero la gente está llena de dudas y está dispuesta a aceptar algo todavía muy por debajo de esa cifra. Evidentemente, la duda es muy costosa.

Lo que trato de decir es que todas esas vacilaciones y cinismo son lo que mantiene a la gente jugando a la segura. El mundo real está a la espera de que te vuelvas rico, pero los titubeos podrían hacerte fracasar. Como ya dije, salir de la Carrera de la Rata es técnicamente sencillo porque no se necesita demasiada educación. No obstante, las dudas pueden convertirse en verdaderos impedimentos para mucha gente.

"Los cínicos nunca ganan", decía padre rico. "El miedo y la duda desenfrenada producen cínicos." "Los cínicos critican y los ganadores analizan." Ésta era otra de sus frases favoritas. Padre rico nos explicaba que la crítica podía cegarnos, en tanto que el análisis abriría nuestros ojos. El análisis les permite a los ganadores confirmar que los críticos están ciegos y detectar oportunidades que los demás soslayan. Esto es fundamental porque la clave del éxito radica en encontrar lo que las otras personas dejan pasar.

Los bienes raíces son una sólida herramienta de inversión para cualquier persona que esté tratando de conseguir su independencia o libertad financiera. Es una herramienta de inversión única. Sin embargo, cada vez que los menciono, escucho cosas como: "Pero yo no quiero estar reparando inodoros". Es a lo que Peter Lynch le llama ruido, y lo que padre rico habría considerado "barullo cínico": todo eso que dice alguien que critica sin analizar, alguien que permite que sus dudas y miedos le cierren la mente en lugar de que le abran los ojos.

Es por eso que, cuando alguien dice "pero no quiero estar reparando inodoros", siempre me dan ganas de contestarle: "¿Y qué te hace pensar que yo sí?" De cierta forma esa gente está diciendo que su desagrado por un inodoro es más importante que lo que desea en la vida. Yo les estoy hablando de liberarse de la Carrera de la Rata y ellos se enfocan en inodoros. Éste es el tipo de esquema de pensamiento que mantiene a tanta gente pobre. Critican en lugar de analizar.

"Los 'yo-no-quiero', son lo que te impide alcanzar el éxito",

HOY, HACE VEINTE AÑOS…
APROVECHAMIENTO DE LA DEUDA Y LAS LEYES FISCALES

Hay mucha gente que ofrece asesoría financiera en la actualidad. Algunos le dicen a la gente que corte en dos sus tarjetas de crédito, y otros defienden la idea de deshacerse de las deudas. Kim y yo seguimos aplicando las lecciones de padre rico para aprovechar la deuda y los impuestos para acrecentar nuestra riqueza. Nuestra fórmula se conforma de la educación financiera, la comprensión de la diferencia entre la deuda buena y la deuda mala, y el aprovechamiento de las leyes fiscales que hacen los ricos.

diría padre rico. Precisamente porque yo tampoco quiero reparar inodoros, siempre busco con mucho cuidado administradores inmobiliarios que se encarguen de eso. Y claro, cuando encuentro al administrador adecuado para que maneje las casas o departamentos, mi flujo de efectivo se incrementa. Pero lo más importante es que un buen administrador me permite comprar más bienes raíces porque no tengo que ocuparme de reparar los inodoros. La clave del éxito en los bienes raíces es conseguir un administrador impecable. Para mí, de hecho, es más importante encontrar administradores que inmuebles. Además, no es nada raro que un buen administrador se entere de excelentes negocios inmobiliarios, incluso antes de que lo hagan los corredores, lo que los hace todavía más valiosos.

Eso es a lo que padre rico se refería con "Los 'yo-no-quiero', son lo que te impide alcanzar el éxito." Como yo tampoco quería encargarme de los inodoros, encontré la manera de comprar más bienes raíces y acelerar mi salida de la Carrera de la Rata. Con frecuencia, la gente que sigue diciendo "No quiero reparar inodoros", se niega a sí misma la oportunidad de aprovechar este vigoroso vehículo de inversión. Al parecer, su desagrado por los inodoros le parece más importante que su libertad.

En el caso del mercado de valores, a menudo escucho a gente expresar miedos como: "No quiero perder dinero". Muy bien, pero ¿qué les hace pensar a esas personas que a mí, o a cualquier otro, le agrada perder dinero? No se vuelven ricos porque decidieron no perder. En lugar de analizar, cierran su mente frente a otro importante vehículo: el mercado de valores.

En una ocasión iba con un amigo y pasamos por la gasolinería de nuestro vecindario. Mi amigo se fijó en los precios y notó que el de la gasolina estaba subiendo y, por tanto, también el del petróleo. Antes de seguir, debo aclarar que mi amigo es un manojo de nervios o un Chicken Little, si prefieres llamarlo así. Para él, el cielo siempre está a punto de caerse y, por lo general, se cae sobre él.

En cuanto llegamos a casa me enseñó todas las estadísticas que demostraban que el precio del petróleo iba a subir en los siguientes años. Eran estadísticas que yo jamás había visto a pesar de que era dueño de una cantidad interesante de acciones de una compañía petrolera en operación. Con esa información de inmediato comencé a buscar una nueva compañía petrolera. Rápidamente identifiqué una empresa subestimada que estaba a punto de encontrar depósitos petroleros. A mi corredor de bolsa le emocionó mucho el hallazgo y compró 15 000 acciones a 65 centavos cada una.

Tres meses después, ese mismo amigo y yo fuimos a la misma gasolinería y, tal como él lo predijo, el precio del galón había aumentado casi 15 por ciento. Una vez más, Chicken Little se preocupó y empezó a quejarse. Yo sonreí porque un mes antes la pequeña compañía encontró petróleo y mis 15 000 acciones incrementaron su precio a más de tres dólares cada una, desde el momento en que mi amigo me hizo notar que la gasolina subiría de precio. Y si todo lo que me dijo es verdad, los aumentos no se detendrán.

Verás, si la gente entendiera cómo funcionan las órdenes *stop loss* en la inversión en el mercado bursátil, por ejemplo, habría más personas invirtiendo para ganar en lugar de para no perder. Una orden *stop* es, en pocas palabras, un mando electrónico que vende tus acciones automáticamente si el precio empieza a bajar, minimizando así las pérdidas y maximizando algunas ganancias. Es una excelente herramienta para aquéllos a quienes les aterra perder.

Por eso, cada vez que escucho que alguien se enfoca en sus "yo-no-quiero" en lugar de concentrarse en lo que sí le interesa, sé que lo hace porque trae mucho ruido en la cabeza. Chicken Little se apoderó de su cerebro y no deja de gritar: "¡El cielo se está cayendo y los inodoros están descompuestos!" Estas personas eluden detalles sórdidos como los inodoros, pero el precio que pagan es demasiado alto: quizá no consigan lo que desean en la vida. En lugar de permitirles analizar, el Chicken Little que habita en ellos los obliga a cerrar la mente.

Por suerte, padre rico me enseñó a lidiar con Chicken Little: "Sólo haz lo que hizo el Coronel Sanders". A los 66 años de edad perdió su negocio y empezó a vivir con la ayuda de Seguridad Social. Pero eso no era suficiente para un hombre como él. El Coronel comenzó a viajar por el país para vender su receta secreta de pollo frito. La gente lo rechazó 1 009 veces antes de que alguien se interesara en comprarla. Entonces, se convirtió en multimillonario a una edad en que la mayoría de la gente renuncia a todo.

"Fue un hombre valiente y tenaz." Así describió padre rico a Harlan Sanders.

Por eso, cuando tengas dudas y un poco de miedo, haz lo que el Coronel Sanders le hizo a su "Little Chicken": ¡Freírlo en aceite!

Cómo vencer la pereza

La gente de negocios suele ser la más perezosa. Todos hemos escuchado anécdotas sobre el hombre que trabaja mucho para ganar dinero. Trabaja como loco para darles a su mujer y a sus hijos lo que necesitan. Pasa muchas horas en la oficina, y los fines de semana también lleva trabajo a casa. Un día llega a su hogar pero lo encuentra vacío. Su esposa se fue y se llevó a los niños. El hombre sabe que han tenido algunos problemas como todas las parejas, pero en lugar de esforzarse por fortalecer la relación, se mantiene muy ocupado en la oficina. Luego, como se encuentra abatido, su desempeño en el trabajo disminuye, y pierde su empleo.

A menudo conozco gente que está demasiado ocupada para cuidar su riqueza. También hay personas que están demasiado ocupadas para cuidar su salud. La causa siempre es la misma: tienen mucho trabajo, están hasta el tope de actividades y permanecen así para no atender algo importante. Nadie tiene que explicarles nada porque, en el fondo, saben lo que está sucediendo. De hecho, si les señalas la situación, suelen enojarse o irritarse.

Si no están ocupados en el trabajo o con los niños, están ocupados viendo televisión, pescando, jugando golf o haciendo compras. A pesar de todo, saben que es sólo una estrategia para eludir algo importante. Es la forma más común de pereza: la pereza que te mantiene demasiado ocupado.

Pero entonces, ¿cuál es el remedio para esta situación? Un poquito de avaricia.

En general, cuando éramos niños nos enseñaron que la avaricia, la codicia o el hecho de desear algo era negativo. "La gente avariciosa es mala", solía decir mamá. Pero en el fondo, todos tenemos el anhelo de poseer cosas bonitas, nuevas o emocionantes.

Para mantener ese anhelo controlado, nuestros padres encuentran formas de suprimirlo a través de la culpa. "Sólo piensas en ti mismo. ¿Qué no te das cuenta de que tienes hermanos y hermanas?", era una de las frases favoritas de mi mamá. "¿Quieres que te compre eso?" "¿Crees que soy la gallina de los huevos de oro?", era de las favoritas de mi padre. ¿Acaso piensas que el dinero crece en los árboles? No somos ricos, ¿sabes?"

Lo que más me molestaba no eran las palabras, sino la iracunda sensación de culpa que las acompañaba.

Y ya para rematar el chantaje, te decían: "Me estoy sacrificando en la vida para comprarte esto, pero lo hago porque nunca tuve la oportunidad de poseer algo así cuando fui niño".

Tengo un vecino que se encuentra en la pobreza más absoluta, pero no puede estacionar su coche en su garage porque lo tiene repleto de juguetes para sus hijos. Esos malcriados tienen todo lo que piden. "Es que no quiero que sientan lo que es querer algo y no poder tenerlo", me dice el vecino todos los días. No ha ahorrado nada para que vayan a la universidad cuando crezcan,

Padre rico creía que la frase "no puedo darme el lujo" cerraba tu cerebro, y que "¿qué puedo hacer para darme el lujo?" lo abría a nuevas posibilidades.

ni para su propia jubilación, pero los niños tienen todos los juguetes que se han fabricado en el mundo. Hace poco el hombre recibió una nueva tarjeta de crédito por correo y los llevó a Las Vegas. "Lo hago por los niños", explicó, con cara de estar haciendo un gran sacrificio.

Padre rico nos prohibía decir "No puedo darme el lujo", pero en casa era lo único que yo escuchaba. Padre rico hacía que sus hijos dijeran: "¿Qué puedo hacer para darme el lujo?", porque creía que la frase "no puedo darme el lujo" cerraba tu mente, mientras que la pregunta "¿qué puedo hacer para darme el lujo?" la abría a nuevas posibilidades.

Pero aún más importante, afirmaba que frases como "no puedo darme el lujo" o "no puedo permitírmelo" eran mentira. El espíritu humano lo sabe. "El espíritu humano es muy, muy poderoso", nos explicaba. "Él sabe que puede lograr cualquier cosa." La cuestión es que si tu mente es perezosa y dice: "No me puedo dar el lujo", en tu interior se empieza a librar una batalla. Tu espíritu se enoja y la mente perezosa se empeña en defender su mentira. El espíritu grita: "Levántate. Vamos al gimnasio a hacer ejercicio", y la mente perezosa contesta: "Pero estoy cansado. Hoy trabajé mucho". O tal vez el espíritu humano dice: "Estoy harto, cansado de ser pobre. Salgamos y volvámonos ricos"; a lo que la mente perezosa responde: "La gente rica es avariciosa. Además, volverse rico implica demasiado trabajo. No es seguro. Podría perder dinero. Ya trabajo mucho en la situación en que me encuentro. Tengo otros pendientes. Mira lo que tengo que hacer esta noche. Mi jefe quiere que lo termine para mañana".

La frase "no puedo darme el lujo" también provoca tristeza e impotencia que, en poco tiempo, conducen al abatimiento e incluso a la depresión. "¿Qué puedo hacer para darme el lujo?" nos abre a posibilidades, emoción y sueños. Por eso a padre rico no le preocupaba tanto lo que queríamos comprar, siempre y cuando entendiéramos que esta última frase fortalece la mente y dinamiza el espíritu.

Ésta es la razón por la que casi nunca nos regalaba cosas a Mike o a mí. En lugar de eso, nos preguntaba: "¿Qué tendrías que hacer para permitirte conseguir lo que quieres?" Eso incluyó la universidad, que nosotros mismos nos pagamos, por cierto. Lo que él quería que entendiéramos era que lo importante no era el objetivo, sino el proceso para alcanzarlo.

El problema que veo en la actualidad es que hay millones de personas que se sienten culpables por tener anhelos o por ser "codiciosas". Es algo que les inculcaron en la infancia. Al mismo tiempo que desean tener lo mejor que se puede conseguir en la vida, su subconsciente, condicionado en la infancia, se rebela: "No puedo comprar eso" o "jamás voy a poder comprármelo".

Yo decidí que quería escapar de la Carrera de la Rata porque ésa fue mi respuesta a la pregunta: "¿Qué puedo hacer para darme el lujo de no volver a trabajar jamás?" Mi mente empezó a generar respuestas y soluciones. Lo más difícil fue enfrentarme al dogma de mis verdaderos padres: "No podemos pagar eso". "Deja de pensar sólo en ti mismo." "¿Por qué no puedes pensar en los demás?" Ellos usaron estas y otras frases similares para infundirme un sentimiento de culpabilidad y así suprimir mi "avaricia".

Pero entonces, ¿cómo se vence la pereza? La respuesta, insisto, es con un poquito de avaricia. Esto significa que debes preguntarte: "¿Y qué hay para mí?" Todas las personas necesitan sentarse y cuestionarse: "¿Cómo sería mi vida si no tuviera que volver a trabajar nunca más?" "¿Qué haría si tuviera todo el dinero que necesito?" Si no se cuenta con ese poquito de deseo de tener algo mejor, es imposible progresar. Nuestro mundo avanza porque todos anhelamos una vida mejor. Los nuevos inventos son producto de nuestro deseo de vivir en mejores condiciones. Vamos a la escuela y estudiamos mucho porque queremos conseguir algo más sólido que lo que tenemos. Así que, cada vez que descubras que estás eludiendo algo que tienes que hacer, ha llegado el momento de preguntarte: "¿Y qué hay para mí?" Sé un poco codicioso. Es el mejor remedio para curar la pereza.

También recuerda que todo exceso es malo. En la película *Wall Street*, Michael Douglas afirmó: "La avaricia es buena". Padre rico lo articuló de otra manera: "La culpa es peor que la avaricia porque le roba el alma al cuerpo". Pero creo que Eleanor Roosevelt lo expresó aún mejor: "Haz lo que tu corazón te diga que es lo correcto porque de todas formas te van a criticar. Mal si lo haces y mal si no lo haces".

Cómo superar los malos hábitos

Nuestra vida es más reflejo de nuestros hábitos que de la educación que recibimos. Después de ver la película *Conan, el bárbaro*, con Arnold Schwarzenegger, un amigo dijo: "Me encantaría tener un cuerpo como el de Schwarzenegger". Casi todos los demás asintieron porque estaban de acuerdo.

"A mí me dijeron que antes era muy flaco y enclenque", agregó otro.

"Sí, yo también supe eso", dijo uno más. "Escuché que tiene el hábito de ejercitarse casi todos los días en el gimnasio."

"Ajá. Supongo que así tiene que ser."

"Nah", repuso el cínico del grupo. "Podría apostar que nació así. Pero dejemos de hablar de Arnold y vayamos por unas cervezas."

Esta conversación es un ejemplo de cuando los hábitos controlan el comportamiento. Recuerdo que en una ocasión le pregunté a padre rico sobre los hábitos de los ricos. En lugar de contestarme enseguida, prefirió enseñarme con un ejemplo como de costumbre.

"¿Cuándo paga tu padre sus recibos y cuentas pendientes?", preguntó padre rico.

"El primer día del mes", contesté.

"¿Y le queda algo después de eso?", continuó.

"Muy poco", contesté.

"Por eso siempre tiene problemas económicos", dijo padre rico. "Tiene malos hábitos." Tu padre les paga primero a todos los demás, y él se paga al último. Y sólo si le queda algo.

"Cosa que normalmente no sucede", añadí. "Pero tiene que pagar lo que debe, ¿no es cierto? ¿Me está diciendo que no debería pagar los servicios?"

"Por supuesto que no", contestó padre rico. "Creo firmemente que las deudas se deben pagar a tiempo. Es sólo que yo me pago primero a mí mismo, incluso antes de pagarle al gobierno."

"¿Pero qué pasa si no tiene suficiente dinero?", pregunté. "¿Qué hace entonces?"

"Lo mismo", me dijo. "Siempre me pago a mí primero, incluso si ando corto de recursos. Mi columna de activos es más importante que el gobierno."

"Pero", insistí, "¿qué no lo pueden meter a la cárcel?"

"Sí, si no pagas, sí", dijo padre rico. "Mira, yo no dije que no pagaras, sólo dije que hay que pagarse a uno mismo incluso cuando el dinero es poco."

"Pero", continué, "¿cómo hace eso?"

"No se trata de cómo. La pregunta es '¿Por qué?'", dijo padre rico.

"Está bien, ¿por qué?"

"Por la motivación", me explicó. "¿Quién crees que se quejará más si no pago, ¿yo o mis acreedores?"

"Mmm, seguramente los acreedores se pondrán como fieras", respondí. Era muy obvio. "Si usted no se pagara, no diría nada. No reclamaría."

"Entonces ahora entenderás que, después de pagarme a mí mismo, la presión de pagarles a mis acreedores será tan fuerte, que me obligará a buscar otras fuentes de ingreso. La presión de pagar se convierte entonces en mi mayor motivación. Yo he trabajado en empleos adicionales, he fundado otras compañías, he realizado intercambios en el mercado de valores, y prácticamente he hecho cualquier otra cosa con tal de evitar que mis acreedores me griten y me hagan pedazos. La presión me hizo trabajar más duro, me forzó a pensar y, en general, me hizo más inteligente y activo en lo que se refiere al dinero. Si me hubiera pagado al final, no habría sufrido la presión, pero estaría en bancarrota.

"Entonces, ¿lo que a usted lo motiva es el miedo al gobierno o a las otras personas a las que les debe dinero?"

"Correcto", contestó padre rico. "Mira, Robert, los recaudadores de impuestos del gobierno son unos bravucones. Todos los cobradores lo son en general, y por eso, la mayoría de la gente cede ante ellos y les paga primero sin haberse pagado a sí misma. ¿Ya conoces la historia del debilucho de 45 kilos al que le arrojan arena en la cara?"

Asentí. "He visto ese anuncio de levantamiento de pesas y clases de fisiculturismo que viene en las revistas de cómics, toda mi vida."

"Bien, pues la mayoría de la gente permite que los bravucones le arrojen arena al rostro. Yo decidí usar el miedo al bravucón para hacerme más fuerte. Otros sólo se debilitan. Forzarme a pensar cómo ganar dinero adicional es como ir al gimnasio a levantar pesas. Entre más entrene a mis músculos mentales del dinero, más fuerte seré. Ahora ya no les tengo miedo a esos bravucones."

Si me pago a mí primero, me fortalezco en los aspectos financiero, mental y fiscal.

Me gustó lo que me dijo padre rico. "Entonces… si me pago a mí primero, me fortalezco en los aspectos financiero, mental y fiscal", exclamé.

Padre rico asintió.

"En cambio, si me pago al final, o no me pago nada, me debilito. Y entonces los jefes, gerentes, recaudadores de impuestos, cobradores y caseros me mangonean toda la vida porque no tengo buenos hábitos monetarios."

Padre rico volvió a asentir. "Como el debilucho de 45 kilos."

Cómo vencer la arrogancia

"Lo que sé me sirve para generar dinero. Lo que no sé, me hace perderlo. Cada vez que he sido arrogante, he perdido. Esto se debe a que cuando tengo una mala actitud, en verdad llego a creer que lo que no sé no es importante", solía decirme padre rico con frecuencia.

He notado que mucha gente utiliza la arrogancia para ocultar su ignorancia. Lo veo a menudo cuando discuto estados financieros con contadores, e incluso con inversionistas.

Tratan de sobrellevar la discusión con un aire de fanfarronería, pero a mí me resulta muy evidente que no saben de lo que están hablando. No me mienten, pero tampoco me dicen la verdad.

En el ámbito del dinero, las finanzas y las inversiones hay muchas personas que no tienen idea de lo que están hablando. La mayoría de la gente de la industria del dinero sólo gorgotea y escupe discursos de ventas como si fueran vendedores de autos usados. Si sabes que eres ignorante respecto a algún tema, lo mejor es que te eduques y aprendas de un experto en el ramo o de un libro sobre la materia.

SESIÓN DE ESTUDIO

Capítulo siete
CÓMO VENCER LOS OBSTÁCULOS

CÓMO VENCER LOS OBSTÁCULOS

Resumen

Las cinco razones principales por las que la gente que ya cuenta con educación financiera podría no llegar a desarrollar un abundante flujo de efectivo son: 1) el miedo, 2) el cinismo, 3) la pereza, 4) los malos hábitos y 5) la arrogancia. Hablemos de cada uno en detalle.

Cómo vencer el miedo

A nadie le gusta perder dinero, pero los únicos que no han perdido algo al invertir son quienes no han invertido jamás.

Todos tienen miedo de perder dinero. Lo que marca la diferencia, sin embargo, es la forma en que uno maneja el miedo y la pérdida. La principal diferencia entre una persona rica y una pobre es su forma de confrontar el temor.

No hay nada malo en temer, pero hay una manera de vencer ese miedo. Puedes empezar a trabajar pronto y permitir que el poder del interés compuesto trabaje a tu favor. Hay una diferencia brutal entre una persona que empieza a ahorrar a los 20 años y una que comienza a los 30, pero ¿qué pasa si no te queda mucho tiempo para invertir o si te quieres jubilar pronto?

Padre rico recomienda pensar como los texanos, quienes ganan en grande y pierden en grande. Lo que importa es tu actitud frente a la pérdida. Cuando los texanos ganan se muestran orgullosos, y cuando pierden les gusta alardear.

En varias ocasiones, Robert ha perdido después de ganar. Es normal. De hecho, nunca ha conocido a una persona rica que no haya perdido dinero en el pasado. La cuestión es que esa gente no permite que el miedo la saque del juego.

La caída del Álamo fue una trágica derrota militar, pero los texanos la convirtieron en grito de guerra: "¡Recuerda el Álamo!" Esto los ha estimulado a conseguir grandes victorias.

Tú tampoco ocultes tus pérdidas, ¡úsalas para inspirarte como lo hacen los texanos!

Las pérdidas son inspiración pura para los ganadores. Para los perdedores sólo son derrotas. En una ocasión, John D. Rockefeller dijo: "Siempre traté de convertir mis desastres en oportunidades".

Incluso Pearl Harbor, una de las grandes derrotas de los Estados Unidos, se transformó en un suceso que impulsó a la nación a convertirse en una potencia mundial.

Los ganadores saben que el fracaso te inspira a ganar, así que ¿por qué temerle si nos puede conducir a la grandeza? Ahora bien, comprende que el hecho de no temerle al fracaso no significa que tenga que gustarte.

La mayoría de la gente le apuesta a no perder, cuando en realidad debería apostar a ganar. Por eso hay muchas personas que tienen problemas financieros. Tal vez tengan un portafolio sano, adecuado y equilibrado, pero eso no quiere decir que sea un portafolio ganador. Están jugando con el objetivo de no perder.

No tiene nada de malo poseer un portafolio equilibrado, pero eso no te va a ayudar a hacerla en grande. Los inversionistas exitosos no juegan así. Al principio debes de tener un poquito de desequilibrio, pero al mismo tiempo debes enfocarte. Pon los huevos en varias canastas —no demasiadas—, y enfócate.

Para construir tu columna de activos no necesitas saber matemáticas avanzadas, pero sí se requiere de valor y de una actitud adecuada frente al fracaso.

Cómo vencer el cinismo

Ya sea debido a nuestra propia incertidumbre o a las dudas de otras personas que forman parte de nuestra vida, con frecuencia permitimos que la duda nos impida actuar. Decidimos jugar a la segura y dejamos que las oportunidades nos pasen de largo.

A veces se requiere de mucho valor para no permitir que los rumores y los comentarios negativos y pesimistas nos llenen de dudas y temor, pero un inversionista experimentado sabe que los que parecen ser los peores tiempos son en realidad los mejores para hacer dinero. Cuando toda la demás gente tiene demasiado miedo de actuar, los inversionistas jalan el gatillo y reciben su recompensa.

Robert dio el ejemplo de un amigo que estaba a punto de comprar un condominio para invertir. La propiedad tenía un excelente precio, pero el amigo se echó para atrás al último minuto porque un vecino, que no era inversionista, le dijo que era un mal negocio. Si se hubiera mantenido firme, habría duplicado su inversión y habría salido pronto de la Carrera de la Rata.

Robert guarda una pequeña porción de sus activos en certificados de gravamen impositivo en lugar de en certificados de depósito, y hay gente que le dice que no debería hacer eso. No obstante, siempre se trata de personas que titubean y carecen de información. Son personas que no han hecho esto nunca, pero de todas maneras le sugieren que se retire. El rendimiento más bajo que recibe Robert es de 16 por ciento, pero quienes tienen dudas están dispuestos a aceptar mucho menos. Vacilar te puede salir muy caro.

La duda y el cinismo le impiden a la gente salir adelante. Padre rico solía decir: "Los cínicos critican, los ganadores analizan". Los ganadores mantienen los ojos abiertos y detectan las oportunidades que todos los demás soslayan.

Los bienes raíces son una poderosa herramienta de inversión para cualquier persona que desee alcanzar la independencia financiera y la libertad. Es una herramienta de inversión única, sin embargo, cada vez que Robert menciona que es un excelente vehículo, la gente le dice cosas como: "Pero yo no quiero estar reparando inodoros". Se enfocan en los inodoros, y eso les impide volverse ricos.

Mucha gente no juega en la bolsa de valores porque no quiere perder dinero, pero al cerrar su mente a este vehículo de inversión, en realidad se está impidiendo a sí misma hacer dinero.

Cómo vencer la pereza

Una de las formas de pereza más comunes consiste en mantenerse ocupado. Es decir, en estar demasiado ocupado para hacerte cargo de tu riqueza, tu salud o tus relaciones personales.

¿Cómo puedes remediar esta situación? Con un poquito de avaricia. Tal vez te cueste trabajo escuchar esto porque a muchos nos criaron con la idea de que la avaricia o el hecho de anhelar algo era malo.

En lugar de decir "No puedo darme ese lujo", pregúntate: "¿Qué puedo hacer para darme el lujo?" Esto abrirá tu mente y te forzará a pensar en soluciones.

De hecho, "No puedo darme ese lujo" es una mentira. El espíritu humano sabe que puede hacer cualquier cosa. Al decir que no eres capaz de lograr algo provocas un conflicto entre tu espíritu y tu perezosa mente. "¿Qué puedo hacer para darme el lujo?", en cambio, fortalece tu pensamiento y dinamiza tu espíritu.

Cuando Robert decidió escapar de la Carrera de la Rata, se preguntó: "¿Cómo podría darme el lujo de no volver a trabajar jamás?", y su mente empezó a generar respuestas y soluciones. Lo más difícil fue luchar contra el dogma que trataba de hacerle sentir culpa para que reprimiera esa "avaricia".

Si no cuentas con ese poquito de avaricia o deseo de tener algo mejor, no puedes progresar. Nuestro mundo avanza porque todos anhelamos una vida mejor. Los nuevos inventos son producto de nuestro deseo de vivir en condiciones mejores. Vamos a la escuela y estudiamos mucho porque queremos conseguir algo más sólido que lo que tenemos.

Naturalmente, la avaricia en exceso es mala, pero siempre puede animarte un poquito.

Cómo superar los malos hábitos

Para ser exitoso debes desarrollar buenos hábitos. Padre pobre siempre les pagaba a los demás primero, y él se pagaba al último. El problema era que rara vez le quedaba algo. Padre rico, en cambio, siempre se pagaba primero a sí mismo, incluso si andaba corto de recursos.

Él sabía que, si no les pagaba, sus acreedores y el gobierno armarían alharaca, pero si él era el último en recibir su dinero, entonces no sentiría ese tipo de presión que te obliga a ser productivo. Forzarse a pensar en una manera de obtener ingresos adicionales para pagarles a sus acreedores lo fortalecía en el aspecto fiscal.

Cómo vencer la arrogancia

Padre rico decía que cada vez que era arrogante y daba por hecho que las cosas que ignoraba no eran importantes, perdía dinero.

Mucha gente usa la arrogancia para ocultar su ignorancia. Durante sus reuniones con contadores, e incluso con inversionistas, Robert descubrió que muchos usaban la fanfarronería para sobrellevar una discusión, pero de todas formas se hacía evidente que no sabían de lo que estaban hablando.

La ignorancia no es necesariamente algo malo si la enfrentas con aprendizaje y si buscas a un experto para aprender de él.

Momento del hemisferio izquierdo: Analiza en vez de criticar. Los cínicos critican, los ganadores analizan y detectan las oportunidades que otros soslayan.

Momento del hemisferio derecho: Supera las malas costumbres forjándote buenos hábitos como pagarte a ti mismo en primer lugar en vez de dejarte para el final.

Momento subconsciente: El miedo al fracaso es lo que mantiene a muchísima gente fuera del juego. Trata de aprovecharlo como inspiración para triunfar, de la misma forma que lo hicieron los texanos con el recuerdo del Álamo.

¿Qué quiso decir Robert?

Llegó el momento de reflexionar. Pregúntate: "*¿Qué* quiso decir Robert aquí?" Y: "*¿Por qué* dice eso?" En esta sección puedes o no estar de acuerdo con él, pero el objetivo es *entenderlo*.

Recuerda que este plan de estudios está diseñado para cooperar y apoyar. Dos cabezas piensan mejor que una, así que, si no entiendes la cita, no te alejes. Pide ayuda y tómate tu tiempo para discutir cada frase hasta que te quede clara:

"La principal diferencia entre una persona rica y una pobre es su forma de confrontar el temor."

"Jamás he conocido a un golfista absolutamente invicto. Tampoco he conocido a gente que se haya enamorado sin que le hayan roto el corazón varias veces. Y tampoco he conocido a ningún rico que nunca haya perdido dinero."

"La gente no tiene éxito económico porque su miedo a perder dinero es mucho mayor que su anhelo de volverse rica."

"Padre rico sabía que cada fracaso lo fortalecía y lo hacía más inteligente. Por supuesto, no quería perder, pero sabía quién era y de qué forma confrontaría la pérdida: la tomaría y la convertiría en un triunfo."

"Los texanos no ocultan sus fracasos, los usan para inspirarse. Los toman y los transforman en gritos de guerra."

"En cuanto el miedo y las dudas aparecen en nuestros pensamientos, todos nos convertimos en el pollito de la fábula."

"Salir de la Carrera de la Rata es técnicamente sencillo porque no se necesita demasiada educación. No obstante, las dudas se convierten en verdaderos impedimentos para mucha gente."

"La frase, 'No puedo darme el lujo' provoca tristeza e impotencia que, en poco tiempo, conducen al abatimiento e incluso a la depresión. '¿Qué puedo hacer para darme el lujo?' nos abre a posibilidades, emoción y sueños."

"Si me pago a mí primero, me fortalezco en los aspectos financiero, mental y fiscal."

"En el ámbito del dinero, las finanzas y las inversiones hay muchas personas que no tienen idea de lo que están hablando."

Preguntas adicionales

Llegó el momento de tomar las historias de este capítulo y la comprensión de lo que Robert dijo, y aplicar ambos a ti y a tu vida. Hazte las preguntas que se presentan a continuación y discútelas con tu compañero o compañera de estudio. Sé honesto contigo y con la otra persona. Si no te gustan algunas de tus respuestas, pregúntate si estás dispuesto a cambiar y a aceptar el desafío de modificar tus pensamientos y tu manera de pensar:

1. ¿De qué manera has experimentado el miedo al fracaso en tu vida? ¿Pudiste superarlo? ¿Cómo?

2. Padre rico recomendaba imitar la actitud de los texanos: Gana en grande, pero si pierdes, haz alarde del fracaso y úsalo como grito de guerra. ¿Qué es lo que más te dificulta adoptar esta actitud? ¿Te emociona o te da miedo?

3. ¿Cómo manejas a los cínicos que tratan de persuadirte de que no corras riesgos que, vistos desde tu perspectiva, tienes buenas probabilidades de enfrentar y superar?

4. ¿Alguna vez has evitado ciertos vehículos de inversión por culpa de los "yo-no-quiero" (como "No invierto en bienes raíces porque yo no quiero estar reparando inodoros")? ¿Crees que podrías reaccionar de manera distinta la próxima vez? ¿Cómo?

5. ¿Estás de acuerdo con la idea de que la pereza se puede curar con un poco de avaricia? ¿Por qué sí? ¿Por qué no?

6. ¿De qué manera te han impulsado en la vida la avaricia o el deseo de tener algo?

7. ¿A quién le pagas primero? ¿A ti o a tus acreedores? Si a ti te pagas al último, ¿qué pasos podrías tomar para cambiar eso?

8. ¿Alguna vez has perdido una oportunidad por culpa de la arrogancia? ¿Qué aprendiste de esa experiencia?

9. ¿Qué área del conocimiento financiero desconoces? ¿A qué materiales o personas recurrirías para aprender por ti mismo sobre ese tema?

Definiciones

STOP: La opción *stop* es un mando electrónico que vende tus acciones automáticamente si el precio empieza a bajar, minimizando así las pérdidas y maximizando algunas ganancias.

NOTAS

NOTAS

CÓMO EMPEZAR

*Hay oro en todos lados,
pero casi nadie sabe identificarlo.*

Me gustaría poder decir que me fue fácil adquirir riqueza, pero te estaría mintiendo. Es por esta razón que, para responder a la pregunta "¿Cómo puedo empezar?", te ofrezco el proceso de pensamiento que llevo a cabo todos los días. En realidad es muy fácil encontrar grandes negocios, eso te lo aseguro. Es casi como andar en bicicleta: después de un poco de tambaleo, todo es miel sobre hojuelas. En lo que se refiere al dinero, sin embargo, es necesario tener mucha determinación para superar la inestabilidad del principio. Es una cuestión personal.

Para encontrar esos negocios que son, "la oportunidad de mi vida", los de millones de dólares, es necesario invocar al genio financiero que creo que todos tenemos en nuestro interior. El problema es que está dormido y en espera de que lo invoquemos. Está dormido porque nuestra cultura nos ha hecho creer que el amor por el dinero es la raíz de todo mal. Nos ha motivado a aprender una profesión para trabajar y ganar dinero, pero no nos ha enseñado a hacer que el dinero trabaje para nosotros. Nos enseñó a no preocuparnos por nuestro futuro económico porque una empresa o el gobierno se encargará de nosotros cuando nos jubilemos. Sin embargo, nuestros hijos, que están siendo educados en el mismo sistema, serán quienes terminen pagando por esta falta de educación financiera. El mensaje sigue siendo que se debe trabajar con ahínco, ganar dinero, gastarlo y, cuando se nos acabe, saber que siempre podremos pedir prestado más.

Por desgracia, 90 por ciento del mundo occidental está de acuerdo con este punto de vista porque es más fácil encontrar un empleo y trabajar por dinero. A ti, que no perteneces a las masas, te ofrezco diez pasos a seguir para despertar tu genio financiero. Son pasos que yo mismo di. Si quieres ponerlos en práctica, será increíble, y si no, inventa algunos propios. Tu genio financiero es suficientemente inteligente para desarrollar una lista personalizada.

Estando en Perú le pregunté a un minero de 45 años por qué estaba tan seguro de que encontraría una mina de oro. Me contestó lo siguiente: "Hay oro en todos lados, pero casi nadie sabe identificarlo".

Me atrevería a decir que tenía razón. En el caso de los bienes raíces, puedo salir cualquier día y encontrar cuatro o cinco negocios potenciales. Una persona promedio, en cambio, saldrá y volverá a casa sin nada, aunque ambos busquemos en el mismo vecindario. Esto sucede porque los demás no han invertido el tiempo necesario para desarrollar su genio financiero.

Los siguientes diez pasos te los ofrezco para que los uses en el proceso para desarrollar los dones que Dios te dio, esos poderes sobre los que solamente tú tienes control.

1. Encuentra una razón que sea más grande que la realidad: el poder del espíritu

Si le preguntaras a la gente si le gustaría volverse rica o ser económicamente libre, la mayoría te diría que sí, pero luego llega la realidad, y el camino se ve muy largo y hay demasiadas montañas que escalar. Lo más sencillo es trabajar por dinero y darle lo que te sobre a tu corredor.

En una ocasión conocí a una joven cuyo sueño era formar parte del equipo olímpico de natación de Estados Unidos. La realidad era que tenía que levantarse muy temprano todos los días —a las cuatro de la mañana— para nadar tres horas antes de ir a la escuela. No salía con sus amigos los sábados por la noche. Debía estudiar y mantener calificaciones altas como cualquier otra estudiante.

Cuando le pregunté qué alimentaba ese sacrificio y su ambición más allá de lo humano, me dijo: "Lo hago por mí misma y por la gente que amo. El amor es lo que me ayuda a superar los obstáculos y a sobrellevar los sacrificios".

Una razón o propósito es la combinación de los "quiero" y los "no quiero" de cada quien. Cuando la gente me pregunta cuál es mi razón para desear ser rico, contesto que se trata de una combinación de anhelos profundamente emocionales, y de otras cosas que no quiero en absoluto.

Enlistaré algunas. En primer lugar los "no quiero", porque son los que, a su vez, producen los "quiero". No quiero trabajar toda mi vida. No quiero conseguir lo que mis padres aspiraban tener, es decir, un empleo seguro y una casa en los suburbios. No me gusta ser empleado. Detestaba que mi papá siempre se perdiera mis juegos de futbol porque estaba demasiado ocupado trabajando. Odié que trabajara muy duro toda la vida para que, al final, el gobierno se quedara con lo que tenía cuando murió. De hecho, al final de sus días no pudo ni siquiera heredarle a alguien aquello por lo que tanto trabajó. Los ricos no hacen eso. Los ricos trabajan duro y les heredan el fruto de su trabajo a sus hijos.

Ahora mencionaré los "quiero". Quiero ser libre para viajar por todo el mundo y tener el estilo de vida que me encanta. Quiero ser aún joven cuando lo haga. Sencillamente, quiero ser libre. Quiero tener el control de mi tiempo y mi vida. Quiero que el dinero trabaje para mí.

Éstas son mis razones emocionales más profundas. ¿Cuáles son las tuyas? Si no son suficientemente fuertes, la realidad que te presente el camino podría superar a tus anhelos. En muchas ocasiones he perdido dinero y me he quedado varado, pero las razones emocionales siempre me mantuvieron de pie y con la intención de seguir adelante. Quería ser libre a los 40, pero me tomó hasta los 47. Sin embargo, tuve muchas experiencias de aprendizaje en el camino.

Como ya lo mencioné, desearía poder decir que fue sencillo, pero estaría mintiendo. Tampoco diría que fue demasiado difícil, porque tenía las motivaciones adecuadas. Aprendí que si uno carece de una razón importante o de un propósito, alcanzar cualquier objetivo se dificulta.

SI NO TIENES UNA RAZÓN IMPORTANTE, NO TIENE MUCHO CASO QUE CONTINÚES LEYENDO, YA QUE TE PARECERÁ QUE MIS RECOMENDACIONES EXIGEN DEMASIADO TRABAJO.

2. Toma decisiones todos los días: el poder de elegir

La capacidad de elegir es lo que hace que la mayoría de la gente desee vivir en un país libre. Todos queremos tener el poder de decidir.

En el aspecto financiero, el poder de elegir sobre nuestro futuro se va incrementando con cada dólar que nos cae en las manos: ser rico, ser pobre o pertenecer a la clase media. Nuestros hábitos de consumo reflejan quiénes somos. La gente pobre, por ejemplo, tiene hábitos pobres. A mí me benefició mucho jugar Monopolio con frecuencia cuando era niño, y como nadie me dijo que era un juego sólo para niños, continué jugándolo hasta que me convertí en adulto. También conté con padre rico, quien me enseñó la diferencia entre un activo y un pasivo. Es por eso que hace mucho, mucho tiempo, siendo todavía un muchachito, elegí ser rico y supe que lo único que tenía que hacer era aprender a adquirir activos, pero activos legítimos. Mike, mi mejor amigo, recibió una columna de activos ya formada, pero también tuvo que decidir si quería aprender a conservarla. Muchas familias ricas pierden sus activos de una generación a otra porque no entrenan a nadie para protegerlos y asegurarse de que sigan creciendo.

La mayoría de la gente elige no volverse rica. Para 90 por ciento de la población, el proceso de enriquecerse representa demasiado trabajo. Por eso muchos se inventan frases como "No me interesa el dinero". "Jamás seré rico." "No quiero preocuparme por el momento. Todavía soy joven". "Cuando gane algo de dinero, comenzaré a pensar en mi futuro." "Mi cónyuge se encarga de las finanzas." El problema de todas estas afirmaciones es que terminan despojando de algo a la persona que elige pensar de esta manera: en primer lugar, la despojan de su tiempo, que es el activo más preciado que existe. Y en segundo, la despojan de la oportunidad de aprender.

El hecho de no tener dinero no debería ser un pretexto para no seguir estudiando temas financieros, sin embargo, todos los días tomamos esa decisión: lo que hacemos con nuestro tiempo y dinero, y lo que permitimos que entre en nuestra cabeza. Ése es el poder de elegir y todos podemos ejercerlo. Yo elegí ser rico y reafirmo mi decisión día a día.

Primero invierte en educación porque el único activo real con el que cuentas es tu mente. Es la herramienta más poderosa sobre la que tenemos dominio. Al tener la edad suficiente, todos tenemos la opción de elegir lo que deseamos pensar. Es decir, tú puedes ver televisión, leer revistas de golf o asistir a una clase de cerámica o de planeación financiera. Eso lo eliges tú. Pero, finalmente, hay mucha gente que compra inversiones en lugar de invertir primero en herramientas para aprender todo sobre ellas.

Hace poco entraron a robar al departamento de una amiga. Los ladrones se llevaron todos los aparatos electrónicos y dejaron los libros. Todos tenemos la misma opción de elegir: 90 por ciento de la población compra televisores, y sólo 10 por ciento adquiere libros de negocios.

¿Qué hago yo? Voy a seminarios. Prefiero los que son de por lo menos dos días porque, de esa manera, me puedo imbuir por completo en el tema. En 1973 vi por televisión a un individuo anunciando un seminario de tres días. El tema era cómo adquirir bienes raíces sin enganche. Invertí 385 dólares, pero el curso me ha remunerado con, por lo menos, dos millones de dólares, si no es que más. Lo más importante, sin embargo, es que me ayudó a comprar mi vida. Gracias a ese seminario no tengo que volver a trabajar jamás. Cada año asisto a por lo menos dos cursos del mismo tipo.

También me encantan los CD y los audiolibros. ¿Por qué? Porque con ellos puedo verificar con facilidad lo que acabo de oír. El otro día escuché a un inversionista con el que estuve en total desacuerdo. Pero en lugar de adoptar una actitud arrogante y crítica, sólo volví a escuchar el fragmento de cinco minutos en donde él se explicaba. Lo hice unas veinte veces, tal vez más. De repente, como mantuve mi mente abierta, entendí qué era lo que quería decir. Fue como magia. Sentí que tenía una ventana para ver la mente de uno de los más grandes inversionistas de nuestro tiempo. Gracias a esa experiencia pude reflexionar profundamente sobre los vastos recursos que ofrecían su educación y experiencia.

El resultado neto: aunque todavía cuento con la forma en que solía pensar antiguamente, ahora también tengo una manera fresca de ver el mismo problema o situación. Cuento con dos formas de analizar una dificultad o tendencia, y eso me parece invaluable. Hoy en día suelo preguntarme cómo harían las cosas o cómo actuarían ciertos hombres de negocios como Warren Buffett, Donald Trump o George Soros, y la única manera en que puedo acceder al conocimiento de empresarios de este tipo es leyendo o escuchando lo que tienen que decir.

La gente arrogante o crítica por lo general tiene baja autoestima y teme correr riesgos. Esto sucede porque si adquieres nuevos conocimientos, primero tienes que cometer errores para entender a fondo lo que acabas de aprender. Pero te aseguro que si ya leíste el libro hasta este punto, la arrogancia no forma parte de tus problemas. La gente arrogante rara vez lee o escucha a los expertos. ¿Para qué, si ya se considera el centro del universo?

Hay muchas personas "inteligentes" que discuten y se defienden cuando una nueva idea choca con su manera de pensar. En este caso, su mal llamada inteligencia, combinada con su arrogancia, da como resultado ignorancia absoluta. Todos conocemos gente que tiene grandes logros académicos o que piensa que es inteligente, pero si le echamos un vistazo a sus hojas de balance general, la veremos desde otra perspectiva. Una persona que es de verdad brillante recibe con gusto nuevas ideas para añadirlas a la sinergia de las que ya tiene acumuladas.

Escuchar es más importante que hablar. Si eso no fuera verdad, Dios no nos habría dado dos orejas y solamente una boca. Hay mucha gente que piensa con la boca y no escucha ni trata de asimilar las nuevas ideas y posibilidades. Es la misma gente que se pasa el tiempo discutiendo en lugar de hacer preguntas.

En lo personal trato de ver mi riqueza desde una perspectiva amplia. No estoy de acuerdo con la mentalidad de volverse rico de la noche a la mañana, tan típica de quienes juegan lotería o apuestan en casinos. Puedo entrar y salir del mercado bursátil, pero nunca dejaré de estudiar. Si tú quieres volar en aeroplano, te recomiendo que, antes que nada, tomes clases. A mí me asombra la gente que adquiere acciones o bienes inmuebles, pero nunca invierte en su mayor activo: la mente. Recuerda que comprar una casa o dos no te convierte en experto inmobiliario.

3. Elige a tus amigos con cuidado: el poder de involucrarse con la gente correcta

Antes que nada, debo aclarar que yo no elijo a mis amigos de acuerdo con sus estados financieros. De hecho, tengo amigos y familiares que viven bajo un voto de pobreza que hicieron hace mucho tiempo, y amigos que ganan millones de dólares al año. El punto es que de todos ellos puedo aprender algo.

Ahora bien, debo admitir que hay gente con la que sigo teniendo una relación de amistad, y que busqué en un principio porque tenía dinero. No quiero decir que estaba tras su fortuna, sino que buscaba su conocimiento. En algunos casos estas personas se volvieron amigos muy queridos para mí tiempo después, y en ese proceso noté que la gente que tiene dinero habla de dinero. No para alardear, sino porque está interesada en el tema. Gracias a esto, puedo aprender de ellos y ellos de mí. A mis amigos que se encuentran en una situación económica mala no les agrada hablar ni de dinero, ni de negocios y mucho menos de inversiones. En muchos casos incluso lo consideran grosero. A pesar de ello, también aprendo mucho de la gente que tiene problemas financieros. Gracias a esos amigos identifico lo que no debo hacer.

Tengo tres amigos que, a su corta edad, ya fueron capaces de generar más de mil millones de dólares. En los tres casos sucede algo muy similar: sus conocidos con problemas económicos nunca los han llamado para preguntarles cómo crearon su riqueza, pero sí para pedirles una de dos cosas, o ambas: un préstamo y trabajo.

ADVERTENCIA: No escuches a gente pobre o asustada. También tengo amigos así y, a pesar de que los adoro, sé que son los Chicken Little de mi vida. Siempre que se trata de dinero, y en especial de inversiones, son quienes salen con: "¡El cielo se cae! ¡El cielo se cae!" También son los que te dicen por qué algo no va a funcionar. El problema es que la gente que los escucha y acepta a ciegas su lúgubre y devastadora información también se convierte en Chicken Little porque, como dice el antiguo refrán: "El que con lobos anda a aullar se enseña".

Si tienes canales de negocios en televisión, ya habrás notado que con frecuencia presentan paneles de expertos. Uno de estos profesionales dirá que el mercado va a colapsar, y otro, que entrará en auge. Si eres suficientemente inteligente, los escucharás a ambos. Mantén la mente abierta porque los dos puntos de vista son válidos. Por desgracia, la mayoría de la gente sólo escucha a Chicken Little.

Tengo muchos amigos cercanos que han tratado, en una ocasión u otra, de disuadirme de participar en un negocio o inversión. Hace poco un amigo me dijo que estaba muy emocionado porque había encontrado certificado de depósito con 6 por ciento. Entonces le dije que yo ganaba 16 con certificados de gravamen impositivo. Al día siguiente me envió un artículo en donde se explicaba por qué mi inversión era peligrosa. Llevo 16 años recibiendo 16 por ciento y él sigue con 6.

Yo diría que uno de los aspectos más difíciles de construir riqueza es el de ser honesto con uno mismo y estar dispuesto a no seguir a las multitudes. La razón es que, en el mercado, la gente que actúa tardíamente y en manada es a la que le va muy, muy mal. Si un buen negocio se presenta en la primera página del periódico es porque, en la mayor parte de los casos, ya es demasiado tarde para participar en él. Busca nuevas posibilidades. Los surfistas decimos: "Siempre vendrá otra ola". La gente que se apresura y atrapa una ola tarde es la que se termina ahogando casi siempre.

Los inversionistas inteligentes no le toman el pulso a los mercados todo el tiempo. Si se les pasa una oportunidad, buscan la siguiente y se colocan en posición para montarla. Esto resulta difícil para la gran mayoría porque da un poco de miedo comprar un producto que no es popular. Los inversionistas tímidos son como ovejitas que o van con el rebaño o sufren por su propia codicia cuando los inversionistas sabios ya cobraron sus ganancias y están por participar en otro negocio. Los inversionistas inteligentes compran inversiones que no son populares. Saben que las ganancias se hacen al adquirir, no al vender. Esperan con paciencia y, como ya dije, no le toman el pulso al mercado. Al igual que el surfista, sólo se colocan en la posición adecuada para la siguiente ola.

Todo tiene que ver con la "información privilegiada". Hay muchas formas de uso de información privilegiada que son ilegales, pero hay otras que están permitidas. De todas maneras, todo está en la información. La única diferencia es ¿qué tan lejos estás del centro de actividad? Tener amigos ricos te ayuda porque el dinero se genera justo en ese círculo, y porque la información es valiosa para este propósito. Es necesario que te enteres del próximo auge para que entres y salgas de él antes del colapso. No estoy diciendo que lo hagas de manera ilegal, pero entre más pronto te pongas al tanto de lo que va a pasar, mayores serán tus probabilidades de obtener ganancias con riesgos mínimos. Para eso son los amigos, para eso es la inteligencia financiera.

4. Domina una fórmula y luego aprende una nueva: el poder de aprender con velocidad

Para hornear pan, los panaderos siguen una receta, aunque sea la única que se saben de memoria. El dinero se genera de la misma forma.

Creo que todos hemos escuchado esa frase que dice: "Eres lo que comes". Pues mi versión es ligeramente distinta: "Eres lo que estudias". Dicho de otra manera, debes tener cuidado con lo que aprendes porque la mente es tan poderosa que puede hacer que lo que recibe te absorba y te transforme. Por ejemplo, si estudias para chef, quedarás absorto en la cocina y sólo querrás cocinar. Si ya no quieres ser chef o cocinero, tendrás que estudiar otra cosa. En lo que se refiere al dinero, las grandes masas suelen tener una fórmula básica que aprendieron en la escuela: trabaja por dinero. Es la misma fórmula que he visto que predomina en el mundo: millones de personas que se levantan, van a trabajar, ganan dinero, pagan sus cuentas, ponen al día sus chequeras, compran algunos fondos mutualistas y vuelven al trabajo. Ésta es la fórmula o receta básica.

Si estás harto de lo que estás haciendo o si no ganas lo suficiente, lo único que tienes que hacer es cambiar de fórmula a través de la manera en que generas tus ingresos.

Hace varios años, cuando tenía 26, asistí a un curso de fin de semana llamado "Cómo comprar en remates inmobiliarios". Me aprendí la fórmula. El siguiente reto consistió en adquirir la disciplina necesaria para poner en práctica de verdad lo que había aprendido. Ahí es en donde la mayoría de la gente se detiene. Durante tres años, mientras trabajaba en Xerox, pasé mi tiempo libre aprendiendo el arte de comprar en remates inmobiliarios. Gracias a eso, he hecho millones de dólares.

Después de volverme un experto en el uso de esa fórmula, empecé a buscar otras. No en todas las ocasiones apliqué la información que recibí en los cursos, pero siempre aprendí algo nuevo.

En este tiempo he asistido a clases para cambistas de derivados, de opciones en *commodities*, y para especialistas en caos. En este último caso me sentí verdaderamente fuera de mi campo de acción porque el salón estaba repleto de gente con doctorados en física nuclear y ciencia espacial. No obstante, aprendí muchas cosas que me ayudaron a hacer que mis inversiones en productos bursátiles y bienes raíces se volvieran más lucrativas y cobraran mayor sentido.

Buena parte de las universidades técnicas y escuelas públicas de educación continua ofrece cursos de planeación financiera y adquisición tradicional de productos bursátiles. Estos cursos son un excelente lugar para empezar a aprender, pero yo siempre estoy en busca de la fórmula más rápida. Es por eso que regularmente hago, en un día, más dinero de lo que mucha gente logra hacer en toda su vida.

Otra aclaración: en el cambiante mundo de hoy ya no cuenta tanto lo que sabes porque el conocimiento se vuelve obsoleto demasiado pronto. Lo que importa es la velocidad con que aprendes. Esta habilidad es invaluable porque te sirve para encontrar las fórmulas más rápidas para hacer dinero, o las recetas, si prefieres verlo de esta forma. Piensa que trabajar duro por dinero ya es una fórmula de la época de las cavernas.

5. Págate primero a ti mismo: el poder de la disciplina personal

Si no puedes controlarte a ti mismo no intentes volverte rico porque no tiene ningún caso invertir, ganar dinero y tirarlo a la basura. La falta de disciplina es lo que hace que mucha de la gente que gana millones en la lotería de repente vuelva a estar en bancarrota. La falta de disciplina personal lleva a la gente a salir corriendo a comprarse un auto nuevo o a apartar un viaje en crucero en cuanto recibe un aumento.

Es muy difícil decir cuál de estos diez pasos es el más importante, pero de todos, éste es seguramente el más difícil de dominar si la disciplina no forma ya parte de tu personalidad. De hecho, me atrevería a decir que la disciplina personal es el factor fundamental para definir la frontera entre los ricos, los pobres y la clase media.

Dicho llanamente, la gente que tiene baja autoestima y baja tolerancia para la presión económica jamás podrá volverse rica. Como ya lo mencioné, la vida se la pasa empujando a la gente de aquí para allá. Esto no necesariamente sucede porque las otras personas sean abusivas, sino porque algunos individuos carecen de control interior y disciplina. Con frecuencia la gente que no tiene fortaleza se convierte en víctima de quienes sí cuentan con disciplina personal.

En las clases de emprendimiento que imparto, constantemente les recuerdo a los asistentes que no deben enfocarse en su producto, servicio o sea lo que sea que vendan, sino en desarrollar sus habilidades gerenciales o de *management*. Las tres habilidades de este tipo más necesarias para comenzar tu propio negocio, son:

1. Flujo de efectivo
2. Gente
3. Tiempo personal

Yo diría que las habilidades para manejar estos tres factores las debe tener todo mundo, no sólo los empresarios. Las tres son relevantes en relación con la forma en que se vive como individuo, o como parte de una familia, negocio, organización de caridad, ciudad o nación.

Cada una de estas habilidades se puede realzar si se logra dominar la disciplina personal, y parte de esa disciplina personal implica pagarte a ti mismo antes que a los demás. Lo digo muy en serio.

La frase "Págate a ti primero" proviene del libro *El hombre más rico de Babilonia*, de George Clason, del que tantas copias se han vendido. Por desgracia, aunque millones de personas repiten la frase como si la entendieran, muy pocos de verdad siguen el consejo. Como ya dije, el alfabetismo financiero le permite a uno leer números, y los números son los que nos cuentan la historia. Al revisar el estado financiero y balance general de una persona, puedo darme cuenta de inmediato si sólo balbucea esta y otras frases o si de verdad practica lo que predica.

Una imagen vale más que mil palabras, por eso ahora vamos a analizar los estados financieros de personas que se pagan a sí mismas primero, y de quienes hacen lo opuesto.

Revisa los diagramas y fíjate si puedes detectar las diferencias. Aquí también es necesario entender el flujo de efectivo para descifrar la historia que nos cuenta. La mayoría de la gente sólo ve los números y pasa por alto lo que comunican.

Gente que se paga a sí misma primero

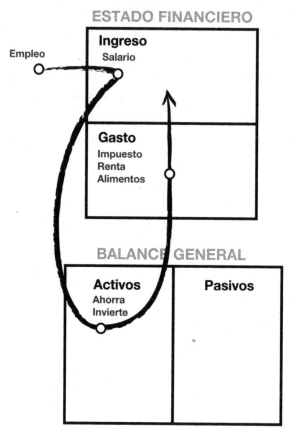

¿Lo ves? El diagrama refleja las acciones de los individuos que eligen pagarse primero a sí mismos. Cada mes asignan dinero a su columna de activos antes de empezar a pagar sus gastos mensuales. A pesar de que millones de personas ya leyeron el libro de Clason y entendieron lo que quiso decir con "Págate a ti primero", al final no lo hacen.

Pero claro, ya empecé a escuchar hasta acá los gruñidos y quejas de todas esas personas que sinceramente creen que se deben pagar los recibos pendientes antes que otra cosa. También puedo escuchar a toda la gente responsable que cubre sus gastos con oportunidad.

No estoy diciendo que debamos ser irresponsables y dejar las cuentas sin pagar; lo único que quiero es que, tal como dice el libro, cada quien se pague a sí mismo primero, antes que a nadie más. El diagrama anterior describe este proceso de la manera correcta.

Gente que les paga primero a todos los demás

Si en verdad puedes empezar a entender el poder del flujo de efectivo, comprenderás muy pronto qué es lo que está mal en el diagrama anterior, o por qué 90 por ciento de la gente trabaja mucho toda su vida y, de todas maneras, necesita del apoyo de Seguridad Social cuando se jubila.

Kim y yo tenemos muchos contadores, tenedores de libros y banqueros a los que esta noción de "Págate a ti primero" les causó muchos problemas porque, a pesar de que eran profesionales del ámbito económico, también hacían lo que todos los demás: pagarse al último.

En varias ocasiones me ha sucedido que, por diversas razones, el flujo de efectivo es mucho menor a la cantidad que debo pagar por concepto de gastos. Aun así, siempre me he pagado primero. Siempre que esto pasó, mi contador y el tenedor de libros gritaron angustiados: "¡La oficina de impuestos vendrá por ti! ¡Te van a meter a la cárcel". "Arruinarás tu historial crediticio." "Te van a cortar la electricidad." De todas formas me pagué a mí primero.

"¿Por qué?", te preguntarás. Porque de eso trataba la historia de *El hombre más rico de Babilonia*: del poder de la disciplina y la fortaleza interior. Lo que padre rico me dijo aquel primer mes que trabajé para él era verdad, la mayoría de la gente permite que la vida la empuje y la mangonee. El recaudador de impuestos te llama y tú "tienes que pagar, o si no…" Un vendedor te dice: "Oh, sólo cárguelo a su tarjeta de crédito". El corredor de bienes raíces te presiona: "Vamos, hágalo. El gobierno le puede otorgar una deducción fiscal sobre su casa". De eso trata el libro: de tener las agallas para nadar contra la corriente y volverse rico. Tal vez no seas una persona débil, pero cuando se trata de dinero, mucha gente se vuelve bastante timorata.

No estoy diciendo que seas irresponsable. Yo, por ejemplo, no tengo una deuda importante en tarjetas de crédito ni en los gastos menores por una sola razón: porque siempre me pago primero. Siempre trato de minimizar mi ingreso porque, sencillamente, no se lo quiero pagar al gobierno. Prefiero que mis ingresos provengan de mi columna de activos a través de una corporación en Nevada porque ya sé que si me pongo a trabajar por dinero, el gobierno me lo va a quitar.

Aunque siempre pago los recibos al final, tengo la suficiente astucia financiera para no caer en una situación incómoda. No me gusta tener deudas de consumo, por ejemplo. De hecho tengo pasivos por encima de los de 99 por ciento de la población, pero no pago por ellos. Eso lo hacen otras personas: se llaman inquilinos. Ahora bien la regla número uno para pagarte a ti mismo antes que a nadie es: para empezar, no incurras en deudas de consumo. Aunque siempre pago mis cuentas y recibos al final, siempre me aseguro de que éstos sean menores, que carezcan de importancia.

Cuando me quedo corto por alguna razón, de todas formas me pago primero a mí y dejo que mis acreedores, e incluso el gobierno, berreen. Me agrada que se pongan bravos. ¿Por qué? Porque en realidad me están haciendo un favor: me inspiran a salir allá afuera para generar más dinero. Por eso me pago primero y luego invierto dinero, y dejo que los acreedores peguen de gritos. De todas maneras, generalmente les pago pronto. Kim y yo tenemos un crédito excelente, es sólo que no cedemos ante la presión ni nos gastamos los ahorros o liquidamos las acciones sólo para cubrir una deuda de consumo. Eso no sería inteligente, financieramente hablando.

**Para poder pagarte a ti mismo primero,
debes tener en mente lo siguiente:**

1. No te coloques en una situación en la que tengas que pagar mucho. Mantén bajos tus gastos. Primero construye activos y después compra la gran casa o ese auto que te vuelve loco. Quedarse atrapado en la Carrera de la Rata no es nada inteligente.

2. Cuando te quedes corto, deja que la presión aumente y no se te ocurra echarte un clavado a tus ahorros o inversiones. Permite que esa situación apremiante inspire a tu genio financiero a encontrar formas novedosas de hacer más

dinero. Luego paga las cuentas y los recibos. Para entonces ya habrás incrementado tu capacidad de generar recursos y tu inteligencia financiera.

Ya en muchas ocasiones he estado en situaciones financieras apretadas, y en cada caso utilicé mi cerebro para generar más ingresos al mismo tiempo que defendí la columna de activos. Mi contador grita, corre y se oculta, pero yo siempre me mantengo como un soldado imbatible que defiende su fuerte: el fuerte de los activos.

La gente pobre tiene hábitos pobres. Uno de ellos es el que se conoce como "el clavado a los ahorros". Los ricos saben que los ahorros sólo se usan para generar más dinero, nunca para pagar recibos y facturas.

Sé que suena impactante pero, como ya dije, si no eres recio en el interior, todo mundo va a querer mangonearte de todas formas.

Si no te agrada la presión financiera, entonces busca una fórmula que funcione específicamente para ti. Una de ellas podría ser recortar gastos, meter el dinero al banco, pagar más de lo que te corresponde en impuestos sobre ingresos, comprar fondos mutualistas seguros y hacer el mismo juramento que hace la gente promedio. Sin embargo, todo lo anterior viola la regla de pagarse a uno mismo primero.

Esta regla no promueve el autosacrificio ni la abstinencia financiera. No significa que te pagues a ti primero y luego te dejes morir de hambre. La vida es para disfrutarse.

Si invocas a tu genio financiero podrás tener todo lo bueno de la vida, ser rico y pagar tus cuentas pendientes. Todo es parte de la inteligencia financiera.

6. Págales bien a tus corredores: el poder de la asesoría de calidad

A veces he visto gente que coloca un anuncio frente a su casa que dice: "Se vende casa. Trato directo". También en la televisión me ha tocado ver anuncios de personas que aseguran ofrecer "Corretaje con descuento".

Pero padre rico me enseñó precisamente a tener un enfoque distinto. Él creía que era importante pagarles bien a los profesionales, y yo adopté su política. Hoy en día tengo abogados, contadores, corredores de bolsa y de bienes raíces, cuyos honorarios son bastante altos. ¿Por qué? Porque si la gente es profesional, sus servicios tienen que producir dinero, y entre más produzcan, más dinero habrá para mí también.

Vivimos en la Era de la Información, lo que significa que los datos son demasiado valiosos. Un buen corredor debe ser capaz de proveerte información y, además, debe tomarse el tiempo necesario para educarte. Tengo varios corredores que hacen justamente eso. Algunos me enseñaron incluso cuando tenía muy poco o casi nada de dinero, y sigo trabajando con ellos hasta la fecha.

Lo que le pago a un buen corredor es una bicoca en comparación con la cantidad de dinero que puedo llegar a obtener con la información que él me provee. Me encanta que mis corredores de bienes raíces o de bolsa ganen mucho dinero porque eso generalmente significa que yo también me estoy llenando los bolsillos.

Además de ayudarme a hacer dinero, un buen corredor me ahorra tiempo. Como aquella ocasión en que compré un terreno por 9 000 dólares y lo vendí de inmediato por 25 000 para poder comprar mi Porsche.

El corredor se vuelve mis ojos y oídos en el mercado. Él está ahí todo el tiempo para que yo pueda irme a jugar golf.

La gente que vende su casa de forma directa seguramente no valora mucho su tiempo. ¿Para qué querría yo ahorrarme unos cuantos dólares si ese mismo tiempo lo puedo ocupar para hacer más dinero o para estar con la gente que amo? Lo que me parece muy curioso es que mucha gente pobre y de la clase media insista en dejar propinas de entre 15 y 20 por ciento, incluso por un mal servicio, pero no esté dispuesta a pagarle entre 3 y 7 porciento a un corredor. Tal pareciera que les gusta dejar propinas que afectan a la columna de gasto, y ahorrarse unos centavos en la de activos. Financieramente hablando, eso no es nada inteligente.

Por otra parte, debes recordar que no todos los corredores son iguales. Por desgracia, la mayoría son sólo vendedores; te venden algo, pero ellos mismos no poseen bienes raíces. Además, debo señalar que hay una diferencia enorme entre un corredor que vende casas y uno que vende inversiones. Pasa lo mismo con los corredores de acciones, bonos, fondos mutualistas y seguros, que se presentan a sí mismos como asesores financieros.

Cada vez que entrevisto a un profesional que cobra honorarios, primero averiguo cuántas propiedades o acciones tiene, y qué porcentaje paga de impuestos. Eso también aplica para mi abogado fiscal y mi contador. De hecho, tengo un contador que ya se está ocupando de sus propios negocios. Se dedica a la contabilidad, pero su negocio son los bienes raíces. Antes tuve un contador que se especializaba en negocios pequeños, pero no tenía bienes raíces. Dejé de trabajar con él porque no estábamos en sintonía respecto a los negocios.

Debes encontrar un corredor que de verdad se preocupe por tus intereses. Muchos tal vez pasen bastante tiempo educándote y podrían llegar a ser tu mejor activo. Si eres justo, ellos lo serán contigo, pero si en lo único que estás pensando es en pagarles menos, ¿por qué querrían ayudarte? La lógica es muy simple.

Como ya dije, una de las habilidades gerenciales más importantes es la que tiene que ver con la gente. Muchas personas sólo tratan con individuos a los que consideran inferiores porque, de esa manera, sienten más control. También hay muchos gerentes de nivel medio que no logran ascender porque sólo saben trabajar con gente que está por debajo de ellos y no pueden lidiar con superiores. La verdadera habilidad radica en tratar con, y recompensar a gente que sea más competente que tú en alguna área técnica específica. Por eso las empresas tienen mesas directivas. Tú también deberías tener una. Eso es inteligencia financiera.

7. Siempre da a cambio de algo: el poder de obtener algo a cambio de nada

Cuando los primeros colonos europeos llegaron a Estados Unidos, se sorprendieron por las costumbres de algunos nativos. Por ejemplo, si el colono tenía frío, el indio le daba una cobija. Pero luego el colono se sentía ofendido porque el indio le pedía que se la devolviera, y él había dado por hecho que se trataba de un regalo. Asimismo, los indios nativos se molestaban al ver que los colonos no querían devolver las cosas. De ahí proviene el término *indian giver*, que se usa en inglés para describir este malentendido cultural.

En lo que se refiere a las columnas de activos, es fundamental comportarse de la misma forma que los nativos norteamericanos. Es decir, la primera pregunta que se hace el inversionista sofisticado es: "¿Qué tan rápido puedo recuperar mi dinero?" También quiere saber lo que va a obtener de manera gratuita, los "beneficios adicionales". Por eso el ROI, o retorno sobre inversión, es tan importante.

Por ejemplo, en una ocasión encontré, a unas cuantas cuadras de donde vivía, un condominio que iba a ser rematado.

El banco pedía 60 000 dólares y yo hice una oferta de 50 000 que aceptaron de inmediato porque, junto con la oferta, mostré un cheque de caja por la misma cantidad. Se dieron cuenta de que hablaba en serio. Muchos

> *La primera pregunta del inversionista sofisticado es: "¿Qué tan rápido puedo recuperar mi dinero?"*

inversionistas dirían: "¿Pero no estás comprometiendo demasiado dinero?" "¿No sería mejor conseguir un préstamo para pagar?" Y la respuesta sería: "En este caso, no". Mi compañía de inversiones utiliza este condominio como una propiedad vacacional que se renta en los meses de invierno, cuando llegan las "aves migratorias" a Arizona. Se renta por 2 500 dólares mensuales, cuatro meses al año. En la temporada baja se renta por 1 000 dólares al mes. Eso significa que recuperé mi dinero en tres años, aproximadamente.

Ahora soy el propietario de este activo que me produce dinero mes tras mes.

Se puede hacer lo mismo con las acciones. Mi corredor me llama con frecuencia para recomendarme que ponga una cantidad importante de dinero en las acciones de una empresa que presiente que está a punto de realizar un movimiento —como anunciar un nuevo producto— que hará que las acciones aumenten de valor. Entonces yo muevo el dinero y lo mantengo en esa empresa entre una semana y un mes, mientras las acciones suben de precio. Luego saco la cantidad que metí originalmente y dejo de preocuparme por las fluctuaciones del mercado. De esa manera recupero mi inversión inicial y estoy listo para trabajar en otro activo. Mi dinero entra y sale, y, al mismo tiempo, me vuelvo propietario de un activo que, técnicamente, obtuve a cambio de nada.

Es verdad, he perdido dinero en varias ocasiones, pero siempre juego con recursos que me puedo dar el lujo de perder. Yo diría que de cada diez inversiones, le doy al clavo en dos o tres; pierdo en dos o tres; y en unas cinco o seis, no pasa nada. Sin embargo, limito mis pérdidas exclusivamente al dinero que tengo involucrado en ese momento en la inversión. La gente que detesta correr riesgos mete su dinero al banco. A la larga, siempre es mejor tener ahorros seguros que no tener nada, pero toma mucho tiempo recuperar tu dinero y, en la mayoría de los casos, no obtienes nada gratis por sólo guardarlo.

Yo siempre me aseguro de que cada una de mis inversiones ofrezca un beneficio adicional, algo gratis. Puede ser un condominio, una minibodega, un pequeño terreno, una casa, acciones o un edificio para oficinas. Además el riesgo debe ser limitado o, por lo menos, bajo. Hay libros completamente dedicados a este tema, por eso no lo abordaré aquí. Ray Kroc, famoso por McDonald's, empezó a vender franquicias de hamburguesas no porque le encantara el negocio de la comida, sino porque quería obtener de manera gratuita los bienes raíces vinculados a las franquicias.

Los inversionistas sabios deben buscar algo más allá del ROI. Tienen que detectar los activos que podrán conservar sin pagar, después de recuperar su dinero. Eso es inteligencia financiera.

8. Usa los activos para comprar los lujos: el poder del enfoque

El hijo de un amigo lleva algún tiempo desarrollando el pésimo hábito de desaparecer el dinero en cuanto cae en sus manos. A los 16 años les pidió a sus padres que le dieran su propio auto. Su argumento fue que "los padres de todos sus amigos ya les habían dado un auto a sus hijos". El chico les dijo a sus padres que quería tomar dinero de sus ahorros para dar el enganche. Fue entonces que mi amigo me llamó y vino a verme.

"¿Crees que debería dejar que lo haga, o crees que tal vez sólo debería comprarle el auto?" Mi respuesta fue: "Eso te permitiría estar tranquilo a corto plazo pero, a largo plazo, ¿qué le habrás enseñado a tu hijo? ¿No sería mejor que aprovecharas este deseo suyo de tener un auto y lo inspiraras a aprender algo?" De repente se le encendió el foco a mi amigo y salió corriendo de vuelta a su casa.

Dos meses después me encontré con él. "¿Ya tiene tu hijo auto nuevo?", le pregunté.

"No, pero le di 3 000 dólares para que lo consiguiera. Le dije que prefería que usara mi dinero en lugar de los ahorros que tenía para la universidad."

"Vaya, eso fue muy generoso de tu parte", le dije.

"En realidad no. No sólo le di el dinero. También le puse una condición."

321

"¿Cuál?", inquirí.

"Pues primero jugamos *CASHFLOW*®. Luego hablamos sobre la forma más inteligente de usar el dinero. Después le regalé una suscripción al *Wall Street Journal* y varios libros sobre el mercado de valores."

"¿Y luego?", insistí. "¿Cuál fue la condición?"

"Le dije que los 3 000 dólares eran suyos, pero que le prohibía comprar el auto directamente con ellos. Le expliqué que debía buscar un corredor de bolsa para comprar y vender acciones, y que cuando lograra reunir 6 000 dólares con los 3 000 iniciales, esos 6 000 ya serían suyos y podría comprar el auto. Los 3 000 irían entonces al fondo para la universidad."

"¿Y que hizo el muchacho?", seguí preguntando emocionado.

"Pues al principio tuvo suerte en la compraventa, pero unos días después, perdió. Fue entonces que se interesó de verdad en el asunto. Creo que sólo le faltan 2 000 dólares, pero su interés sigue creciendo. Ya leyó todos los libros que le regalé e incluso fue a la biblioteca por más. Ahora lee *The Wall Street Journal* con avidez, y así se mantiene al tanto de los indicadores. Ya sólo le quedan 1 000 dólares de los 3 000 que le di al principio, pero su interés y aprendizaje se dispararon. Sabe que si pierde ese dinero tendrá que ir caminando a todos lados dos años más, pero eso no es lo que más parece importarle. De hecho, me da la impresión de que el auto en sí dejó de ser relevante. El juego de la bolsa tiene ahora toda su atención."

"¿Y qué vas a hacer si pierde todo el dinero?", pregunté.

"Ya veremos entonces. Prefiero que pierda todo ahora, y no a nuestra edad. Además, creo que esos 3 000 dólares son los que mejor he invertido porque han tenido un reflejo en su educación. Lo que está aprendiendo le va a servir para toda la vida y, por si fuera poco, me parece que acaba de adquirir verdadero respeto por el poder del dinero."

Como ya lo mencioné anteriormente, si una persona no cuenta con disciplina personal, lo mejor será que ni siquiera intente volverse rica. Lo digo porque, a pesar de que en teoría el proceso de generar flujo de efectivo a partir de una columna de activos es sencillo, mantener la fortaleza mental para usar el dinero de manera correcta es bastante difícil. Debido a las tentaciones externas que nos presenta el mundo consumista de la actualidad, siempre es más sencillo gastarse todo a través de la columna de gasto. Si no se tiene fortaleza mental, el dinero siempre fluirá hacia los caminos que opongan menos resistencia. La pobreza y las dificultades económicas son producto de esas fugas.

El siguiente ejemplo ilustra la inteligencia financiera que se requiere para usar el dinero para hacer más dinero.

Si a cien personas les damos 10 000 dólares al principio del año, creo que para cuando éste acabe:

- A ochenta personas ya no les quedará nada. De hecho, muchos habrán incurrido en más deudas porque darán el enganche de un auto nuevo, un refrigerador, enseres electrónicos o unas vacaciones.
- Otros dieciséis habrán incrementado esos 10 000 dólares entre 5 y 10 por ciento.
- Las últimas cuatro habrán convertido esos 10 000 dólares en 20 000, o en millones.

Todos vamos a la escuela para aprender, hacernos de una profesión y trabajar por dinero, pero en mi opinión, eso es tan importante como aprender a hacer que el dinero trabaje para ti.

Como a toda la gente, a mí me encantan los lujos. La diferencia es que yo no los adquiero a pagos porque el crédito es la trampa en que caen quienes siempre quieren estar a la altura de los vecinos. Cuando me dieron ganas de comprar un Porsche, el camino más rápido habría sido llamarle a mi banquero y solicitar un préstamo. Pero en lugar de enfocarme en la columna de pasivos, decidí hacerlo en la de activos.

Para mí ya es un hábito usar mi deseo de consumo para inspirar y motivar a mi genio financiero a invertir.

Es muy común que, en lugar de enfocarnos en hacer dinero para conseguir lo que queremos, sólo lo pidamos prestado, porque pedir prestado es más sencillo… a corto plazo. Es un pésimo hábito que hemos adoptado como individuos, e incluso como país. Recuerda que el camino sencillo suele tornarse difícil y viceversa.

Entre más pronto puedas entrenarte —a ti mismo y a tus seres amados— en la disciplina de hacer dinero, será mejor. El dinero es una fuerza muy poderosa pero, por desgracia, mucha gente la utiliza en su propia contra. Si tu inteligencia financiera es baja, el dinero terminará arrollándote; será más hábil, y si el dinero llega a ser más hábil que tú, tendrás que trabajar para conseguirlo toda tu vida.

Para manejar bien al dinero, tienes que ser más inteligente y diestro que él. Sólo así hará lo que le digas y te obedecerá. Sólo así serás su amo en lugar de su esclavo. Eso es inteligencia financiera.

9. Elige tus modelos a seguir: el poder de los íconos

Cuando era niño admiraba mucho a Willie Mays, Hank Aaron y Yogi Berra. Eran mis modelos a seguir y deseaba ser como ellos. Atesoraba sus tarjetas correspondientes de beisbol, me sabía sus estadísticas, carreras, promedio de carreras limpias, promedios de bateo, a cuánto ascendían sus salarios y cómo habían entrado a las grandes ligas.

Como era un niño de nueve años, cada vez que pasaba a batear o jugaba de primera base o como *catcher*, fingía que era un famoso jugador de beisbol. Ésta es una de las formas más eficaces de aprender, pero los adultos rara vez la aprovechamos porque nos olvidamos de los modelos a seguir.

A veces observo a los niños que juegan basquetbol cerca de mi casa. En cuanto entran a la cancha dejan de ser Johnny y fingen ser el basquetbolista más icónico que conocen. Copiar e imitar a un ícono es una excelente herramienta de aprendizaje.

A medida que voy creciendo, cambio de modelos. Ahora observo a los jugadores de golf, trato de copiar su *swing* y leo todo acerca de ellos. De hecho leo todo lo que puedo acerca de la gente cuyo trabajo me interesa. En el aspecto financiero sigo la carrera de algunas personas como Donald Trump, Warren Buffett, Peter Lynch,

Hoy, hace veinte años...
NUEVOS MODELOS A SEGUIR
Hoy añadiría algunos nombres más a la lista, como los de David Stockman y Jim Rickards.

George Soros y Jim Rogers. Me sé sus estadísticas de la misma manera que tenía memorizado el número de carreras y el promedio de carreras limpias de los jugadores de beisbol a los que seguía en mi infancia. Siempre estoy al pendiente de en qué invierte Warren Buffett y leo todo lo que puedo acerca de sus opiniones sobre el mercado y la forma en que elige acciones. También leo sobre Donald Trump y trato de investigar en qué se basa para hacer sus planes de negocios.

Y bueno, de la misma forma en que sentía que no era yo cuando estaba a punto de batear, ahora, cada vez que hago transacciones en el mercado o estoy en medio de una negociación, inconscientemente aplico la información de negocios que aprendí leyendo sobre Trump, por ejemplo. Cuando analizo una tendencia, lo hago como si fuera el mismísimo Warren Buffett. Aprender de otros e imitar lo bueno, lo mejor de ellos, nos permite explotar nuestra propia genialidad.

Los íconos, sin embargo, hacen mucho más que instarnos a hacer un esfuerzo mayor. Los modelos a seguir hacen parecer que su trabajo es sencillo, y al hacerlo ver más fácil de lo que es, nos convencen de intentarlo.

"Si ellos pueden, también yo", es lo que pensamos.

En el ámbito de las inversiones hay muchas personas que, con su discurso, hacen parecer que es fácil invertir. Esfuérzate por encontrar modelos a seguir que hagan parecer que su actividad es sencilla, y toma sólo lo bueno, sólo lo mejor de ellos.

10. Enseña y recibirás: el poder de dar

Mis dos padres fueron maestros. Padre rico me enseñó una lección que me acompañará toda la vida: es necesario ser generoso y dar a otros. Mi padre pobre, el renombrado académico, me brindó mucho de su tiempo y conocimiento, pero casi nunca compartía su dinero con otros.

Solía decir que les daría cuando le quedara algo extra, pero por supuesto, eso rara vez sucedía.

Mi padre rico brindaba dinero y educación. Creía firmemente en ser caritativo. "Si quieres algo, primero tienes que dar", decía siempre. Incluso cuando no tenía mucho, donaba algo a su iglesia o a su organización de caridad preferida.

Si yo pudiera hacer que te quedaras con tan sólo una de las ideas del libro, sería ésta. Cada vez que sientas que no tienes o que te hace falta algo, primero comparte eso mismo que necesitas, y lo recibirás de vuelta y multiplicado. Funciona con el dinero, las sonrisas, el amor o la amistad. Sé que en muchas ocasiones lo último que quiere la gente es dar, pero a mí siempre me ha servido porque confío en el principio de reciprocidad: doy lo que deseo recibir. Si quiero dinero, lo brindo, y entonces éste vuelve a mí multiplicado. Si quiero ventas, le ayudo a alguien más a vender algo; las ventas siempre llegan para mí también. Si quiero contactos, le ayudo a alguien a conseguir contactos para sí. Y como por arte de magia, los contactos vienen a mí. Hace mucho escuché el siguiente refrán: "Dios no necesita recibir, pero los humanos sí necesitan dar".

Mi padre rico solía decir: "La gente pobre es más codiciosa que la rica". Luego explicaba que si una persona tenía dinero, ya estaba proveyendo algo que necesitaban otros. En el pasado, siempre que sentí que me hacía falta algo o que estaba corto de dinero o de recursos, sólo salía o buscaba en mi corazón lo que faltaba, y luego procuraba darlo a otros primero. Y cada vez que di, recibí.

Esto me recuerda la historia del individuo que estaba sentado frente a la antigua estufa en una noche helada. Le gritaba al fuego: "¡En cuanto me des algo de calor, te arrojaré algo de leña!" Así pues, en lo que se refiere a dinero, amor, felicidad, ventas y contactos, lo único que hay que hacer es dar antes de recibir.

A menudo, tan sólo el proceso de pensar en lo que quiero y en la forma en que podría darle eso mismo a alguien más, desata un torrente de abundancia. Cada vez que siento que la gente no me sonríe, comienzo a sonreír y a decir "Hola", y como por arte de magia, de pronto veo que me rodea gente sonriente. Creo que es muy cierto eso de que el mundo es un reflejo de lo que haces.

Siempre digo: "Enseña y recibirás", porque me he dado cuenta de que entre más les enseño a quienes desean aprender, más aprendo yo mismo. Si quieres saber más sobre el dinero, enséñale a alguien más, y de repente te llegará un torrente de ideas nuevas y elogios que te motivarán a alcanzar otro nivel en el camino de tu educación financiera.

También ha habido ocasiones en que he dado y no he recibido nada a cambio o, si recibí, no fue lo que deseaba. Sin embargo, al analizar la situación e indagar en mi alma, siempre he descubierto que en esos casos di con la esperanza de recibir a cambio, en lugar de hacerlo por el mero gozo de ser generoso.

Mi padre pobre les enseñaba a maestros, por lo que llegó a ser un educador de un nivel muy superior. Padre rico, por su parte, siempre les enseñó a los jóvenes a hacer negocios de la manera que él mejor sabía. En retrospectiva, creo que lo que a ambos los hizo más inteligentes fue su generosidad al compartir su conocimiento. En este mundo hay poderes que nos superan. Siempre se puede conseguir lo que uno quiere, por sí mismo, pero es más sencillo hacerlo con ayuda de estos poderes. Lo único que tienes que hacer es ser generoso con lo que tienes.

SESIÓN DE ESTUDIO

Capítulo ocho
CÓMO EMPEZAR

Capítulo ocho
CÓMO EMPEZAR

Resumen

En realidad es muy fácil encontrar grandes negocios, eso te lo aseguro. Es casi como andar en bicicleta: después de un poco de tambaleo, todo es miel sobre hojuelas. Pero en lo referente al dinero, es necesario tener mucha determinación para superar la inestabilidad inicial.

Para encontrar estos grandes negocios es necesario invocar al genio financiero que cada quien tiene. Nuestra cultura nos ha hecho creer que el amor por el dinero es la raíz de todos los males. Nos ha motivado a aprender una profesión y trabajar duro. Nos enseñó que el gobierno se encargaría de nosotros cuando nos jubiláramos. El mensaje sigue siendo que se debe trabajar con ahínco, ganar dinero, gastarlo y, cuando se nos acabe, saber que siempre podemos pedir prestado más. Por eso el genio financiero de mucha gente permanece dormido.

Debemos despertar ese genio financiero para poder encontrar los negocios de millones de dólares, los de "sólo una vez en la vida". Es muchísimo más fácil buscar un empleo y trabajar por dinero, pero ése no es el camino a la riqueza. Robert te ofrece a continuación el proceso mental que él usa todos los días, con estos diez pasos podrás llevarle la contraria a las masas y despertar tu genio financiero. Lleva a cabo los que quieras o inventa tus propias estrategias. Tu genio financiero está preparado para esta misión.

1. Encuentra una razón que sea más grande que la realidad: el poder del espíritu

Mucha gente quiere ser rica o alcanzar la libertad financiera, pero luego da la media vuelta porque el camino para llegar ahí se ve muy difícil. De la misma manera que una nadadora olímpica sacrifica su tiempo y sus compromisos sociales para poder pasar más horas en la alberca y para estudiar mucho, la gente necesita tener un objetivo o una razón fuerte y clara que la motive a superar los obstáculos.

Una razón o propósito es la combinación de los "quiero" y los "no quiero", como la razón de Robert para desear ser rico.

En primer lugar sus "no quiero", porque son los que dan pie a sus "quiero". A diferencia de sus padres, Robert no quería la seguridad de un empleo ni una casa en los suburbios. No quería ser un empleado ni perder su tiempo trabajando en vez de estar con sus seres queridos, sólo para que al final, cuando muriera, el gobierno se quedara con la mayor parte, como le sucedió a su padre.

¿Qué quiere Robert? Quiere ser libre para viajar por el mundo mientras todavía sea joven, y tener el estilo de vida que le encanta. Quiere ser libre y tener el control de su tiempo. Quiere que su dinero trabaje para él.

Tú, al igual que Robert, necesitas tener razones suficientemente fuertes para querer ser rico, ya que esto será lo que te mantenga a flote cuando enfrentes obstáculos. Robert perdió dinero en muchas ocasiones pero siempre siguió adelante porque tenía una razón poderosa para hacerlo. Quería ser libre a los 40 años, sin embargo no lo logró sino hasta los 47.

Volverse rico no fue fácil, pero la verdad es que tampoco fue difícil. Sin embargo, si Robert no hubiera tenido una razón sólida, habría sido prácticamente imposible.

Robert te exhorta a no seguir leyendo el libro si no has encontrado tu razón todavía. Si lo haces, sentirás que sus sugerencias implican demasiado trabajo.

2. Toma decisiones todos los días: el poder de elegir

Todos los días puedes decidir si quieres ser rico, pobre o pertenecer a la clase media. Tus hábitos de costumbre reflejan quién eres. Los pobres, por ejemplo, tienen hábitos de pobres.

Robert eligió ser rico hace mucho tiempo. Su amigo Mike heredó una sana columna de activos y decidió aprender a conservarla, lo cual no necesariamente sucede cuando las familias ricas le transfieren sus activos a la siguiente generación.

La mayoría de la gente elige no ser rica, se dice a sí misma que el dinero no le interesa o que es joven y no necesita preocuparse al respecto aún. Y si no, pone otros mil pretextos.

Estos pretextos despojan a la gente de su tiempo (que es el activo más preciado de todos) y de la oportunidad de aprender; pero la verdad es que todos podemos elegir cotidianamente qué hacer con nuestro tiempo y nuestro dinero, y por supuesto, qué queremos aprender.

Robert elige ser rico y toma esta misma decisión todos los días. Como la mente es nuestra herramienta más poderosa, él nos exhorta a invertir en educación en primer lugar. En cuanto tenemos la edad suficiente, ya podemos elegir qué aprender, pero por desgracia, en lugar de tomar la decisión de invertir en aprendizaje, la mayoría de la gente sólo compra inversiones ya hechas.

Para continuar aprendiendo, Robert asiste a por lo menos dos seminarios al año. En 1973 fue a un seminario de tres días para aprender a comprar bienes raíces sin dar enganche. Invirtió 385 dólares en la inscripción, y lo que aprendió le produjo por lo menos dos millones de dólares y le permitió dejar de trabajar para siempre.

A Robert también le gustan los CD y los audiolibros porque con ellos puede revisar lo que acaba de oír en las conferencias. En una ocasión estaba escuchando a un inversionista con el que no estuvo de acuerdo, pero después de reproducir el audio de la plática veinte veces, por fin comprendió por qué el orador había dicho eso la primera vez.

Robert pudo entenderlo finalmente porque insistió en escuchar a pesar de que al principio no había estado de acuerdo, y gracias a eso ahora tiene dos maneras de analizar los problemas, lo cual es invaluable. Robert ha decidido mantener su mente abierta y leer o escuchar lo que piensan muchos: de Donald Trump a George Soros. De esa manera tiene la posibilidad de entender sus puntos de vista.

Cuando aprendes algo nuevo, con frecuencia tienes que cometer errores para comprenderlo a fondo. La gente arrogante y la gente a la que le gusta criticar teme correr riesgos, y por eso normalmente no escucha a los expertos.

No se trata de inteligencia. De hecho, si las personas inteligentes se comportan con arrogancia, pierden la oportunidad de aprender. Una persona de verdad inteligente, en cambio, abre los brazos a las nuevas ideas porque éstas se pueden fusionar con las ya acumuladas anteriormente y producir algo en verdad genial.

Escucha y aprende. Adopta una visión a largo plazo de la riqueza y deshazte de esa mentalidad de la gente que quiere volverse rica de la noche a la mañana. Antes de adquirir acciones o bienes raíces, invierte en tu activo más importante de todos: tu mente.

3. Elige a tus amigos con cuidado: el poder de asociarse con la gente correcta

Robert aprende de todos sus amigos, tanto de los que tienen dinero y buscan aprender de él, como de los que tienen problemas financieros. De este último grupo aprende qué es lo que no debe hacer.

Aquí Robert nos platica que varios de sus amigos que han producido más de mil millones de dólares han notado el mismo fenómeno: sus amigos o conocidos que no tienen dinero jamás les preguntan cómo lo hicieron, sólo les piden un trabajo, un préstamo o las dos cosas.

Robert nos advierte que no debemos escuchar a la gente pobre ni a la gente miedosa porque, en lo que se refiere a las inversiones, ven el panorama negro y piensan que el cielo se va a caer. Son el tipo de gente que siempre te puede explicar por qué cree que algo no saldrá bien.

En todos los paneles de expertos hay por lo menos una persona que dice que el mercado va a colapsar, y otra que vaticina que habrá un auge. Tú debes escuchar a los dos expertos porque ambos tienen argumentos válidos.

Aunque tal vez ésta sea la parte más difícil del proceso de generación de riqueza, sé fiel a ti mismo y evita seguir a la multitud. Cuando surgen las oportunidades, la muchedumbre suele llegar demasiado tarde, así que tú debes tratar de encontrar esos buenos negocios antes, aunque te dé miedo.

No le tomes el pulso al mercado todo el tiempo, sólo colócate en posición para montarte en la siguiente ola. Los inversionistas sabios compran cuando la inversión todavía no es popular porque saben que sus ganancias se generan cuando adquieren, no cuando venden.

Todo tiene que ver con la "información privilegiada" (en sus formas legales): mantenerse cerca del interior o tener amigos ricos que saben dónde se está generando el dinero. Si quieres enterarte de qué se tratará el próximo auge, entra al ojo del huracán y salte antes del siguiente descalabro. Para eso son los amigos, para eso es la inteligencia financiera.

4. Domina una fórmula y luego aprende una nueva: el poder de aprender con rapidez

Ten cuidado con lo que aprendas porque te puedes transformar en lo que reciba tu mente.

Las grandes masas tienen una fórmula básica: ve a trabajar, gana dinero, paga tus recibos, pon al día tu chequera, compra algunos fondos mutualistas y regresa a trabajar al día siguiente.

Si no estás ganando suficiente dinero, necesitas cambiar la fórmula.

Hace muchos años Robert tomó una clase llamada "Cómo comprar bienes raíces en remate". Aprendió la fórmula, la puso en acción y ganó varios millones de dólares.

Pero luego fue en busca de fórmulas nuevas. No siempre utilizó de manera directa la información recién adquirida, pero nunca dejó de aprender.

Muchas universidades ofrecen clases de planeación financiera y adquisición tradicional de productos bursátiles. Éste es un buen lugar para empezar, pero Robert siempre busca la fórmula más rápida. Gracias a eso es capaz de hacer más dinero en un día de lo que mucha gente hace en toda su vida.

Pero ojo, no se trata de fórmulas más rápidas, sino de aprender las fórmulas más rápido.

5. Págate primero a ti mismo: el poder de la disciplina personal

De todos los pasos, el de la disciplina personal es tal vez el más difícil de dominar cuando no forma parte de tu educación. No obstante, éste es el factor más importante, el que marca la diferencia entre los ricos, los pobres y la clase media.

El mundo te da empujones y te pone bajo presión, y si tú no cuentas con la tolerancia necesaria para soportar la presión financiera, jamás serás rico.

En sus clases de emprendimiento Robert les enseña a los jóvenes que las tres habilidades de *management* más importantes para comenzar un negocio son: el manejo de flujo de efectivo, el manejo de gente y el manejo del tiempo personal. Estas habilidades las debe tener todo el mundo —no sólo los empresarios—, y se complementan con el dominio de la disciplina personal.

Aunque mucha gente repite la frase "Págate a ti mismo primero", muy pocos tienen la disciplina necesaria para aplicarla. Compara los siguientes diagramas.

Gente que se paga a sí misma primero

Gente que les paga primero a todos los demás

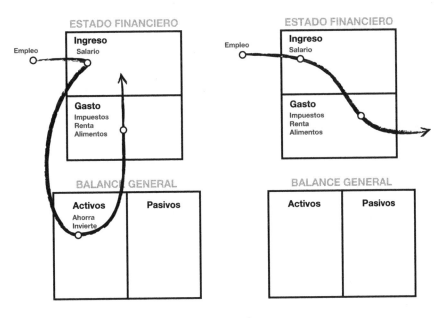

Sigue el flujo del dinero y ve cómo, antes de pagar cualquier factura, estos individuos se pagan a sí mismos primero a través de su inversión en la columna de activos. Esto no significa que no debas ser responsable y pagar tus deudas, sólo que te tienes que pagar a ti mismo primero.

Aquí también puedes ver que, pagarle a alguien más antes te deja con muy poco o con nada de dinero para invertir en la columna de activos.

A Robert y a otras personas les ha llegado a suceder que el flujo de efectivo no genera lo suficiente para pagarse primero y luego pagar las cuentas, y de todas maneras se pagaron a sí mismos antes. Se necesita de mucho valor para enfrentar a los cobradores cuando te gritan, pero esto también te obliga a privilegiar la inversión en activos para volverte rico.

Para poder pagarte a ti mismo primero debes tener en mente lo siguiente:

1. No te coloques en una situación en la que tengas que pagar mucho. Mantén bajos tus gastos. Primero construye activos y, después, compra esa casa grande o el lindo auto que deseas.

2. Cuando te quedes corto, deja que la presión aumente y no se te ocurra echarte un clavado a tus ahorros o inversiones. Permite que esa situación apremiante inspire a tu genio financiero para que éste encuentre formas novedosas de hacer más dinero. Luego paga los recibos pendientes. Para entonces ya habrás incrementado tu capacidad de generar recursos y tu inteligencia financiera.

Recuerda que esta regla no promueve el autosacrificio ni la abstinencia financiera. No significa que te tengas que pagar a ti mismo y luego te dejes morir de hambre.

Recuerda que la vida es para disfrutarse. Si apelas a tu genio financiero podrás tener todas las cosas buenas de la vida, volverte rico y pagar tus cuentas.

6. Págales bien a tus corredores: el poder de la asesoría de calidad

Mucha gente contrata a corredores baratos o trata de vender su casa por sí sola sólo para ahorrarse unos dólares. Sin embargo, los profesionales te ahorran dinero y te permiten ganar dinero.

La información es invaluable. Los buenos corredores deben proveerte información y darte la oportunidad de hacer dinero. Aprende de ellos. Para ser honestos, lo que les pagas es una bicoca en comparación con la cantidad de dinero que puedes hacer con la información que te proveen.

No todos los corredores son iguales, por eso debes entrevistarlos y averiguar cuántas propiedades poseen o en qué han invertido. Busca a alguien que se tome tus intereses muy en serio y trátalo bien.

Las empresas tienen mesas directivas porque saben lo importante que es rodearse de gente inteligente y capaz. Tú también deberías tener una mesa directiva.

7. Siempre da a cambio de algo: el poder de obtener algo a cambio de nada

El término *indian giver* surgió a partir de un malentendido cultural cuando los primeros colonos europeos llegaron al Nuevo Mundo. Si el colono tenía frío, el indio le daba una cobija, pero luego el colono se sentía ofendido cuando el indio le pedía que se la devolviera porque había dado por hecho que se trataba de un regalo. El indio, a su vez, se molestaba porque el colono no quería devolverla. Ninguno de los dos entendía la transacción.

En lo referente a las columnas de activos, es fundamental comportarse de la misma forma que los nativos norteamericanos. Es decir, necesitas recuperar tu inversión inicial lo más pronto posible.

Para ilustrar este concepto, Robert nos da el ejemplo de un condominio que compró por 50 000 dólares en efectivo, y que se renta por 2 500 en la temporada alta, y por 1 000 el resto del año. El condominio se pagó solo en aproximadamente tres años, es decir, la inversión original de 50 000 dólares de Robert regresó a su bolsillo. Lo mejor de todo es que el activo continúa produciendo dinero mes con mes.

A algunas personas no les gusta correr riesgos, prefieren guardar su dinero en una cuenta de ahorros, pero de esa manera no están generando nada adicional ni obteniendo ningún beneficio gratuito.

Robert dice que todas sus inversiones deben ofrecer algo gratis como un espacio pequeño de almacenamiento, una franja de tierra, acciones o una casa. Además, el riesgo debe ser limitado.

8. Usa los activos para comprar lujos: el poder del enfoque

Robert adora los lujos igual que toda la gente, pero jamás pediría prestado para obtenerlos. Él se enfoca en la columna de activos para producir los recursos necesarios y luego adquiere lo que desea.

En este caso nos ofrece el ejemplo de un amigo cuyo hijo adolescente quería un automóvil. En lugar de comprárselo o de permitir que el chico usara sus ahorros, el padre le dio 3 000 dólares y algo de información sobre la bolsa de valores, y le dijo que no podía usar el dinero para comprar el auto directamente: tenía que invertirlo. Cuando reuniera 6 000 dólares adicionales podría comprarse el automóvil, y los 3 000 originales irían a su fondo para la universidad.

Aunque el chico primero tuvo que generar una ganancia, su interés y sus ganas de aprender se dispararon hasta el cielo. De esa manera aprendió una lección que le serviría para toda la vida: cómo crear activos para pagar por las cosas que deseas.

En teoría, producir un flujo de efectivo a partir de la columna de activos es sencillo. Lo difícil en realidad era desarrollar la actitud mental para usar el dinero de la manera correcta. Pedir prestado dinero es fácil de manera inmediata, pero se puede volver muy complicado a la larga.

9. Elige tus modelos a seguir: el poder de los símbolos

Una de las mejores maneras de aprender cuando somos niños es actuar como lo hacen nuestros modelos a seguir.

Robert sigue haciendo eso hasta la fecha. Empezó fingiendo que bateaba como Willie Mays, pero ahora que es un adulto, más bien observa las tendencias y se enfoca en aspectos como la capacidad de análisis o las distintas formas de hacer negocios de gente como Warren Buffett, por ejemplo.

Imitar las conductas positivas de la gente nos permite despertar nuestro genio y nos inspira a esforzarnos.

10. Enseña y recibirás: el poder de brindar algo siempre

Padre rico le enseñó a Robert a brindar dinero y educación. "Si quieres algo, primero tienes que dar", solía decirle, e incluso cuando no tenía mucho dinero donaba algo a la iglesia o a su organización de caridad favorita.

Siempre que sientas que necesitas algo, primero compártelo tú con otros, y verás que luego regresa a ti multiplicado. Puede ser dinero, amor, amistad o una sonrisa.

Esta ley también aplica en la enseñanza. Entre más enseñes, más aprenderás. Los dos padres de Robert fueron prueba de ello.

Sé generoso con lo que tienes y asegúrate de dar a otros tan sólo por la alegría que trae el compartir, no con el objetivo de obtener algo a cambio.

Momento del hemisferio izquierdo: Usa la disciplina personal para pagarte a ti mismo primero, de esa manera le darás prioridad al crecimiento de tu columna de activos.

Momento del hemisferio derecho: Mantén tu mente abierta a nuevas ideas y a distintas maneras de hacer las cosas. Esto complementará la sinergia de otras ideas que hayas acumulado previamente.

Momento subconsciente: Usa las razones emocionales más profundas que tengas para volverte rico. Fortalécelas. Ellas te ayudarán a superar los obstáculos que se presenten en el camino a la riqueza.

¿Qué quiso decir Robert?

Llegó el momento de reflexionar. Pregúntate: "*¿Qué* quiso decir Robert aquí?" Y: "*¿Por qué* dice eso?" En esta sección puedes o no estar de acuerdo con él, pero el objetivo es *entenderlo*.

Recuerda que este plan de estudios está diseñado para cooperar y apoyar. Dos cabezas piensan mejor que una, así que, si no entiendes la cita, no te alejes. Pide ayuda y tómate tu tiempo para discutir cada frase hasta que te quede clara:

"Hay oro en todos lados pero casi nadie sabe identificarlo."

"Sin una razón o un propósito fuerte, todo te parecerá difícil en la vida."

"En lo referente a las finanzas, el poder de elegir nuestro futuro se incrementa con cada dólar que nos llega a las manos: ser rico, ser pobre o pertenecer a la clase media."

"El 90 por ciento de la población compra televisores, y sólo el 10 por ciento adquiere libros de negocios."

"Todos conocemos a gente que es muy preparada en el aspecto académico o que piensa que es inteligente, pero si le echamos un vistazo a su balance general, la veremos desde otra perspectiva."

"He notado que mis amigos que tienen dinero hablan de dinero. No para presumir, sino porque están interesados en el tema. Gracias a eso, puedo aprender de ellos y ellos de mí."

"Si estás harto de lo que estás haciendo o no ganas lo suficiente, lo único que tienes que hacer es cambiar la fórmula con la que haces dinero."

"La gente que no tiene fortaleza interior se convierte en víctima de quienes sí cuentan con disciplina personal."

"He perdido dinero en varias ocasiones, pero siempre juego con dinero que me puedo dar el lujo de perder."

"El camino sencillo suele tornarse difícil, y viceversa."

Preguntas adicionales

Llegó el momento de tomar las historias de este capítulo y la comprensión de lo que Robert dijo, y aplicar ambos a ti y a tu vida. Hazte las preguntas que se presentan a continuación y discútelas con tu compañero o compañera de estudio. Sé honesto contigo y con la otra persona. Si no te gustan algunas de tus respuestas, pregúntate si estás dispuesto a cambiar y a aceptar el desafío de modificar tus pensamientos y tu manera de pensar:

1. ¿Cuáles son las razones por las que quieres volverte rico? ¿Cuáles son tus "quiero" y tus "no quiero"? ¿Crees que a Robert le parecerían suficientemente fuertes?

2. ¿Tus hábitos de consumo reflejan el tipo de vida que quieres? Si no es así, ¿qué podrías cambiar?

3. ¿Con qué has elegido alimentar tu mente todos los días? ¿Cuándo fue la última vez que asististe a un seminario o leíste un libro de negocios que no fuera éste?

4. ¿Qué has aprendido de tus amigos respecto a las finanzas? Menciona lo bueno y lo malo.

5. ¿Dirías que el músculo de tu disciplina personal está en forma o que necesita un buen acondicionamiento?

6. ¿Tienes una mesa directiva a la que le pagas bien por la excelente información y la capacidad de hacer dinero que te brinda? Recuerda que me refiero a corredores, contadores y otros profesionales.

7. ¿Entendiste el concepto que se presentó en el paso 7? Si no, discútelo con tu compañero o compañera de estudios.

8. La última vez que compraste un lujo, ¿cómo lo pagaste?

9. ¿Quién es tu modelo a seguir en el aspecto financiero? ¿Cómo imitas a esa persona con tus acciones?

Definiciones

ROI: Retorno sobre inversión.

NOTAS

Capítulo nueve

¿AÚN QUIERES MÁS? AQUÍ TIENES UNA LISTA DE ACCIONES POR REALIZAR

Es posible que mucha gente no esté satisfecha con estos diez pasos porque, más que acciones por realizar, parecen nociones filosóficas. Sin embargo, creo que la filosofía es tan importante como la acción. Hay mucha gente que quiere hacer en lugar de pensar, y hay quienes piensan pero no actúan. Yo diría que pertenezco a las dos categorías porque adoro las ideas nuevas, pero también soy fanático de la acción.

Para quienes desean una lista de acciones por realizar para dar inicio a su viaje a la libertad financiera, compartiré brevemente algunas de las cosas que hago.

- *Deja de hacer lo que estás haciendo.* En otras palabras, tómate un descanso y evalúa lo que funciona y lo que no. La definición de locura es: "Hacer lo mismo una y otra vez, y esperar un resultado distinto". Deja de hacer lo que ya no te funciona y busca algo nuevo.
- *Busca ideas nuevas.* Si estoy en busca de nuevas ideas de inversión, voy a las librerías y trato de encontrar libros sobre temas diversos y originales. Les llamo fórmulas. Es decir, compro libros de fórmulas o temas sobre los que no sé nada.

Te daré un ejemplo. En una librería encontré el libro *La solución del 16 por ciento*, de Joel Moskowitz. Lo compré y lo leí, y el siguiente jueves hice lo que en él decía. La mayoría de la gente no actúa, o tal vez deja que alguien la convenza de no seguir la nueva fórmula que está estudiando. Mi vecino me explicó por qué creía que la fórmula del 16 por ciento no servía, pero no lo escuché porque él nunca la ha puesto en práctica.

- *Encuentra a alguien que haya hecho lo que quieres hacer.* Invítala a comer y pídele que comparta contigo consejos y secretos del negocio. En el caso de los certificados de gravamen impositivo de 16 por ciento, me acerqué a la oficina tributaria del condado y ubiqué a la empleada que estaba a cargo. Me enteré de que ella también invertía en estos instrumentos, así que la invité a comer de inmediato. Estuvo encantada de decirme todo lo que sabía al respecto y cómo invertía ella. Después de la comida pasó la tarde enseñándome todo lo que sabía. Al día siguiente encontré dos excelentes propiedades con su ayuda, las cuales han estado acumulando un interés de 16 por ciento desde entonces. Invertí un día en leer el libro, otro día en actuar, una hora en ir a comer, y un día más en hacer dos negocios muy buenos.

- *Toma clases, lee y asiste a seminarios.* Siempre reviso los periódicos e internet para encontrar clases nuevas e interesantes. Muchas de ellas son económicas, e incluso gratuitas. También asisto a seminarios que tienen costo, y por algunos he llegado a pagar bastante porque quiero aprender algo específico. Ahora soy rico y no necesito un empleo, pero todo se lo debo a los cursos que tomé en el pasado. Tengo amigos que no se inscribieron, y hasta me dijeron que estaba desperdiciando mi dinero. Naturalmente, siguen con el mismo empleo.

- *Haz muchas ofertas.* Si quiero un inmueble, siempre visito varias propiedades y, por lo general, hago una oferta. Es posible que no sepas cuál es la oferta adecuada, y pues yo tampoco lo sé. Ése es trabajo del agente de corretaje. A ellos les corresponde hacer las ofertas. Yo trato de hacer lo menos posible.

Una amiga quería que le enseñara a comprar edificios de departamentos, así que un sábado ella, su agente y yo fuimos a ver seis inmuebles. Cuatro eran malas opciones, pero los otros dos resultaron atractivos. Le dije que redactara ofertas para los seis inmuebles, pero que ofreciera la mitad de lo que pedían los vendedores. Tanto a ella como al agente estuvo a punto de darles un ataque al corazón. Les pareció que sería algo grosero y que los vendedores se sentirían ofendidos pero a mí, para ser franco, me pareció que el agente no quería trabajar demasiado. Ambos prefirieron no escucharme y buscaron otras opciones.

Como no se hicieron ofertas, esa persona sigue en busca del negocio adecuado al precio perfecto. Pero uno nunca sabe cuál es el precio perfecto hasta que alguien más se interesa en el negocio. La mayoría de los vendedores pide demasiado. Es muy raro que alguien que ofrezca un inmueble solicite menos de lo que éste vale.

La moraleja de la historia es que se deben hacer ofertas. La gente que no invierte no tiene idea de lo que se siente tratar de vender algo. En ocasiones he tenido inmuebles de los que me he tratado de deshacer por meses. En esos casos habría aceptado cualquier oferta. Me habrían podido ofrecer diez cerdos, y yo habría estado muy feliz de tomarlos. Tal vez no por la oferta, sino porque apareció alguien interesado. Quizá habría dado una contraoferta en la que solicitaba una granja porcícola. Pero pues así funciona el juego. No olvides que comprar y vender es muy divertido. Es divertido y, además, sólo es un juego. Haz ofertas. Alguien podría decirte que sí.

Debo señalar que siempre hago ofertas con cláusulas de escape. Cuando se trata de bienes raíces hago ofertas con frases en las que se detalla todo lo que está "sujeto a". Como la aprobación de un socio de negocios, por ejemplo. Pero nunca especifiques quién es el socio. La mayoría de la gente no sabe que mi socio, por ejemplo, es mi gatito. Esto me ha salvado varias veces de concretar malos tratos. ¿Cuál es la estrategia? Si la otra parte acepta la oferta pero yo ya no quiero hacer el negocio, llamo a casa, pido por mi gatito y discuto con él la oferta. Te doy este ejemplo para que comprendas lo absurdamente sencillo y fácil que es el juego. Por desgracia hay demasiada gente que dificulta las cosas y se toma todo muy en serio.

Encontrar un buen trato, el negocio perfecto, la gente adecuada, los inversionistas idóneos, o cualquier otra cosa, es como buscar novia o novio. Tienes que salir al mercado y hablar con muchos; hacer muchas ofertas y contraofertas. Tienes que negociar, rechazar y aceptar. Conozco a solteros que se sientan en casa a esperar que suene el teléfono, cuando lo mejor es salir al mercado. ¡Aunque sea al supermercado, vaya! Busca, ofrece, rechaza, negocia y acepta, porque todo es parte del proceso para conseguir cualquier cosa en la vida.

- *Recorre en auto, trota o camina diez minutos por una zona específica, una vez al mes.* Algunas de las mejores inversiones en bienes raíces que he hecho las encontré de esta forma. Troto por cierto vecindario durante un año, y presto atención a los cambios. Porque para que haya beneficios en un negocio, debe haber dos elementos: una oferta y cambio. En el mercado hay muchas ofertas, pero el cambio es lo que hace que éstas se conviertan en oportunidades ventajosas. Así que, cada vez que troto, lo hago en un vecindario en el que me gustaría invertir. Pasar a menudo por el mismo lugar me ayuda a notar las diferencias más ligeras. Me fijo en los letreros de las agencias de bienes raíces que duran mucho tiempo puestos. Algo así significa que el vendedor podría estar más dispuesto a llegar a un trato. También me fijo si hay camiones de mudanza. Entonces me detengo y hablo con los conductores. También converso con los empleados de correos. Es sorprendente la cantidad de información que estas personas tienen acerca de una zona. Yo puedo, por ejemplo, encontrar un vecindario poco agradable, en donde las malas noticias hayan alejado a todo mundo. Entonces manejo por ahí durante un año y espero las señales que me indiquen que las cosas han mejorado. Hablo con los encargados de las tienditas, en especial de los nuevos negocios. Investigo por qué se mudaron al vecindario. A esta actividad sólo le dedico unos minutos al mes y, además, lo hago al mismo tiempo que cumplo con otro plan que de todas formas iba a llevar a cabo como hacer ejercicio o ir a la tienda.

- *Busca las ofertas en todos los mercados.* Los consumidores siempre serán pobres. Cada vez que hay ofertas en el supermercado, como en papel higiénico, por ejemplo, los consumidores corren y compran una buena cantidad. Pero cuando los mercados de bienes raíces o bursátiles tienen ofertas, la mayoría de la gente da por hecho que son colapsos o correcciones y esos mismos consumidores que corrieron a comprar papel higiénico salen huyendo. Si los precios suben en el supermercado, la gente compra en otro lugar. Pero cuando los mercados inmobiliario o bursátil incrementan los precios, los mismos consumidores se acercan con prisa a comprar. Lo que debes recordar es que las ganancias se hacen al comprar, no al vender.

- *Busca en los lugares adecuados.* Un vecino mío compró un condominio por 100 000 dólares. Yo adquirí el de junto, que era exactamente igual, por 50 000. El vecino me comentó que estaba esperando a que subieran los precios, y le expliqué que las ganancias se hacen al comprar, no al vender. Su compra, por cierto, la realizó a través de una corredora de bienes raíces que no tiene inmuebles propios. Yo lo hice en una subasta de remates, pero antes de eso pagué 500 dólares por clases en las que aprendí a hacerlo.

Mi vecino creyó que pagar 500 dólares por clases de inversión en bienes raíces era demasiado. De hecho, dijo que no podía pagarlo y que no tenía tiempo. Es por eso que sigue esperando a que suba el precio de su condominio.

- *Primero busca gente que quiera comprar; luego busca gente que quiera vender.* Un amigo estaba en busca de un terreno. Tenía dinero pero no tiempo. Yo encontré uno que era más grande del que mi amigo quería comprar, pero de todas formas inmovilicé la propiedad a través de una opción, le llamé, y entonces él me dijo que quería una parte del terreno. Le vendí el fragmento que quería y compré el resto. Me quedé con el terreno sin pagar nada. Moraleja: compra el pastel y luego córtalo en rebanadas. La mayoría de la gente sólo busca lo que puede pagar, por eso no apunta a lo grande. Muchos sólo compran una rebanada del pastel y terminan pagando más por menos. A los compradores pequeños nunca les llegan las grandes oportunidades, así que, si quieres volverte rico, tienes que pensar en grande.

- *Piensa en grande.* A los minoristas les encanta ofrecer descuentos por volumen, por la misma razón por la que a la mayoría de los comercios le agradan los consumidores fuertes. Por eso, aunque tu negocio sea pequeño, tienes que pensar en grande. Cuando mi empresa estaba en busca de computadoras en el mercado, les llamé a varios amigos y les pregunté si también les interesaba comprar equipo para ellos. Luego fui con distintos distribuidores y negocié un trato en grande porque queríamos comprar muchos equipos. También he aplicado esta estrategia en la adquisición de acciones. La gente pequeña se queda del mismo tamaño porque no piensa en grande, porque actúa sola, o porque, sencillamente, no actúa en absoluto.

- *Aprende de la historia.* El Coronel Sanders no se volvió rico sino hasta que lo perdió todo a los sesenta y tantos años. Bill Gates se convirtió en uno de los hombres más ricos del mundo antes de llegar a los 30.
- *La acción siempre vence a la pasividad.*

Éstas son algunas de las cosas que he hecho y que aún hago para identificar oportunidades. Las palabras más importantes, son "he hecho" y "aún hago". Como ya lo mencioné muchas veces a lo largo del libro, siempre debes actuar antes de recibir la recompensa final, así que ¡actúa ya!

SESIÓN DE ESTUDIO

Capítulo nueve

¿AÚN QUIERES MÁS?
AQUÍ TIENES UNA LISTA
DE ACCIONES POR REALIZAR

Capítulo nueve
¿AÚN QUIERES MÁS?
AQUÍ TIENES UNA LISTA DE ACCIONES
POR REALIZAR

Resumen

Para quienes desean una lista de acciones por realizar, aquí se explican brevemente algunas de las costumbres de Robert.

- *Deja de hacer lo que estás haciendo.* Tómate un descanso y evalúa lo que funciona y lo que no.
- *Busca ideas nuevas.* Ve a las librerías y busca libros sobre temas diversos y originales. El libro *La solución del 16 por ciento*, de Joel Moskowitz, le enseñó a Robert algo nuevo y lo instó a actuar.
- *Encuentra a alguien que ya haya hecho lo que quieres hacer.* Invita a esa persona a comer y pídele que comparta contigo consejos y secretos del negocio.
- *Toma clases, lee y asiste a seminarios.* Robert siempre revisa los periódicos e internet en busca de clases nuevas e interesantes.
- *Haz muchas ofertas.* Uno no sabe cuál es el precio correcto sino hasta que aparece alguien más que quiere negociar. La mayoría de los vendedores piden demasiado. Es raro que un vendedor pida menos de lo que vale lo que ofrece. Todo este asunto es divertido, es como un juego. Sólo haz ofertas: siempre hay alguien que podría aceptar. Claro, asegúrate de que tus ofertas tengan cláusulas de escape.
- *Recorre en auto, trota o camina diez minutos por una zona específica una vez al mes.* Algunas de las mejores inversiones en bienes raíces que ha hecho Robert surgieron de esta manera. Robert trota por un vecindario durante un año

y espera que haya un cambio. Para que un negocio dé ganancias, deben conjugarse dos elementos: una oferta y un cambio. Hay muchas ofertas, pero el cambio es lo que hace que éstas se conviertan en oportunidades ventajosas. A Robert sólo le toma unos minutos al mes aplicar esta estrategia y, de hecho, siempre aprovecha para hacer algo más al mismo tiempo, como ejercitarse o ir a comprar algo a la tienda.

- *Busca ofertas en todos los mercados.* Los consumidores siempre serán pobres. Cada vez que hay ofertas en el supermercado, como en papel higiénico, por ejemplo, los consumidores corren y compran una buena cantidad. Pero cuando los mercados de bienes raíces o bursátiles tienen ofertas, la mayoría de la gente da por hecho que son colapsos o correcciones. Por eso, los mismos consumidores que corrieron a comprar papel higiénico salen huyendo. Recuerda que las ganancias se hacen al comprar, no al vender.

- *Busca en los lugares adecuados.* Un vecino de Robert compró un condominio por 100 000 dólares. Él adquirió el de junto, que era exactamente igual, por 50 000. El vecino le comentó a Robert que estaba esperando a que subieran los precios, y Robert le explicó que las ganancias se hacían al comprar, no al vender. Su compra, por cierto, la realizó a través de una corredora de bienes raíces que no posee inmuebles propios. Robert, en cambio, compró en una subasta de remates, pero antes de eso pagó 500 dólares por clases en las que aprendió a hacer este tipo de transacciones.

El vecino creyó que pagar 500 dólares por clases de inversión en bienes raíces, era demasiado. De hecho, dijo que no podía pagarlo y que no tenía tiempo. Por eso que sigue esperando a que suba el precio de su condominio.

- *Primero busca gente que quiera comprar; luego busca gente que quiera vender.* Compra el pastel y córtalo en rebanadas. La mayoría de la gente busca cosas que pueda darse el lujo de comprar, y por esa razón sólo se fija en inmuebles demasiado pequeños. Como sólo compra una rebanada del pastel, termina pagando más por menos. La gente que piensa en poquito no puede aprovechar las grandes oportunidades. Si quieres ser rico, tienes que pensar en grande.

- *Piensa en grande.* A los minoristas les encanta ofrecer descuentos por volumen, por la misma razón por la que a la mayoría de los comercios les agradan los consumidores fuertes. Si tu negocio es pequeño, puedes reunirte con otros interesados en comprar el mismo tipo de producto, y negociar para obtener un trato ventajoso. La gente pequeña se queda del mismo tamaño porque no piensa en grande, porque actúa sola, o porque, sencillamente, no actúa en absoluto.

- *Aprende de la historia.* Todas las empresas grandes que cotizan en la bolsa de valores, empezaron siendo pequeñas. El Coronel Sanders no se volvió rico sino hasta que perdió todo a los sesenta y tantos años. Bill Gates, en cambio, se convirtió en uno de los hombres más ricos del mundo antes de llegar a los 30.

- *La acción siempre vence a la pasividad.* Si quieres recibir recompensas financieras, ¡tienes que actuar! ¡Hazlo ahora!

Preguntas adicionales

Llegó el momento de tomar las historias de este capítulo y la comprensión de lo que Robert dijo, y aplicar ambos a ti y a tu vida. Hazte las preguntas que se presentan a continuación y discútelas con tu compañero o compañera de estudio. Sé honesto contigo y con la otra persona. Si no te gustan algunas de tus respuestas, pregúntate si estás dispuesto a cambiar y a aceptar el desafío de modificar tus pensamientos y tu manera de pensar:

1. La lista de acciones por realizar, ¿te inspira o te intimida?
2. ¿Qué acciones de la lista ya estás llevando a cabo?
3. Al leer la lista, ¿qué acciones notaste que no habías considerado o aprovechado al máximo? ¿Qué pasos puedes dar para incorporarlas en tu vida?

NOTAS

NOTAS

REFLEXIONES FINALES

Me gustaría compartir algunas reflexiones finales contigo.

Escribí este libro principalmente porque quise que otros supieran que incrementar la inteligencia financiera podía servir para resolver muchos de los problemas comunes de la vida. Ésta es la razón por la que el libro ha sido un bestseller desde el año 2000. Si no se cuenta con entrenamiento financiero, lo más sencillo que se puede hacer es obedecer las fórmulas tradicionales: trabaja mucho, ahorra, pide prestado y paga una barbaridad en impuestos. Es por eso que, hoy más que nunca, necesitamos mejor información.

La siguiente historia me sirve para ilustrar un problema financiero que muchas jóvenes familias enfrentan en la actualidad. ¿Cómo pagar educación de calidad para tus hijos y reunir lo suficiente para tu jubilación? No, no necesitas trabajar como loco, necesitas enfocarte en tu educación financiera.

En una ocasión, un amigo mío se quejaba de lo difícil que era ahorrar para la educación universitaria de sus cuatro hijos. Cada mes guardaba 300 dólares en un fondo especial, pero hasta ese momento sólo había podido juntar 12 000 dólares. Tomando en cuenta que su hijo mayor tenía sólo seis años, todavía le quedaban 12 años para ahorrar.

En aquel entonces la situación de los bienes raíces en Phoenix era terrible. La gente prácticamente estaba regalando sus casas. Le sugerí a mi amigo que comprara una propiedad con algo del dinero que tenía en el fondo para la universidad. La idea le intrigó y empezó a darle vueltas a la posibilidad. Su mayor preocupación era que el banco no le otorgaría otro crédito porque ya debía una cantidad bastante fuerte. Yo le aseguré que existían otras maneras de financiar la compra de un inmueble además de los préstamos bancarios.

Pasamos dos semanas buscando una casa que llenara todos nuestros requisitos. Había varias de donde elegir, por lo que el proceso fue bastante divertido. Finalmente, encontramos una casa de tres habitaciones y dos baños en un excelente vecindario. Al propietario lo habían despedido de su trabajo y necesitaba vender ese mismo día porque él y su familia se mudaban a California, en donde ya le esperaba otro empleo. El hombre pedía 102 000 dólares, pero nosotros le ofrecimos solamente 79 000. Los tomó de inmediato y estuvo de acuerdo en traspasar el crédito que ya tenía si se le daba un enganche de 10 por ciento. Eso fue precisamente lo que hizo mi amigo. Pagó 7 900 dólares y, en cuanto el anterior dueño se mudó, rentó la casa. Después de cubrir todos los gastos, incluyendo el de la hipoteca, empezó a meterse 125 dólares al bolsillo mensualmente.

Su plan era conservar la casa por doce años y dejar que la hipoteca se pagara lo antes posible. De hecho, también empezó a incluir cada mes los 125 dólares al pago principal. Calculamos que en doce años ya se habría pagado la mayor parte de la hipoteca, y que podría sacar unos 800 dólares mensuales para cuando el primer hijo comenzara a ir a la universidad. Si el valor de la casa aumentaba, también podría venderla.

Tres años después el mercado inmobiliario de Phoenix mejoró en gran medida, y el inquilino en turno le ofreció a mi amigo 156 000 dólares por la misma casa. Una vez más, me preguntó qué hacer. Le recomendé que la vendiera y que aplicara el intercambio de impuestos diferidos que permite la sección 1031 del Código Fiscal.

De pronto ya tenía 80 000 dólares para operar. Le llamé a otro amigo en Austin, Texas, que nos ayudó a mover las ganancias de capital con los impuestos diferidos, y aplicarlas en la adquisición de una bodeguita. Tres meses después mi amigo empezó a recibir cheques por poco menos de 1 000 dólares mensuales, los cuales guardó de inmediato en el fondo escolar.

Un par de años después, mi amigo vendió la bodeguita y recibió un cheque por 330 000 dólares. Todo ese dinero lo metió en un proyecto que le generaría 3 000 dólares mensuales en ingresos y, una vez más, depositó las ganancias en el fondo para la universidad. Actualmente está muy seguro de que cumplirá sus objetivos sin problemas.

En realidad, mi amigo sólo tuvo que usar 7 900 dólares y un poco de inteligencia financiera para empezar. Sus hijos podrán tener la educación que la familia quiere, y luego él podrá usar el inmueble involucrado —que, por cierto, ya también está protegido como entidad legal— para cubrir su jubilación. Gracias a una exitosa estrategia de inversión, mi amigo podrá retirarse pronto.

Gracias por leer este libro. Espero que te haya brindado algunas reflexiones sobre cómo hacer que el poder del dinero trabaje para ti. Hoy en día necesitamos mayor inteligencia financiera para sobrevivir. La idea de que "se requiere dinero para hacer dinero" es para gente que carece de sofisticación financiera. Pero claro, que carezcan de sofisticación no significa que no sean personas inteligentes. Es sólo que no dominan la ciencia de cómo hacer que el dinero genere dinero.

El dinero es solamente una idea. Si quieres más, tienes que cambiar tu manera de pensar. Todas las personas independientes comenzaron con una idea y luego la transformaron en algo grande. Sucede lo mismo en las inversiones; sólo se requieren unos cuantos dólares para empezar e ir construyendo algo más grande. Todos los días conozco gente que se pasa la vida en busca del gran negocio o tratando de amasar una enorme fortuna para echarlo a andar, pero creo que eso es una tontería. También veo con frecuencia a inversionistas que, como carecen de sofisticación financiera, ponen todos sus huevos en un negocio y lo pierden todo. Tal vez fueron buenos trabajadores, pero como inversionistas no sirven.

La educación y la sabiduría son muy importantes en lo referente al dinero. También es primordial comenzar pronto. Así que compra un libro, asiste a un seminario, practica, empieza con poco. Yo logré transformar 5 000 dólares en un activo de un millón de dólares que llegó a producir un flujo de efectivo de 5 000 en menos de seis años. Pero debo enfatizar que empecé a aprender de niño. Por eso te exhorto a aprender; además, no es tan difícil. De hecho es bastante sencillo una vez que empiezas.

Creo que mi mensaje fue muy claro. Lo que está en tu mente determina lo que llega a tus manos. El dinero es sólo una noción. Hay un libro excelente que se titula *Piensa y vuélvete rico*. Pero fíjate bien: el título no es *Trabaja duro y vuélvete rico*. Si aprendes a hacer que el dinero trabaje para ti, tu vida será más sencilla y feliz. Deja de jugar a la segura y empieza a jugar con inteligencia.

Los tres ingresos

En el ámbito de la contabilidad hay tres tipos de ingreso:

1. Ingreso ganado (o ingreso ordinario)
2. Ingreso de portafolio
3. Ingreso pasivo

Cuando mi padre pobre me dijo: "Ve a la escuela, saca buenas calificaciones y consigue un empleo seguro", en realidad me estaba recomendando que trabajara para obtener ingreso ganado. En cambio, cuando padre rico dijo: "Los ricos no trabajan por dinero, hacen que el dinero trabaje para ellos", se refería al ingreso pasivo y al de portafolio. En la mayoría de los casos el ingreso pasivo se deriva de activos en papel como acciones y bonos. Este tipo de ingreso es el que ha convertido a Bill Gates en el hombre más rico del mundo; por eso su riqueza no depende del ingreso ganado.

Padre rico solía decir: "La clave para volverse rico radica en la habilidad que se tenga para convertir el ingreso ganado en ingreso pasivo o de portafolio lo antes posible". También me explicó que "el ingreso ganado es sobre el que más impuestos se pagan. El ingreso pasivo es sobre el que menos se pagan. Ésta es otra razón para desear que el dinero trabaje para ti sin cesar. El gobierno cobra más impuestos sobre el dinero que tanto te esfuerzas en obtener, que por el ingreso que genera tu dinero cuando aprendes a hacerlo trabajar para ti".

En mi segundo libro, *El cuadrante del flujo de dinero*, explico los cuatro tipos distintos de gente que conforman el ámbito de los negocios: E (Empleado), A (Autoempleado), D (Dueño de negocio grande) e I (Inversionista). La mayoría de la gente va a la escuela y ahí aprende a ser E o A. En *El cuadrante del flujo de dinero* se describen las diferencias fundamentales entre estos tipos, y se explica la forma en que la gente puede cambiar de cuadrante. La mayoría de nuestros productos son para personas de los cuadrantes D e I.

En la *Guía para invertir*, el tercer libro de la serie Rich Dad, ofrezco mayores detalles acerca de la importancia de transformar el ingreso ganado en ingreso pasivo y de portafolio. Padre rico solía decir: "Lo único que hace un verdadero inversionista es transformar el ingreso ganado en pasivo y de portafolio. La inversión no es riesgosa si sabes lo que haces. Es cuestión de sentido común".

HOY, HACE VEINTE AÑOS...

MISIÓN: EDUCACIÓN FINANCIERA

Algunos nuevos libros de la serie Rich Dad que podrían gustarte: Segunda oportunidad, 8 Lecciones de liderazgo militar para emprendedores.

La clave de la libertad financiera

La clave de la libertad financiera y de la riqueza yace en la capacidad de una persona para convertir el ingreso ganado en ingreso pasivo y/o de portafolio. Padre rico pasó mucho tiempo enseñándonos a mí y a Mike esta habilidad. Gracias a eso, Kim y yo ahora somos libres y no tendremos que volver a trabajar jamás. Seguimos haciéndolo porque lo disfrutamos. Actualmente somos dueños de una empresa de bienes raíces con la que obtenemos ingresos pasivos, y participamos en colocaciones privadas y ofertas públicas iniciales de acciones, con lo que obtenemos ingresos de portafolio.

También volvimos a trabajar porque queríamos construir una empresa de educación financiera para crear y publicar libros y juegos de mesa. Todos nuestros productos educativos están diseñados para enseñar las mismas habilidades que padre rico me transmitió a mí: las que permiten transformar el ingreso ganado en ingreso pasivo y de portafolio.

Nuestros juegos son importantes porque enseñan lo que los libros no pueden. Por ejemplo, jamás podrías aprender a andar en bicicleta si sólo lees un libro sobre el tema y no practicas. Los juegos de *CASHFLOW*® para adultos y *CASHFLOW para niños*® están diseñados para enseñarles a los jugadores las habilidades básicas de inversión con las que se puede transformar el ingreso ganado en ingreso pasivo y de portafolio. También enseñan habilidades de contabilidad y alfabetismo financiero. Estos juegos son los únicos productos educativos del mundo que desarrollan y fortalecen todas estas habilidades de manera simultánea.

CASHFLOW 202® es la versión avanzada de *CASHFLOW 101*® y, para jugarse, se requiere el tablero y una comprensión total de la versión 101. *CASHFLOW 101* y *CASHFLOW para niños*® enseñan los principios fundamentales de la inversión. *CASHFLOW 202*® enseña los principios de la inversión técnica, la cual implica técnicas avanzadas de intercambio como las opciones bursátiles de compra (*call option*) y de venta (*put option*); venta en corto y la estrategia de cono (*straddle*). Una persona que entiende estas técnicas avanzadas puede hacer dinero cuando suba el mercado, y cuando baje. Padre rico diría: "Un verdadero inversionista hace dinero en un mercado alcista o bajista. Por eso son capaces de generar tanto". Una de las razones por las que estos inversionistas pueden generar más es porque tienen más confianza en sí mismos. La opinión de padre rico al respecto sería: "Confían más porque tienen menos miedo de perder". Dicho de otra forma, el inversionista promedio no puede generar las mismas cantidades porque siempre teme perder; además, no sabe protegerse de las pérdidas. Eso es justamente lo que enseña *CASH-FLOW 202®*: cómo protegerse.

Los inversionistas típicos promedio piensan que es arriesgado invertir porque no recibieron entrenamiento formal para hacerlo. Warren Buffett, el inversionista más exitoso de Estados Unidos, nos dice: "El riesgo surge cuando uno no sabe lo que hace". Mis juegos de mesa enseñan las reglas fundamentales de la inversión básica y de la avanzada, y le brindan diversión a la gente al mismo tiempo.

Por otra parte, nunca falta la persona que me llega a decir: "Tus juegos didácticos son muy costosos", lo cual nos hace pensar una vez más en el ROI, el retorno sobre inversión o, digamos, el valor que uno recibe a cambio del precio que pagó. En esas ocasiones asiento y contesto: "Sí, tal vez son costosos, en especial si se les compara con los otros juegos de mesa tradicionales. Sin embargo, su valor es menor que el de la educación universitaria, el trabajo arduo de toda una vida para sólo obtener ingresos ganados, el pago excesivo de impuestos y, por si fuera poco, es menor a vivir con el terror de perder todo tu dinero en los mercados bursátiles".

Cuando alguien se aleja murmurando cosas acerca del precio, recuerdo lo que padre rico solía decir: "Si quieres ser rico tienes que saber por cuál tipo de ingreso debes trabajar; cómo conservarlo y cómo protegerlo para no perderlo". También afirmaba: "Si no entiendes las diferencias entre los tres tipos de ingresos y no aprendes lo necesario para proteger dichos ingresos, lo más probable es que pases la vida ganando menos de lo que podrías, y trabajando mucho más de lo que deberías".

Mi padre pobre pensaba que lo único que se necesitaba para tener éxito era una buena educación, un buen empleo y años de trabajo intenso. Padre rico estaba de acuerdo en que una educación de calidad era importante, pero para él era fundamental que Mike y yo aprendiéramos las diferencias entre los tres ingresos, y por cuál de verdad valía la pena esforzarse. Para él, eso era lo fundamental de la educación. Conocer las diferencias entre los tres ingresos y desarrollar las habilidades para invertir, y así adquirir los distintos tipos, era lo mínimo que, según padre rico, debería saber cualquier persona que quisiera alcanzar la riqueza y la libertad financiera: esa libertad tan particular que sólo unos cuantos llegarán a conocer. Y tal como él mismo lo dijo en su primera lección: "Los ricos no trabajan por dinero. Saben cómo hacer que su dinero trabaje duro para ellos".

Padre rico decía: "El ingreso ganado u ordinario, es ése por el que trabajas; el ingreso pasivo y el de portafolio, son los que trabajan para ti". Conocer esa pequeña diferencia fue algo muy importante en mi vida o, como Robert Frost escribió al final de su poema: "Y eso hizo toda la diferencia".

¡Actúa!

Todos recibimos dos grandes regalos: nuestra mente y nuestro tiempo. Tú decides qué hacer con ellos. Sólo tú tienes el poder de elegir tu destino con cada dólar que llega a tus manos. Si gastas el dinero de una manera tonta, estarás decidiendo ser pobre. Si lo gastas en pasivos, estarás decidiendo unirte a la clase media. Si lo inviertes en tu mente y aprendes a adquirir activos, estarás eligiendo la riqueza como tu objetivo y tu futuro. La decisión es solamente tuya. Cada día, con cada dólar, tú eres quien decide ser rico, pobre o pertenecer a la clase media.

Si eliges compartir este conocimiento con tus hijos, los estarás preparando para el mundo que les espera. Si no lo haces tú, nadie más lo hará.

Tu futuro y el de ellos depende de las decisiones que tomes hoy, no mañana.

Te deseo una riqueza inmensa y muchísima felicidad con este fabuloso regalo llamado vida.

SESIÓN DE ESTUDIO

REFLEXIONES FINALES

REFLEXIONES FINALES

Resumen

Robert escribió este libro principalmente porque quiso que otros supieran que incrementar la inteligencia financiera podía servir para resolver muchos de los problemas comunes de la vida.

En esta sección Robert compartió con nosotros la historia de un amigo que estaba preocupado porque quería ahorrar para pagar la educación universitaria de sus hijos. El amigo dio un enganche de 7 900 dólares para comprar una casa en Phoenix, y luego la convirtió en un proyecto que, años después, le llegó a generar un ingreso de 3 000 dólares al mes. Lo único que necesitó fue un poco de dinero para comenzar y mucha inteligencia financiera.

La educación y la sabiduría son muy importantes en lo que respecta al dinero. Comienza pronto. Compra un libro, ve a un seminario, practica, empieza con poco. Lo que está en tu cabeza define lo que llega a tus manos. Recuerda que el dinero es sólo una idea.

En el mundo de la contabilidad hay tres tipos de ingreso: ingreso ganado (o ingreso ordinario), ingreso de portafolio e ingreso pasivo. En la mayoría de los casos, el ingreso pasivo proviene de inversiones en bienes raíces. El ingreso de portafolio proviene de activos de papel como acciones y bonos.

El ingreso ganado es sobre el que más se pagan impuestos, y el pasivo, sobre el que menos. Respecto a esto, padre rico solía decir: "El gobierno te cobra más impuestos sobre el ingreso que más te cuesta ganar, que por el ingreso que produce tu dinero cuando lo pones a trabajar duro para ti".

En su segundo libro, *El cuadrante del flujo de dinero*, Robert presenta los cuatro tipos de gente que conforman el ámbito de los negocios: E (Empleado), A (Autoempleado), D (Dueño de negocio grande) e I (Inversionista), y explica cómo puede cambiarse la gente de cuadrante.

En la *Guía para invertir*, el tercer libro de la serie Rich Dad, Robert habla en detalle de la importancia de transformar el ingreso ganado en ingreso de portafolio y en ingreso pasivo.

Los juegos de mesa de Robert y Kim sirven para continuar educando de una manera en que los libros no pueden hacerlo. Los juegos *CASHFLOW*® y *CASHFLOW para niños*® están diseñados para enseñarles a los jugadores las habilidades elementales de inversión para transformar el ingreso ganado en ingreso de portafolio y en ingreso pasivo. Asimismo, enseñan los principios del alfabetismo contable y financiero.

CASHFLOW 202® es la versión avanzada de *CASHFLOW 101*®, y enseña los principios de la inversión técnica, la cual implica técnicas avanzadas de intercambio como las opciones bursátiles de compra (*call option*) y de venta (*put option*); venta en corto y la estrategia de cono (*straddle*). Una persona que entiende estas técnicas avanzadas puede hacer dinero, tanto cuando suba el mercado como cuando baje.

Conocer las diferencias entre los tres ingresos y desarrollar las habilidades para invertir y adquirirlos es lo mínimo que debe saber cualquier persona que desee acumular una gran riqueza y alcanzar la libertad financiera: esa libertad tan particular que sólo unos cuantos llegan a conocer.

Todos recibimos dos grandes regalos: nuestra mente y nuestro tiempo. Tú decides qué hacer con ellos. Sólo tú tienes el poder de elegir tu destino con cada dólar que llega a tus manos. La decisión es exclusivamente tuya. Cada día, con cada dólar, tú eres quien decide ser rico, pobre o pertenecer a la clase media. Si eliges compartir este conocimiento con tus hijos, los estarás preparando para el mundo que les espera.

Preguntas adicionales

1. ¿Qué es lo primero que vas a hacer cuando termines esta guía de estudio?
2. ¿Qué estás esperando?

NOTAS

Acerca del autor
Robert T. Kiyosaki

Mejor conocido como el autor de *PadreRico, Padre Pobre*, el libro #1 de finanzas personales de todos los tiempos, Robert Kiyosaki desafió y cambió la forma en que decenas de millones de personas de todo el orbe pensaban acerca del dinero. Robert Kiyosaki es empresario, maestro e inversionista, y cree que el mundo necesita más empresarios que estimulen la creación de empleos.

Debido a sus opiniones respecto al dinero y las inversiones —a menudo en oposición a la sabiduría tradicional—, Robert se ha ganado la fama internacional de ser un autor franco, irreverente y valeroso. Además defiende la educación financiera con pasión y apertura.

Robert y Kim Kiyosaki son los fundadores de Rich Dad, una empresa educativa; asimismo, son los creadores de los juegos *CASH-FLOW®*. En 2014 su empresa aprovechó el enorme éxito global de los juegos de Rich Dad para respaldar el lanzamiento de nuevas y sorprendentes opciones de juegos en línea y para celulares.

A Robert se le ha reconocido como un visionario que cuenta con el don de simplificar conceptos complejos: ideas relacionadas con dinero, inversiones, finanzas y economía. Ha compartido su viaje personal hacia la libertad financiera de maneras que apelan a la sensibilidad de lectores de todas las edades y con todo tipo de antecedentes. Sus mensajes y principios fundamentales —como, "Tu casa no es un activo", o "Invierte para obtener flujo de efectivo"— desencadenaron una tormenta de crítica. En las últimas dos décadas, sin embargo, su filosofía y sus enseñanzas se han desplegado de una forma perturbadoramente profética en el contexto económico mundial.

Robert nos explica que ese "viejo" consejo de conseguir un buen empleo, ahorrar, salir de deudas, invertir a largo plazo y diversificarse ya es obsoleto en medio de la rapidez con que se vive en la Era de la Información. La filosofía y mensaje de Rich Dad desafían el *statu quo*. Sus enseñanzas alientan a la gente a educarse en el aspecto financiero y a asumir un papel activo en la actividad bursátil para asegurar su futuro.

Además de ser autor de diecinueve libros, incluyendo el aclamado *Padre Rico, Padre Pobre*, Robert también ha participado como invitado en un sinnúmero de programas en medios, en todos los rincones del mundo: de CNN, BBC, Fox News, Al Jazeera GBTV y PBS; a *Larry King Live, Oprah, People, Investors Business Daily, Sydney Morning Herald, The Doctors, Straits Times, Bloomberg*, NPR, *USA TODAY* y cientos más. Sus libros han permanecido en los primeros lugares en ventas de las listas de bestsellers durante dos décadas. Robert sigue enseñando e inspirando a los públicos de todo el mundo.

Sus libros más recientes son: *La ventaja del ganador; Niño Rico, Niño Listo; 8 lecciones de liderazgo militar para emprendedores; Segunda oportunidad; Por qué los ricos se vuelven más ricos;* y, en 2018, *Más importante que el dinero*.

Para saber más, visita RichDad.com.

NOTA DEL EDITOR

Los tiempos están cambiando

Desde que *Padre Rico, Padre Pobre* se publicó por primera vez en 1997, han cambiado muchas cosas en la economía y en el panorama de la inversión. Hace dos décadas, Robert Kiyosaki desafió a la sabiduría tradicional con su temeraria afirmación: "tu casa no es un activo". La gente recibió sus revolucionarias opiniones respecto al dinero y la inversión, con escepticismo, crítica e incluso con enojo.

En su libro de 2002, *La profecía de Padre Rico*, Robert nos recomendó prepararnos para un inminente colapso de la bolsa de valores. En 2006 coescribió con Donald Trump *Queremos que seas rico*, un libro inspirado en su preocupación por la cada vez más castigada clase media de Estados Unidos.

Robert continúa defendiendo apasionadamente la importancia y la fuerza de la educación financiera. Actualmente, tras el fiasco de las hipotecas *subprime*, los récords a los que llegaron los remates inmobiliarios y el derrumbe de la economía global que continúa afectándonos, sus palabras no sólo resultan proféticas, sino también iluminadoras. De hecho, muchos escépticos se han convertido en creyentes.

Cuando Robert revisó *El cuadrante del flujo de dinero*, se dio cuenta de dos cosas: que su mensaje y sus enseñanzas habían resistido el paso del tiempo, y que el panorama de las inversiones, es decir, el mundo en que operan los inversionistas, había cambiado de forma radical. Estos cambios, que afectaron y seguirán afectando a la gente del cuadrante I (Inversionista), instaron a Robert a actualizar una sección importante de este libro: el capítulo cinco, "Los cinco niveles de inversionistas".

ÍNDICE

¿CUÁL ES TU META EN LA VIDA?

"¿Qué quieres ser cuando crezcas?", esta pregunta nos la han hecho casi a todos.

Cuando yo era niño estaba interesado en muchos temas y era fácil decidir. Si algo sonaba emocionante y glamoroso, yo quería hacerlo. Quería ser biólogo marino, astronauta, marinero, oficial de un barco, piloto y jugador profesional de futbol americano.

Tuve la suerte de lograr tres de estos objetivos, ya que fui oficial del Cuerpo de Infantería de Marina, oficial de un barco y piloto.

Sabía que no quería ser maestro, escritor ni contador. No quería ser maestro porque no me agradaba la escuela. No quería ser escritor porque reprobé la materia de Inglés dos veces y me salí del programa de la maestría porque no soportaba la contabilidad.

Pero irónicamente, ahora que soy adulto, soy todo aquello que no quería ser. A pesar de que me desagradaba la escuela, actualmente poseo una empresa de servicios educativos. Yo personalmente enseño en todo el mundo porque me encanta impartir conocimientos. A pesar de que reprobé inglés dos veces debido a que no podía escribir, hoy en día soy autor. Mi libro *Padre Rico, Padre Pobre* estuvo en la lista de *The New York Times* de los libros más vendidos durante siete años y es uno de los libros que más compra la gente en Estados Unidos. Los únicos que le llevan la delantera son *The Joy of Sex* y *The Road Less Traveled*. Para colmo,

Padre Rico, Padre Pobre y mi juego de mesa *CASHFLOW®* son, respectivamente, un libro y un juego de contabilidad: otra de las materias que me daban problemas.

Pero bueno, ¿qué tiene que ver esto con la pregunta "cuál es tu meta en la vida"?

La respuesta se encuentra en la sencilla aseveración del monje vietnamita Thich Naht Hahn: "El camino es la meta". Lo que esta frase quiere decir es que tu objetivo en la vida es encontrar tu camino. El camino no es tu profesión, tampoco lo es el dinero que haces ni el título que tienes. Ni siquiera lo son tus éxitos y tus fracasos.

Encontrar tu camino significa averiguar por qué estás aquí en la Tierra. ¿Cuál es el propósito de tu existencia?, ¿por qué te dieron este regalo llamado vida?, ¿cuál es el regalo que tú le das de vuelta a ella?

Ahora que lo veo en retrospectiva, sé que la escuela no me iba a ayudar a encontrar mi camino. Pasé cuatro años en una escuela militar estudiando y entrenando para convertirme en oficial de una nave mercante. Si hubiera hecho una carrera navegando los buques petroleros de la Standard Oil, jamás habría encontrado el sendero que debía seguir. Si me hubiera quedado en la Marina Mercante o si hubiera empezado a volar para aerolíneas privadas tampoco lo habría encontrado.

Si hubiera seguido desempeñándome como oficial de un barco o si me hubiera convertido en piloto de una aerolínea, jamás habría llegado a ser un autor de bestsellers con reconocimiento internacional. Jamás habría tenido experiencias inesperadas como ser invitado al programa Oprah o escribir un libro en colaboración con Donald Trump. Tampoco habría fundado una empresa internacional de servicios educativos que enseña técnicas empresariales y de inversión en todo el mundo.

Cómo encontrar tu camino

Este libro, *El cuadrante del flujo de dinero*, es importante porque se trata de cómo encontrar tu camino en la vida. Como ya sabes, a la mayoría de la gente la programan desde que es pequeña para "ir a la escuela y conseguir un trabajo". La escuela, sin embargo, sólo te sirve para conseguir empleo en el cuadrante E o A, no para encontrar tu camino.

Comprendo que haya personas que sepan lo que van a hacer en la vida desde que son niños. Crecen, por ejemplo, con la idea de que serán doctor, abogado, músico, golfista o actor. De hecho todos hemos oído hablar de los niños prodigio, que son chicos con talento extraordinario, pero, como podrás notar, en realidad éstas son profesiones, no caminos de vida.

Entonces, ¿cómo encuentra uno el camino?

Ésta es mi respuesta: desearía saberlo. Si pudiera agitar mi varita mágica y hacer aparecer tu camino de la nada, lo haría. Pero como no tengo varita mágica ni te puedo decir qué hacer, lo único que me queda es contarte mi experiencia. Lo que yo hice fue confiar en mi intuición, mi corazón y mi fuerza interior. En 1973, por ejemplo, cuando regresé de la guerra y mi padre pobre me sugirió que volviera a la escuela, que estudiara un posgrado y que trabajara para el gobierno, me quedé pasmado. Mi corazón aminoró la marcha y algo dentro de mí me dijo "De ninguna manera".

Luego me sugirió que recuperara mi antiguo empleo en la Standard Oil o que piloteara aviones para aerolíneas privadas, y una vez más, mi mente, mi corazón y mi intuición me dijeron "no". A pesar de que la navegación y el vuelo representaban profesiones excelentes y la paga era muy buena, yo sabía que ya había dejado atrás esta etapa de mi vida.

En 1973, a la edad de 26 años, había empezado a madurar. Hasta entonces había seguido las recomendaciones de mis padres de ir a la escuela y obtener un título universitario. Tenía dos profesiones y licencias: una para ser oficial de un buque y otra para pilotear aviones. El problema era que ésas eran las profesiones y los sueños de un niño.

A los 26 años ya tenía edad suficiente para saber que la educación era un proceso. Por ejemplo, cuando quise ser oficial de un barco, asistí a una escuela en donde te enseñaban a serlo; y cuando quise aprender a volar, fui a una escuela de pilotos navales en donde te sometías a un proceso de dos años con el que un lego se convertía en piloto. Con mi siguiente proceso educativo fui muy cuidadoso porque quería saber en qué me convertiría antes de meterme de lleno en él.

Las escuelas tradicionales me han servido bastante. Gracias a ellas me pude dedicar a las profesiones con las que soñé siendo niño. Pero al llegar a la edad adulta las cosas se volvieron confusas porque no había ningún señalamiento que me dijera: "Por aquí, éste es el camino". Yo sabía bien lo que *no* quería hacer, pero no tenía idea de lo que *sí* quería hacer.

Las cosas habrían sido sencillas si sólo me hubiera interesado tener una nueva profesión. Si hubiera querido convertirme en médico, habría ido a la escuela de medicina; si hubiera querido ser abogado, me habría inscrito en la facultad de leyes. Sin embargo, sabía que la vida era algo más que sólo ir a una institución para obtener un título y ejercer otra profesión.

En aquel tiempo, cuando tenía 26 años, no me daba cuenta, pero en realidad estaba buscando mi camino en la vida, no mi siguiente profesión.

Una educación distinta

En 1973, el último año que volé activamente para el Cuerpo de Marina, estuve de base en Hawái. Entonces supe que quería seguir los pasos de mi padre rico. Mientras seguía en la Marina me inscribí en varios cursos de fin de semana sobre bienes raíces y negocios porque me quería convertir en un empresario de los cuadrantes D e I.

Al mismo tiempo, gracias a la recomendación del amigo de un amigo, me inscribí en un curso de desarrollo personal porque quería averiguar quién era yo realmente. Los cursos de desarrollo personal te ofrecen educación no tradicional. Con ellos no obtienes ni calificaciones ni créditos. A diferencia de cuando me inscribí en los cursos de bienes raíces, cuando me presenté a los de desarrollo personal no tenía idea de qué iba a aprender, lo único que sabía era que había llegado el momento de tomar cursos para saber más acerca de mí mismo.

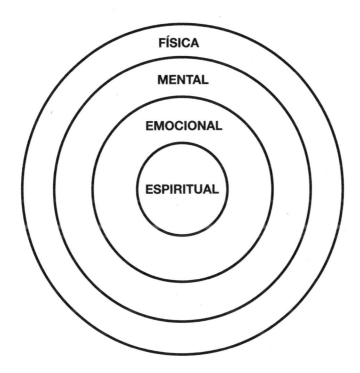

Una vez que el diagrama estuvo completo, giró y nos dijo: "Para desarrollarse y llegar a ser seres humanos completos, necesitamos educación mental, física, emocional y espiritual".

Al escuchar la explicación de la instructora me quedó claro que las escuelas tradicionales se enfocaban en el desarrollo mental de los estudiantes. Por eso a mucha gente que le va bien en la escuela, no le va bien en la vida, y en especial, no le va bien en el mundo del dinero.

Conforme el curso avanzó ese fin de semana, descubrí por qué me desagradaba la escuela. Comprendí que adoraba aprender, pero al mismo tiempo, odiaba la escuela.

La educación tradicional ofrecía un ambiente maravilloso para los estudiantes de 10, pero no era benéfico para mí. Este tipo de educación estaba quebrantando mi espíritu, y trataba de motivarme a través del miedo: el miedo a cometer errores, a fracasar y a no conseguir un empleo. Me estaban programando para ser un empleado del sector E o del A. De pronto entendí que la educación tradicional no le ofrece espacio a la gente que quiere convertirse en empresario de los sectores D e I.

Tal vez ésta es la razón por la que muchos empresarios nunca terminan la escuela. Hablo de gente como Thomas Edison, fundador de General Electric; de Henry Ford, fundador de Ford Motor Company; Steve Jobs, fundador de Apple; Bill Gates, fundador de Microsoft; Walt Disney, fundador de Disneyland; y de Mark Zuckerberg, fundador de Facebook.

A lo largo del día, la instructora profundizó cada vez más en estos cuatro tipos de desarrollo personal y yo comprendí que había pasado toda mi vida en ambientes educativos muy hostiles. Tras cuatro años en una academia militar sólo para hombres, y cinco años como piloto de la Marina, me había convertido en una persona fuerte en los aspectos mental y físico. Claro, como piloto tenía fuerza emocional y espiritual, pero siempre dentro del marco del desarrollo masculino de un macho. No tenía una faceta amable ni un gramo de energía femenina porque me habían entrenado para ser oficial del Cuerpo de Marina. Tenía que permanecer tranquilo bajo presión, matar en cuanto fuera necesario y sentirme preparado espiritualmente para morir por mi patria.

Si llegas a ver la película *Top Gun*, con Tom Cruise como protagonista, tendrás un atisbo al mundo masculino y a la valentía de los pilotos militares. A mí me encanta este mundo y me desempeñaba muy bien en él. Era como un universo moderno de caballeros y guerreros. Definitivamente no era para peleles.

En ese seminario entré en contacto con mis emociones y pude tocar mi espíritu por unos instantes. Lloré mucho porque tenía varias razones. Hasta entonces había hecho y visto cosas que a nadie deberían pedirle que haga o vea. En el seminario, en cambio, abracé a un hombre, algo que jamás habría hecho en otro entorno, ni siquiera con mi padre.

El domingo por la noche me costó trabajo salir del taller de desarrollo personal. El ambiente había sido amigable, cariñoso y honesto. Naturalmente, el lunes por la mañana casi sufrí un colapso cuando me vi de nuevo rodeado por jóvenes pilotos egocéntricos dedicados a volar, a matar y a morir por su país.

Cuando terminó el seminario de fin de semana supe que había llegado el momento de cambiar. Sabía que mutar en lo emocional y lo espiritual para convertirme en una persona más gentil y compasiva iba a ser lo más difícil que haría en la vida porque iba en contra de todo lo que había aprendido a lo largo de los años que pasé en la academia militar y en la escuela de vuelo.

Nunca volví al entorno de la educación tradicional. No tenía ganas de estudiar para obtener calificaciones, títulos, ascensos ni licencias. A partir de ese momento, si iba a la escuela o me inscribía a un curso, siempre era para aprender y para ser una persona mejor. Ya nunca volví a perseguir un fajo de calificaciones, títulos o condecoraciones.

Cuando creces en una familia de maestros, las calificaciones, el renombre de la preparatoria y la universidad de la que te gradúas y tus posgrados son lo único que importa. Así como un piloto de marina porta medallas y listones en el pecho, los maestros y educadores se hacen un escudo con sus posgrados y con los elegantes nombres de sus escuelas. En su mente, la gente que no termina la preparatoria es sólo parte de la plebe: son las almas perdidas por ahí en la vida. Cuando yo era joven, quienes tenían maestría miraban con desprecio a los que nada más habían acabado la licenciatura, y a los que contaban con un doctorado, se les consideraba dioses. A los 26 años supe que jamás regresaría a ese mundo.

Nota del editor: En 2009 la prestigiosa Universidad San Ignacio de Loyola, de Lima, Perú, le otorgó a Robert un doctorado honoris causa por su espíritu emprendedor. Muy pocas personas han recibido este honor, pero entre ellas se encuentran algunos líderes políticos como el otrora presidente de España.

Cómo encontré mi camino

Sé que varios de ustedes ya se deben estar preguntando: "¿Por qué pasa tanto tiempo hablando de los cursos de educación no tradicional?".

Lo hago porque ese primer seminario de desarrollo personal volvió a encender mi amor por el aprendizaje, aunque no necesariamente por lo que se enseña en las escuelas. Esa experiencia me hizo adicto a los seminarios. Empecé a ir de uno a otro porque quería averiguar más acerca de la conexión entre mi cuerpo, mi mente, mis emociones y mi espíritu.

Entre más estudiaba, más curiosidad me daba la educación tradicional. Empecé a formularme preguntas como:

- ¿Por qué tantos niños odian la escuela?
- ¿Por qué a tan pocos chicos les gusta?

- ¿Por qué hay tanta gente con una sólida preparación académica que no puede tener éxito en el mundo real?
- ¿La escuela nos prepara para el mundo real?
- ¿Por qué odiaba yo la escuela pero amaba aprender?
- ¿Por qué la mayoría de los maestros son pobres?
- ¿Por qué en la escuela casi no nos enseñan nada sobre el dinero?

Estas preguntas me llevaron a convertirme en un estudiante de la educación que se imparte más allá de los sagrados muros del sistema escolar. Entre más estudiaba, mejor comprendía por qué nunca me había agradado la escuela y por qué las instituciones educativas no les servían de manera adecuada a los estudiantes, incluso a los de 10.

Mi curiosidad tocó mi espíritu y me convertí en un empresario de la educación. De no ser por esa curiosidad, tal vez no habría llegado a ser autor ni desarrollador de juegos de educación financiera. Mi educación espiritual me condujo a mi camino en la vida.

Al parecer, nuestro camino en la vida no está en la mente sino en lo que hay en nuestro corazón.

Lo anterior no significa que una persona no pueda encontrar su camino en la educación tradicional; estoy seguro de que muchos lo hacen. Sólo digo que dudo bastante que yo hubiera podido hacerlo.

¿Por qué es importante tener un camino?

Todos conocemos a gente que hace mucho dinero pero odia su trabajo. También conocemos a personas que no ganan tanto y también odian su trabajo. Y claro, hay quienes sólo trabajan por dinero.

Un compañero de clase que tuve en la Academia de la Marina Mercante también se dio cuenta de que no quería pasar el resto de su vida en el mar. En lugar de navegar permanentemente, después de que nos graduamos se inscribió en la facultad de leyes y pasó tres años estudiando para convertirse en abogado y montar un despacho privado en el cuadrante A. Murió a los cincuenta y tantos. Para entonces ya era un abogado muy exitoso e infeliz. Al igual que yo, a los 26 años tenía dos profesiones y aunque odiaba ser abogado continuó en esa profesión porque tenía esposa e hijos, y un crédito hipotecario y facturas por pagar.

Un año antes de su fallecimiento me lo encontré en una reunión de exalumnos en Nueva York. Estaba muy amargado. "Lo único que hago es barrer detrás de tipos ricos como tú. No me pagan nada y odio lo que hago y a la gente para la que trabajo", me dijo. "¿Por qué no te dedicas a algo más?", le pregunté. "Porque no puedo darme el lujo de dejar de trabajar. Mi hija mayor va a entrar a la universidad". El hombre murió de un ataque al corazón antes de que su hija se graduara.

Mi excompañero hizo mucho dinero gracias a su entrenamiento profesional, pero vivía enojado, su espíritu estaba muerto y, lógicamente, poco después murió su cuerpo también. Sé que éste es un ejemplo extremo porque la mayoría de la gente no odia lo que hace tanto como mi amigo, sin embargo, creo que ilustra el problema que surge cuando alguien se queda atrapado en una profesión y no encuentra su camino.

En mi opinión, ésta es una de las desventajas de la educación tradicional. Millones de jóvenes salen de la escuela y se quedan estancados en empleos que detestan. Saben que hace falta algo en su vida. Muchos también están atrapados en el aspecto económico porque ganan justo lo que necesitan para sobrevivir, y aunque les gustaría tener más, no saben qué hacer.

Como mucha gente no sabe de la existencia de los otros cuadrantes, regresa a la escuela y trata de hacerse de una nueva profesión y de un aumento de sueldo en los cuadrantes E o A. No tienen ni idea de lo que sucede en los cuadrantes D e I.

Por qué me convertí en maestro

La razón principal por la que me convertí en maestro del cuadrante D fue porque tenía el deseo de ofrecer educación financiera. Quería que esta información estuviera disponible para cualquier persona que quisiera aprender, sin importar cuánto dinero tuviera o cuál fuera su promedio final en la universidad. Por eso la Compañía Padre Rico lanzó el juego *CASHFLOW®*. Este juego puede enseñar en lugares a los que yo no tengo la oportunidad de llegar. Lo mejor de todo es que fue diseñado para que la gente le enseñara a más gente. No se necesita contratar a un maestro costoso ni rentar un salón de clases. El juego *CASHFLOW®* ha sido traducido a más de dieciséis idiomas y les ha llegado a millones de personas de todo el mundo.

Actualmente, la Compañía Padre Rico ofrece cursos de educación financiera, así como servicio de *coach* y mentores para apoyar en el desarrollo de la educación financiera de la gente. Nuestros programas son de particular importancia para quienes desean salir de los cuadrantes E y A, y entrar a los D e I.

No hay garantía de que todos podrán llegar ahí, pero quienes quieran hacerlo, sabrán cómo.

El cambio no es sencillo

A mí no me fue fácil cambiar de cuadrantes. Tuve que trabajar mucho mentalmente, pero también en el aspecto emocional y en el espiritual. Como crecí en una familia de empleados con sólida preparación académica en el cuadrante E, traía conmigo una fuerte carga de valores relacionados con la educación, la seguridad laboral, las prestaciones y las pensiones del gobierno. De cierta forma, los valores de mi familia me dificultaron la transición. Tuve que hacer oídos sordos a sus advertencias, a su preocupación y a sus críticas cuando supieron que quería convertirme en empresario e inversionista. Éstos son algunos de los valores que tuve que rechazar:

- "Pero tienes que conseguir un empleo."
- "Estás corriendo demasiados riesgos."
- "¿Qué pasará si fracasas?"
- "Mejor regresa a la escuela y obtén una maestría."
- "Estudia para ser doctor. Los médicos ganan mucho dinero."
- "Los ricos son gente codiciosa."
- "¿Por qué te interesa tanto el dinero?"
- "El dinero no te hará feliz."
- "Sólo vive por debajo de tus posibilidades."
- "Juega a la segura, deja de soñar."

Dieta y ejercicio

Ya mencioné el desarrollo espiritual y emocional porque ambos son necesarios para llevar a cabo un cambio permanente en la vida. Por ejemplo, decirle a una persona con sobrepeso "Sólo come menos y haz más ejercicio", rara vez sirve de algo. La dieta y el ejercicio tienen lógica si los consideramos desde la perspectiva mental, pero la mayoría de las personas con sobrepeso no come porque tenga hambre. La gente come para llenar un vacío emocional, algo que les hace falta en el alma. Cuando alguien entra a un programa de dieta y ejercicio, sólo está trabajando con su mente y con su cuerpo, pero si no hay desarrollo emocional y fuerza espiritual, puede pasar seis meses a dieta y bajar una tonelada, y poco tiempo después volverá a aumentar de peso.

Lo mismo sucede con el cambio de cuadrantes. Decirte a ti mismo: "Voy a convertirme en empresario del cuadrante D" es tan inútil como que un fumador empedernido exclame: "¡Mañana dejo de fumar". Fumar es una adicción física provocada por problemas emocionales y espirituales, y por esta razón, si el fumador no cuenta con apoyo emocional y espiritual, seguirá fumando toda la vida. Pasa lo mismo con los alcohólicos, con los adictos al sexo y con los compradores compulsivos. Las adicciones son intentos de la gente por encontrar la felicidad en su alma.

Por esto mi compañía ofrece cursos para la mente y el cuerpo, pero también provee *coaches* y mentores que brindan apoyo en las transiciones emocionales y espirituales.

Hay algunas personas que pueden hacer la travesía solas, pero yo no fui una de ellas. De no ser porque tuve un entrenador como mi padre rico y por el apoyo de Kim, mi esposa, no lo habría logrado. Hubo muchas ocasiones en que quise renunciar y abandonar el proceso. Kim y mi padre rico me lo impidieron.

Por qué fracasan los estudiantes de 10

Si miras de nuevo el diagrama de mi instructora, te será muy fácil entender por qué tantos estudiantes de 10 fallan en el mundo del dinero.

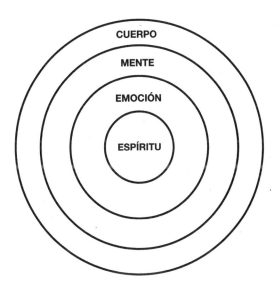

Una persona puede tener una sólida educación académica y mental, pero si no cuenta con educación emocional, el miedo le impedirá al cuerpo hacer lo que necesita. Por eso muchos estudiantes de 10 se quedan atascados en la "parálisis del análisis": estudian todo minuciosamente pero no pueden actuar.

Esta "parálisis del análisis" se debe a que nuestro sistema educativo castiga a los estudiantes por cometer errores. Si lo piensas, los estudiantes de 10 tienen excelentes calificaciones porque fueron los que se equivocaron menos. El problema de padecer esta psicosis emocional es que te quita las ganas de actuar y, en el mundo real, la gente que actúa y se mueve es la que comete más errores, la que aprende más de ellos y la que gana en el juego de la vida.

Sólo échale un vistazo a las carreras del expresidente Clinton y del expresidente Bush. Clinton no pudo admitir que había tenido sexo y Bush no recordaba los errores que cometió en su regencia. Cometer errores es humano, pero mentir al respecto es un crimen y se le conoce como perjurio.

Cuando a Thomas Edison lo criticaron por cometer 1 014 errores antes de fabricar la bombilla eléctrica, el empresario dijo: "No fallé 1 014 veces. Más bien tuve éxito 1 014 veces en descubrir que algo no funcionaba". Dicho de otra manera, mucha gente fracasa porque no fracasa lo suficiente.

Miremos el diagrama de nuevo:

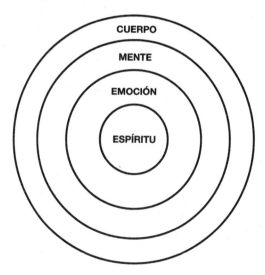

Una de las razones por las que mucha gente se aferra la "seguridad" de su empleo es porque carece de educación emocional, es decir, deja que el miedo la detenga.

La escuela militarizada y el Cuerpo de Marina son organizaciones que invierten muchísimo tiempo en el desarrollo espiritual, emocional, mental y físico de los jóvenes, hombres y mujeres que estudian ahí. Aunque es una educación hostil, es completa y, al menos a mí, me preparó para hacer un trabajo muy difícil.

Diseñé el juego *CASHFLOW®* porque el sistema lúdico sirve para educar todos los aspectos de una persona. El juego como herramienta es mejor que una lectura o una conferencia porque involucra al cuerpo, la mente, las emociones y el espíritu del jugador.

El juego está diseñado para que los jugadores cometan la mayor cantidad posible de errores con dinero de juguete y para que aprendan de esos errores. En mi opinión, ésta es la manera más humana de aprender sobre el dinero.

El camino es la meta

Actualmente hay miles de clubes de *CASHFLOW®* en todo el mundo. Los clubes son importantes porque sirven como refugio para la tormenta, porque son un paradero en el camino de la vida. Al unirte a un club de *CASHFLOW®* puedes conocer a gente como tú, gente que está comprometida con hacer un cambio, no sólo con hablar del asunto.

A diferencia de lo que sucede en las escuelas, aquí no se te exige haber tenido éxito académico en el pasado. Lo único que necesitas es tener un deseo sincero de aprender y de cambiar tu vida. En el juego cometemos muchos errores en distintas situaciones financieras y aprendemos de ellos con dinero de mentiritas.

Los clubes de *CASHFLOW®* no son para la gente que se quiere volver rica en poco tiempo, estos lugares están ahí para apoyar los cambios mentales, emocionales, espirituales y físicos a largo plazo que tiene que hacer alguien para modificar su vida. Todos cambiamos y evolucionamos a velocidades distintas, por eso te motivamos a que vayas a tu propio paso.

Después de jugar el juego con otras personas varias veces, tendrás una mejor idea de cuál deberá ser tu siguiente paso y de cuál de los cuatro tipos de activos es mejor para ti: negocios, bienes raíces, activos de papel o *commodities*.

En resumen

No siempre es sencillo encontrar nuestro camino personal. Incluso en este momento, yo todavía no sé si ya estoy en el camino o no. Como sabes, todos nos podemos perder y a veces es difícil volver a encarrilarse.

Si sientes que no estás en el cuadrante correcto o que el sendero en el que te encuentras no es el que te corresponde, te exhorto a que busques en tu corazón. Si te escuchas diciendo frases como las siguientes, tal vez ya sepas que ha llegado el momento de cambiar:

- "Estoy trabajando con zombies."
- "Me encanta lo que hago, pero me gustaría ganar más dinero."
- "Me urge que llegue el fin de semana."
- "Quiero empezar mi propio negocio."
- "¿Ya llegó la hora de renunciar?"

Mi hermana es una monja budista y su camino consiste en apoyar al Dalai Lama. Es un camino en el que no hay ningún pago, sin embargo, el hecho de que gane poco no quiere decir que tenga que ser una monja pobre. Ella tiene una propiedad que renta e inversiones en oro y plata. La fortaleza de su espíritu y la educación financiera de su mente le permiten seguir el camino de su vida sin someterse al voto de pobreza.

De cierta forma, para mí fue bueno que me catalogaran como estúpido en la escuela porque, aunque fue doloroso desde la perspectiva emocional, ese dolor me permitió encontrar mi camino en la vida como maestro. Y como ya lo dije en el caso de mi hermana, el hecho de que sea maestro no quiere decir que tenga que ser pobre.

Repetiré lo que dijo Thich Naht Hahn: "El camino es la meta."

¿EN QUÉ CUADRANTE ESTÁS?

El cuadrante del flujo de dinero es un esquema para catalogar a las personas de acuerdo al lugar de donde proviene su dinero.

¿Eres libre financieramente? Si tu vida se ha convertido en una bifurcación en el camino, entonces *El cuadrante del flujo de dinero* fue escrito para ti. Si quieres asumir el control de lo que haces hoy en día para cambiar tu destino financiero, este libro te ayudará a trazar el curso.

Éste es el Cuadrante del flujo de dinero. Las letras de cada cuadrante representan lo siguiente:

E es empleado

A es autoempleado o dueño de negocio pequeño

D es dueño de un negocio grande (500 empleados o más)

I es inversionista

Todos vivimos en por lo menos una de las cuatro secciones del Cuadrante del flujo de dinero. Lo que determina nuestra ubicación es el lugar de donde proviene nuestro dinero. Muchos somos empleados y dependemos de un cheque de nómina, y hay quienes son autoempleados. Los empleados y los autoempleados viven en el lado izquierdo del cuadrante. El lado derecho es para los individuos que reciben su dinero de negocios que poseen o de las inversiones que han realizado.

El Cuadrante del flujo de dinero es una manera sencilla de catalogar a la gente con base en la fuente de sus ingresos. Cada cuadrante es único y la gente que vive en él tiene características y rasgos comunes. Las secciones del cuadrante te muestran en dónde te encuentras hoy y te pueden ayudar a trazar un camino para llegar adonde querrás estar en el futuro, cuando decidas tu propio camino hacia la libertad financiera. Aunque es posible llegar a la libertad financiera en los cuatro cuadrantes, las habilidades de D y de I te ayudarán a alcanzar tus metas con mayor rapidez. Los E exitosos también necesitan ser I para garantizar su futuro financiero cuando tengan que retirarse, por ejemplo.

¿Qué quieres ser cuando seas grande?

En muchos sentidos, este libro es la Segunda Parte de *Padre Rico, Padre Pobre*. A quienes no lo hayan leído, les diré que se trata de las distintas lecciones que me impartieron mis dos padres respecto a las decisiones que toma uno respecto al dinero y la vida. Uno de ellos era mi padre biológico y el otro era el padre de mi mejor amigo. El primero tenía una sólida educación y el segundo dejó la escuela cuando estaba en la preparatoria. El primero era pobre y el segundo era millonario.

El consejo de Padre Pobre

Cuando yo era niño, mi padre pobre, el que tenía una sólida preparación académica, solía decirme: "Ve a la escuela, saca buenas calificaciones y búscate un trabajo seguro". Es decir, me recomendaba un camino de vida que lucía más o menos así:

Mi padre pobre me recomendaba que me convirtiera en un E, empleado bien pagado, o en un A, un autoempleado bien pagado como un médico, un abogado o un contador. A mi padre pobre le interesaba mucho contar con un cheque de nómina constante, prestaciones y seguridad en el empleo. Por eso le pagaban muy bien por el cargo que desempeñaba como funcionario del gobierno: era jefe de educación del Estado de Hawái.

El consejo de Padre Rico

Mi padre rico, que no contaba con educación, me dio consejos muy distintos. Me dijo: "Ve a la escuela, gradúate, construye negocios y conviértete en un inversionista exitoso". Él me estaba recomendando un camino de vida que lucía así:

Este libro es acerca del proceso mental, emocional y educativo que atravesé para seguir el consejo de mi padre rico.

¿Para quién es este libro?

Este libro fue escrito para la gente que está preparada para cambiar de cuadrante, en especial para los individuos que se encuentran actualmente en las categorías E y A, y que contemplan la posibilidad de moverse a las categorías D o I. Este libro es para gente que está preparada para ir más lejos, dejar atrás la seguridad de su empleo, y empezar a consolidar su seguridad financiera. No es un camino fácil, pero creo que vale la pena luchar por el premio al final, es decir, por la libertad financiera.

Cuando yo tenía 12 años, padre rico me contó una historia sencilla que me condujo a obtener gran riqueza y libertad financiera. Ésa

406

fue su manera de explicarme la diferencia entre el lado izquierdo del Cuadrante del flujo de dinero —secciones E y A—, y el lado derecho —secciones D e I—. Ésta es la historia:

Había una vez un pueblito muy tranquilo. Era un lugar excelente para vivir, excepto por un pequeño problema: a menos de que lloviera, no había agua. Para resolver esta dificultad de una vez por todas, los ancianos del pueblo les pidieron a los trabajadores que les enviaran sus propuestas para llevar agua al pueblo diariamente. Dos personas se ofrecieron como voluntarios para realizar la tarea, y los ancianos les dieron el contrato a ambos porque sintieron que un poco de competencia sana mantendría los precios bajos y les garantizaría un suministro de agua de respaldo.

Ed, la primera persona que ganó el contrato, salió disparado, compró dos cubetas de acero galvanizado y empezó a correr de ida y vuelta al lago que quedaba a kilómetro y medio de distancia. De inmediato, el hombre ganó buen dinero porque trabajaba del amanecer al anochecer transportando agua del lago con sus dos cubetas. Vaciaba los contenedores en el enorme tanque de concreto que habían construido los lugareños. Todas las mañanas se tenía que levantar antes que todos para asegurarse de que hubiera suficiente agua para la gente. Era un trabajo duro, pero él estaba contento de ganar dinero y de haber conseguido uno de los dos contratos exclusivos.

Bill, el segundo ganador, desapareció por algún tiempo. Nadie lo vio en meses, lo cual hizo bastante feliz a Ed porque le pareció que ya no tenía competencia.

En lugar de comprar dos cubetas para competir con Ed, Bill escribió un plan de negocios, estableció una corporación, buscó inversionistas, contrató a un presidente para que dirigiera la empresa, y regresó seis meses después con un equipo de construcción. En un año, su equipo construyó un acueducto de acero inoxidable de alta capacidad que conectaba al pueblo con el lago.

En la gran inauguración, Bill anunció que su agua era más limpia que la de Ed. Bill sabía que los lugareños se habían quejado de la limpieza del líquido. También anunció que podía proveerle agua al pueblo 24 horas al día, los 7 días de la semana. Ed sólo podía proveerla de lunes a viernes porque no quería trabajar los fines de semana. Luego Bill anunció que cobraría 75 por ciento menos que Ed por esta agua de mayor calidad y por su suministro que, de paso, era más confiable. La gente del pueblo vitoreó y corrió de inmediato al grifo que estaba al final del acueducto de Bill.

Para competir, Ed bajó sus precios 75 por ciento, compró dos cubetas más, les añadió tapas y empezó a transportar cuatro cubetas en cada viaje. Para ofrecer un mejor servicio, contrató a sus dos hijos para que le ayudaran durante la noche y los fines de semana. Y cuando sus hijos se fueron a la universidad, les dijo: "Apresúrense a regresar porque algún día este negocio será suyo".

Por alguna razón, los hijos nunca regresaron. Tiempo después, Ed tuvo empleados y problemas sindicales. El sindicato exigió aumentos salariales y mejores prestaciones. Además, quería que sus miembros sólo tuvieran que transportar una cubeta a la vez.

Mientras tanto, Bill se dio cuenta de que si este pueblo necesitaba agua, los otros seguramente también la necesitarían. Rediseñó su plan de negocios y se fue a venderles a los pueblos de todo el mundo su sistema de suministro de alta velocidad, alta capacidad, bajo costo y limpieza inigualable. Sólo gana un centavo por cubeta entregada, pero hace llegar miles de millones de cubetas al día. Trabaje o no, el dinero llega por montones a su cuenta bancaria. Bill desarrolló un acueducto que le suministraba dinero a él, y agua a los pueblos.

Bill vivió feliz para siempre. Ed trabajó por el resto de su vida y tuvo problemas económicos siempre.

Fin.

Esta historia de Bill y Ed me ha inspirado durante años, y me ha ayudado en el proceso de toma de decisiones. A menudo me pregunto: "¿Estoy construyendo un acueducto o cargando cubetas?" "¿Trabajo duro o trabajo con inteligencia?". Y la respuesta a estas preguntas es lo que me ha permitido alcanzar la libertad financiera.

De eso se trata este libro. De lo que se necesita para llegar a ser D e I. Es para la gente que está cansada de cargar cubetas y está lista para construir acueductos para que el dinero empiece a fluir hacia sus bolsillos.

Este libro se divide en tres partes

Primera parte La primera parte del libro se enfoca en las diferencias fundamentales entre la gente de los cuatro cuadrantes. Nos muestra por qué ciertas personas tienden a ciertos cuadrantes y suelen estancarse ahí sin darse cuenta. Esta sección te ayudará a identificar en dónde te encuentras actualmente y en dónde quieres estar en cinco años.

Segunda parte La segunda parte del libro es acerca del cambio personal. No se enfoca en lo que tienes que hacer, sino en quién tienes que ser.

Tercera parte La tercera parte del libro explica cómo encontrar el éxito en el lado derecho del Cuadrante del flujo de dinero. En ella compartiré contigo más de los secretos de mi padre rico, y las habilidades necesarias para ser un D y un I exitoso. Esta sección te ayudará a elegir tu camino hacia la libertad financiera.

A lo largo de *Cuadrante del flujo de dinero*, seguiré enfatizando la importancia de la inteligencia financiera. Si quieres operar en el lado derecho, en el lado de D e I del cuadrante, deberás ser más inteligente que si decides quedarte en el lado de E y A. Para ser un D o un I tienes que ser capaz de controlar la dirección de tu flujo de dinero.

Este libro fue escrito para la gente que está lista para cambiar su vida e ir más allá de la seguridad de un empleo común, para quienes desean empezar a construir sus propios acueductos y alcanzar la libertad financiera.

Estamos en la era de la información, la cual nos ofrece más oportunidades de obtener beneficios económicos que nunca antes. Los individuos con las habilidades de los D y los I podrán identificar y aprovechar dichas oportunidades. Para ser exitoso en la era de la información, la gente necesita datos y experiencia de todos los cuadrantes. Por desgracia, nuestras escuelas siguen en la era industrial y continúan preparando a los estudiantes para que sólo tengan acceso al lado izquierdo del Cuadrante del flujo de dinero.

Si estás en busca de respuestas nuevas para seguir avanzando en la era de la información, este libro es para ti. No contiene todas las respuestas, pero sí las profundas reflexiones personales que yo hice en mi travesía del lado de E y A, al lado de D e I.

Mi ambiente...
Los seis adultos con los que paso más tiempo, son:

Nombre _____ Cuadrante _____

Nombre _____ Cuadrante _____

Nombre _____ Cuadrante _____

Nombre _____ Cuadrante _____

Nombre _____ Cuadrante _____

Nombre _____ Cuadrante _____